GENUG!

WARUM WIR EINEN POLITISCHEN KURSWECHSEL BRAUCHEN

Brumaire

Erste Auflage 2023
Originalausgabe

Brumaire Verlag, Erkelenzdamm 59/61, 10999 Berlin
www.brumaireverlag.de

Lektorat: Marlen van den Ecker, Daniel Kopp, Thomas Zimmermann
Cover/Portraits/Gestaltung: Andreas Faust
Satz: Andy King
Schriftarten: Lyon von Kai Bernau, Wand von Andreas Faust
und Stefan Endress und Plain von François Rappo

Printed in Germany

ISBN: 978-3-948608-27-9

INHALT

Warum wir einen politischen Kurswechsel brauchen

Die Krisen der letzten Jahre haben uns eines immer klarer vor Augen geführt: Genug ist Genug. Die breite Mehrheit hat genug davon, dass sie stets die größte Krisenlast tragen muss. Seien es die Familien während der Pandemie, die Menschen, die infolge des Klimawandels bei der Ahrtal-Katastrophe ihr Zuhause verloren haben, oder jene, die wegen der Energiepreiskrise ihre letzten Ersparnisse aufbrauchen müssen und trotzdem kaum über den Monat kommen.

In jedem dieser Fälle sind es ganz normale Menschen, die die Krisen bewältigen müssen. Klimakrise, Preisschock und Pandemie haben gemeinsam, dass sie vor allem die unteren 99 Prozent treffen. Es ist die breite Mehrheit, die ärmer wird und deren Belastung steigt. Das reichste Prozent der Bevölkerung lebt dagegen unverändert in Saus und Braus. Manche von ihnen ziehen sogar Profit aus der Krise – etwa über ihre Pharma-, Lebensmittel- oder Energiekonzerne.

Dass diese Krisen den Menschen derart zu schaffen machen, während andere davon profitieren, hat einen Grund: ein ökonomisches System, das das ganze Leben der Profitlogik unterwirft. Der politische Kurs der vergangenen Jahrzehnte hat dieses Grundprinzip noch verschärft und auf alle Lebensbereiche ausgeweitet. Dahinter steckt eine neoliberale Ideologie, die die Märkte liberalisieren und den Staat für die Interessen der Konzerne und Vermögenden benutzen will – zum Beispiel in Form von Steuersenkungen für Superreiche. Daraus folgen eine bröckelnde Daseinsvorsorge, schlechte Löhne und Renten, steigende Armut sowie eine schleppende Energiewende. Doch all das ist mehr als nur eine ideologische Frage: Der Neoliberalismus ist Klassenkampf von oben.

Im Herbst 2022 haben wir mit »Genug ist Genug« eine Kampagne gestartet, die den Unmut über die Krisen in Proteste drehen wollte. Schnell haben sich viele Menschen und Organisationen angeschlossen. Dennoch blieb die große Massenmobilisierung aufgrund mangelnder Proteststimmung in der Bevölkerung, beschwichtigender Entlastungspakete der Regierung und zögerlicher Unterstützung linker Großorganisationen aus. Die Notwendigkeit eines Kurswechsels aber bleibt ungebrochen.

Dieser Band versammelt einige der klügsten und engagiertesten Köpfe in den gesellschaftlichen Bereichen, über die sie schreiben. Jeder Beitrag zeichnet nach, welche Spuren die neoliberale Spielart des Kapitalismus in den jeweiligen Bereichen hinterlassen hat, aber auch welche Stellschrauben uns zur Verfügung stehen, um mit dieser Logik zu brechen.

Ines Schwerdtner & Lukas Scholle

Die Vorgeschichte: **Der Neoliberalismus**

Ines Schwerdtner ist Chefredakteurin bei JACOBIN

Lukas Scholle ist Ökonom und Kolumnist bei JACOBIN

Wollen wir unsere heutigen Krisen verstehen, müssen wir an den Grundlagen unseres heutigen Verständnisses von Ökonomie, Politik und Gesellschaft ansetzen. Die kapitalistische Profitlogik existierte zwar schon vorher, doch der Neoliberalismus hat sie zur Gesellschaftsnorm erhoben. Die neoliberale Vorstellung, dass es keine Gesellschaft im eigentlichen Sinne gibt, sondern nur Individuen, die für sich selbst kämpfen, ist in fast alle Bereiche unseres Lebens vorgedrungen: in die Arbeit, die Freizeit, das Gesundheitswesen, die Bildung, die Kultur, die Bahn, die Post und die Energie- und Wasserwirtschaft – also auch fast alle Bereiche der Grundversorgung. Um nachzuvollziehen, wie sich diese absurde neoliberale Idee politisch durchsetzen konnte, muss man zunächst ihren philosophischen Ursprung betrachten.

Die theoretischen Grundlagen des Neoliberalismus legte der 1947 von Friedrich August von Hayek gegründete Think-Tank Mont-Pèlerin-Gesellschaft, zu dessen Gründungsmitgliedern auch Milton Friedman gehörte. Diese beiden Männer sind die zentralen Gründungsväter des Neoliberalismus. In den nachfolgenden Jahrzehnten arbeiteten sie den Neoliberalismus wissenschaftlich aus, wofür Hayek 1974 und Friedman 1976 den Nobelpreis für Wirtschaftswissenschaften erhielten. Und schließlich wurde der neoliberale Ansatz ab den 1980er Jahren in praktische Politik umgesetzt.

Friedman erweckte mit seiner Theorie des Geld- und Bankensystems eine längst veraltete Sichtweise zu neuem Leben. Demzufolge sollen die Zentralbanken die Geldmenge direkt steuern können, indem sie die Reservesätze verändern (also die

Mittel, die Banken bei der Zentralbank vorhalten müssen) oder Offenmarktgeschäfte durchführen (zum Beispiel Staatsanleihen direkt ankaufen). Die Geldmenge wäre damit *exogen* steuerbar. Dabei werden Banken als Vermittler angesehen – erst das Sparguthaben des einen ermöglicht demnach, einem anderen einen Kredit zu geben. Zwar wird dieser Mechanismus auch heute noch in volkswirtschaftlichen Kursen an den Universitäten gelehrt, doch er ist grundfalsch. Und das wussten auch schon John Maynard Keynes und Joseph Schumpeter Jahrzehnte vor den neoliberalen Monetaristen. Die Zentralbanken selbst bestätigen, dass dieses Geld- und Kreditverständnis nichts mit der Realität zu tun hat. In Wirklichkeit ist es genau umgekehrt. Die Bank of England und die Deutsche Bundesbank haben 2015 beziehungsweise 2017 bescheinigt, dass Geschäftsbanken Geld schöpfen können – unabhängig von den Vorgaben der Zentralbank. Damit ist die Geldmenge tatsächlich *endogen* – ein fundamentaler Unterschied.

Aus seiner nachweislich falschen Annahme einer exogenen Geldmenge folgert Friedman, dass die Volkswirtschaft ohne Schocks des Geldangebots von Natur aus stabil sei. Die Fiskalpolitik solle sich auf Haushaltsüberschüsse (die Einhaltung der Schwarzen Null) und die Geldpolitik auf die Preisstabilität fokussieren – zwei Grundbausteine der späteren neoliberalen Politik. Woher der politische Wind weht, sieht man an etlichen absurden Äußerungen, die Friedman über die Jahre von sich gab.[1,2,3] Etwa zum Thema Gesundheitswesen: »Warum soll eine Behörde darüber entscheiden, wer eine Zulassung als Arzt bekommt? Diese Lizenzen schaffen bloß ein unnötiges Monopol.« Oder zum Bildungssystem: »Da der Staat die Bildungsproduzenten, also die öffentlichen Schulen, subventioniert, fehlen die Anreize für ein gutes Ausbildungsangebot.« In nahezu jedem Punkt soll nach Friedman die staatliche Daseinsvorsorge vermarktlicht werden. Auch auf die Frage nach der Höhe der Steuern schwebten ihm radikale Reformen vor: »10, 15 Prozent. Keinesfalls viel höher. [...] Schauen Sie einfach mal in die Vergangenheit. Die katholische Kirche empfahl ihren Anhängern über Jahrhunderte, 10 Prozent ihres Einkommens abzugeben.« Eine solche Steuerpolitik hätte nicht nur massive Ungleichheit zur Folge – Friedmans Ziel war es, gemeinsam mit den Fiskalkonservativen die Größe des Staates zusammenzustutzen. Solange es diesem Zweck dient, scheint den Neoliberalen jedes noch so unsinnige Argument recht zu sein.

Doch der neoliberale Kapitalismus umfasst viel mehr als einige Extrempositionen in einzelnen Wirtschaftsbereichen. Den institutionellen Rahmen des Neoliberalismus bilden dem Sozialwissenschaftler David Harvey zufolge drei Aspekte, wie er in seinem Buch *Kleine Geschichte des Neoliberalismus*[4] ausführt:

1. Private Eigentumsrechte
2. Freie Märkte
3. Freier Handel

Diese gelten als notwendige Bedingungen für die Entfaltung der individuellen Freiheit. Folglich müsse der Staat seine Macht nutzen, um sie zu fördern. Aus diesen Aspekten kann man praktisch alle politischen Projekte der neoliberalen Schule[5] ableiten, die Harvey wie folgt kategorisiert:

1. Deregulierung
2. Privatisierung
3. Entstaatlichung

Diese neoliberalen Prozesse sind in den einzelnen Politikbereichen ersichtlich – von der Arbeitswelt über die Staatsfinanzen bis zur Klimafrage. Das vorherrschende Mantra ist die Angebotspolitik, die Unternehmen entlasten soll. Ob es nun die Deregulierung des Arbeitsmarkts ist, die Privatisierung öffentlicher Infrastruktur oder der Abbau des Sozialstaats. Der Neoliberalismus schlägt eine Vielzahl von Reformen vor. Um diese umzusetzen, reichten aber bloße Argumente nicht aus. Die Neoliberalen mussten auch politische Macht erringen.

Rechts der Mitte: Reagan und Thatcher

Der neoliberale Kapitalismus ist nicht nur eine ökonomische Denkschule, in ihm steckt auch ein politisches Programm. So ist auch die Mont-Pèlerin-Gesellschaft von Anfang an nicht nur ein Think-Tank, sondern auch eine der wichtigsten Schnittstellen aus Wissenschaft, Kapital und Staat, um diese Ideologie zu verbreiten. Auch heute gehören ihr tonangebende Ökonomen an – so zum Beispiel Lars Feld, der Chefökonom des deutschen Bundesfinanzministers Christian Lindner.[6]

Der Neoliberalismus verfolgt zwar das Ziel der Entstaatlichung, setzt aber gleichzeitig auf den Machthebel des Staates, um die gesellschaftlichen Verhältnisse in diesem Sinne zu verändern. Laut Harvey dient neoliberale Politik auch dazu, die Macht der Kapitalseite zu festigen. Denn der Keynesianismus der Nachkriegszeit, der auf Staatsausgaben, Interventionen und Lohnwachstum setzte, brachte das Kapital in Bedrängnis. Der Neukeynesianismus, der ihn teilweise ablöste, leistete sich ähnliche Fehlschlüsse wie die Monetaristen und Neoliberalen. Dieser Neukeynesianismus erwies sich vor allem als Verwalter des Neoliberalismus in den Phasen um die neoliberale Ära herum. In den sozialdemokratischen Parteien in Frankreich und Großbritannien gab es in den 1970ern heftige Richtungsstreits zwischen Keynesianern und Monetaristen. Infolgedessen deutete sich die neoliberale Wende auch erstmals im Regierungshandeln an, wie in Großbritannien unter Harold Wilson und in Frankreich unter François Mitterrand.

In umfassender Weise wurde die neoliberale Idee als erstes in Chile umgesetzt, nachdem sich General Augusto Pinochet gegen die sozialistische Regierung Salvador Allendes an die Macht putschte. Dessen Hang zu Autoritarismus und sozialer Härte machte das Land zum neoliberalen Versuchslabor. So wurden die wichtigsten Ministerien mit Friedmans Kollegen, den sogenannten Chicago Boys, besetzt. Unter ihrer Aufsicht wurden die Steuern für Reiche gesenkt, für Arme erhöht, der Arbeitsmarkt liberalisiert und die Renten- und Krankenversicherung privatisiert. Das alles erhöhte die Armut und die Ungleichheit.[7]

In Westeuropa und Nordamerika folgten die großen neoliberalen Schritte erst etwas später – in Großbritannien 1979 mit der Wahl von Margaret Thatcher, in den USA 1981 mit der von

Ronald Reagan. Sie sollten sich an die Spitze einer Klassenbewegung setzen, um die Macht der Wenigen wiederherzustellen.[8] Diese beiden Neoliberalen beschrieb Friedman 1982 im Spiegel wie folgt: »Margaret Thatchers Wirtschaftsprogramm war, als sie ihr Amt antrat, mit Reagans Programm identisch. Beide Programme bestanden aus vier Elementen: niedrigere Steuersätze, ein niedrigerer Anteil der Staatsausgaben am Volkseinkommen, weniger staatliche Auflagen für die Industrie und eine größere Rolle des Marktes, ein stabiles und gedrosseltes Wachstum der Geldmenge.«

Im selben Interview attestierte er Thatcher, sie habe sich bedauerlicherweise nur dem letzten Punkt gewidmet, also den Geldmengenanstieg gedrosselt. Das verkennt ihre neoliberale Politik aufs Härteste. Denn Thatcher machte brutale Steuerpolitik: Sie reduzierte den Spitzensteuersatz von 83 auf 40 Prozent und hob im Gegenzug die unsozialen indirekten Steuern an. Außerdem privatisierte sie, was das Zeug hielt: British Telecom, British Petroleum, British Airways und lokale Versorgungsunternehmen (Trinkwasserversorgung, Elektrizitätsunternehmen und so weiter). Durch die Erlöse konnte sie die Staatsverschuldung deutlich senken. Gleichzeitig wurden die Sozialausgaben gekürzt, der Finanzmarkt liberalisiert und die Arbeitsmärkte flexibilisiert. Doch das reichte Friedman nicht – aus seiner Sicht hätte Thatcher weiter gehen müssen.

Ähnliches setzte auch Ronald Reagan in den USA um. Sein Grundsatz lautete: »Regierung ist nicht die Lösung, sondern das Problem.« So reduzierte er den Spitzensteuersatz deutlich von 70 auf 28 Prozent. Im gleichen Zug beschnitt er die

Daseinsvorsorge und privatisierte die öffentliche Infrastruktur. Unter Reagan durften Banken erstmals variabel verzinste Immobilienkredite gewähren und ab 1984 Hypotheken verbriefen – zwei wesentliche Ursachen für den Ausbruch der Bankenkrise im Jahr 2008.[9]

Thatcher und Reagan übten also praktisch die gleiche Politik aus – auch mit ähnlichen Folgen. Sie kurbelten zwar die Wirtschaft an, jedoch entfielen deren Erträge auf immer weniger Köpfe. Gleichzeitig nahm die Schuldenquote – also die Schulden gemessen an der Wirtschaftsleistung – zu, obwohl genau das Gegenteil passieren sollte.

Deutscher Konservatismus

In Deutschland begann die neoliberale Ära einige Jahre später mit der Regierungsübernahme von Helmut Kohl. Zwar waren seine Reformen im internationalen Vergleich noch harmlos, jedoch stellte er die Weichen für den Höhepunkt des Neoliberalismus unter Gerhard Schröder. So finden sich in einem CDU-Beschluss von 1982 namens »Sieben-Punkte-Offensive für eine neue Wirtschafts- und Beschäftigungspolitik«[10] etliche neoliberale Punkte: Von der »Gesundung« der Staatsfinanzen über den Abbau von Subventionen und Sozialstaat und ein Bekenntnis zu Steuersenkungen bis hin zur Flexibilisierung des Arbeitsmarkts. Kohls Politik mündete auch im EU-Stabilitätspakt, mit dem sich die Union bis heute schmückt, obwohl er eine der Grundlagen für die verheerende Sparpolitik der 2010er Jahre bildete. Alles in allem waren diese Reformen im Vergleich zu denen seiner Vorläufer in Großbritannien und den USA sowie seinem Nachfolger in Deutschland aber wirklich zaghaft.

Bei der Privatisierung der alten Bundeslänger gab Kohl allerdings neoliberales Vollgas. So wurde vor allem die öffentliche Infrastruktur, aber auch eine Reihe von Unternehmen privatisiert. Zum Beispiel wurden die Anteile an dem Stromkonzern VIAG AG, der Lufthansa 1987/89, der Volkswagen AG 1988 sowie der Salzgitter AG privatisiert beziehungsweise teilprivatisiert. Darüber hinaus stellte Kohl die Weichen für die geplante Privatisierung der Bahn, als er bei der Wiedervereinigung die Bahnbetriebe privatrechtlich fusionierte. Außerdem wandelte er die Deutsche Bundespost in die drei börsennotierten Privatkonzernen Deutsche Post AG, Deutsche Telekom AG und Deutsche Postbank AG um. Dass dies die einzigen großen neoliberalen Projekte waren, führt der Wirtschaftshistoriker Jörg Roesler nicht zuletzt auf die rebellierenden Gewerkschaften zurück, die zum Beispiel im Oktober 1985 eine »Protestwoche« ausriefen.

Der zweite große neoliberale Schub unter Kohl kam im Zuge der Wende in den neuen Bundesländern. So rissen sich mit der dortigen Privatisierungswelle Eliten aus Ost und West die Produktionsmittel unter den Nagel. Im Endeffekt fand im Osten eine Privatisierung von A bis Z statt. Auch die schnelle Wiedervereinigung trägt neoliberale Züge. Denn einerseits konnten die westdeutschen Löhne durch das zusätzliche Angebot an Arbeitskräften gedrückt werden und andererseits gewannen die westdeutschen Konzerne einen nahegelegenen Absatzmarkt dazu. Dasselbe wiederholte sich in abgeschwächter Weise immer wieder bei den EU- oder Euro-Erweiterungen. Auch sie waren stets auch Mittel, um durch höheren Wettbewerb der Arbeitskräfte die Löhne zu drücken.

Die neue Mitte: Schröder und Blair

Deutschland war verglichen mit den USA und Großbritannien zwar ein Nachzügler, was neoliberale Reformen angeht, sollte diesen Rückstand aber schnell aufholen. Nun ging der Neoliberalismus nicht mehr von rechts aus, sondern war links der Mitte angesiedelt: ob mit Bill Clinton in den USA, Tony Blair in Großbritannien oder Gerhard Schröder in Deutschland.[11] Maßgebend für diese Fortsetzung der neoliberalen Ära war das Schröder-Blair-Papier aus dem Jahr 1999, das praktisch alles enthielt, was ihre rechten Vorgänger schon begonnen hatten, aber sogar noch weiter ging. Friedman zeigte sich später erfreut über Schröders Reformwillen: »Es ist in der Tat erstaunlich, dass es linken Parteien leichter fällt, rechte Reformen durchzusetzen. [...] Die jetzigen Reformen in Deutschland entsprechen eigentlich perfekt den Ideen der Regierung Kohl.«

In diesem Geist von Friedman liest sich auch das sozialdemokratisch-neoliberale Strategiepapier. Es steckt voller Ironie und Witz von der Krone bis zur Wurzel. So lautet der Titel: »Der Weg nach vorne für Europas Sozialdemokraten«. Der Witz: Nichts sollte nach vorne gehen. Und so finden sich direkt in der Einleitung Sätze, die in diesem Kontext nur ironisch gemeint sein können, wie: »Fairneß, soziale Gerechtigkeit, Freiheit und

Chancengleichheit, Solidarität und Verantwortung für andere: diese Werte sind zeitlos.« Denn mit solchen Werten hat diese Form der Sozialdemokratie überhaupt nichts mehr zu tun.

Die Phrase des ersten Kapitels »Aus Erfahrung lernen« liest sich heute wie eine schlechte Parteitagsrede von Christian Lindner: Förderung der sozialen Gerechtigkeit solle man nicht mit Gleichheit im Ergebnis verwechseln. Soziale Gerechtigkeit lasse sich nicht an der Höhe der öffentlichen Ausgaben messen. Und natürlich: Die Schwächen der Märkte seien über- und ihre Stärken unterschätzt worden. Im zweiten Kapitel »Neue Konzepte für veränderte Realitäten« geht es mit ähnlichen Worthülsen weiter. Wirklich in sich hat es aber das dritte Kapitel »Eine neue angebotsorientierte Agenda für die Linke«. Hier findet sich der pure Neoliberalismus – von Deregulierung über Privatisierung bis hin zu Entstaatlichung. Und auch dieses Kapitel beginnt ironisch: »Die beiden vergangenen Jahrzehnte des neoliberalen Laisser-faire sind vorüber«, heißt es. Wir wissen mittlerweile: Genau das Gegenteil ist wahr.

Der erste Punkt »Ein robuster und wettbewerbsfähiger marktwirtschaftlicher Rahmen« klingt schon nach wirtschaftsliberaler Politik – und ist es auch. Dahinter verbirgt sich ein Blankoscheck für die Marktwirtschaft. Blair und Schröder wollen Rahmenbedingungen für ein »einwandfreies Spiel der Marktkräfte« schaffen. Dabei soll die EU als »entschiedene Kraft für die Liberalisierung des Welthandels eintreten«. Hier sieht man wieder, dass der Neoliberalismus staatsbetrieben ist – nicht nur vom Nationalstaat, sondern auch von der EU.

Der zweite Punkt hat es in sich: »Eine auf die Förderung

nachhaltigen Wachstums ausgerichtete Steuerpolitik«. Was damit gemeint ist: Es soll die Unternehmensteuer gesenkt werden, um Kapitalrentabilität und Investitionsanreize zu stärken. Gleichzeitig bekennen sich die Verfasser dazu, dass alle Maßnahmen tabu seien, die zu einer höheren Steuerlast führen und damit Wettbewerbsfähigkeit und Arbeitsplätze in der EU gefährden würden.

Der dritte Punkt lautet: »Angebots- und Nachfragepolitik gehören zusammen und sind keine Alternativen«. Dabei wird in später folgenden Punkten klar, dass diese neoliberalen Sozialdemokraten die Nachfragepolitik ablehnen. Daher geht es hier unverhohlen darum, mittels »Senkung der gesetzlichen Lohnnebenkosten durch strukturelle Reformen der sozialen Sicherungssysteme und eine zukunftsorientierte, beschäftigungsfreundliche Steuer- und Abgabenstruktur« die Kosten für die Arbeitgeber zu reduzieren. Die Folgen sind zum einen geringere Ansprüche der arbeitenden Menschen, zum Beispiel bei der Rente, und zum anderen steigende Gewinne der Konzerne.

Um die Glaubenssätze nochmal zu wiederholen, folgen dann Phrasen wie »Flexible Märkte sind ein modernes sozialdemokratisches Ziel« oder dass Unternehmen »nicht durch Regulierungen und Paragraphen erstickt werden« dürfen. Gleichzeitig müssen natürlich »Produkt-, Kapital- und Arbeitsmärkte [...] allesamt flexibel sein«. Was hier vor allem flexibel ist, ist das Sozialdemokratische an der Wirtschaftspolitik.

Zwei Absätze später folgt: »Moderne Sozialdemokraten müssen die Anwälte des Mittelstands sein«. Man solle die Unternehmen zur Risikobereitschaft ermutigen, ihre Belastungen verringern und ihren Ehrgeiz nicht behindern. Gleichzeitig müssten Kapitalmärkte geöffnet und selbstredend die »Regierungslast« bei den Lohnnebenkosten gesenkt werden.

Schlussendlich gehen die »linken« Neoliberalen aber noch weiter als die rechten Neoliberalen, wie sich an der letzten Überschrift ablesen lässt: »Gesunde öffentliche Finanzen sollten zum Gegenstand des Stolzes für Sozialdemokraten werden«. Hier geht es darum, die staatliche Handlungsfähigkeit einzuschränken. Schulden sollen nur noch in Krisen gemacht werden, um die Wirtschaft zu stabilisieren, aber nicht mehr außerhalb von Krisen. Das »Deficit Spending«, also die Staatsverschuldung, wird verteufelt. Nachfragepolitik, die vorher begrüßt wurde, wird damit unmöglich. Mit diesem Papier prägten Blair und Schröder die beiden größten Finanzmythen, die sich bis heute halten: Schulden seien eine »unfaire Belastung kommender Generationen« und Geld für den Schuldendienst stehe nicht mehr für andere Projekte zur Verfügung.

Die Vergehen am Arbeitsmarkt sind nochmal ein eigenes Kapitel. Hier wird eine »aktive Arbeitsmarktpolitik für die Linke« gefordert. Dahinter sollte sich nichts weniger verbergen als der größte Niedriglohnsektor Europas. So wollen Schröder und Blair den »gezielten Einsatz von Subventionen für geringfügige Beschäftigung und die Verringerung der Steuer- und Sozialabgabenlast auf geringfügige Beschäftigungsverhältnisse ermutigen, ›Einstiegsjobs‹ in den Arbeitsmarkt anzubieten«.

Dieses wegweisende Papier erfüllt sämtliche neoliberalen Kriterien, die Harvey aufführt: die Förderung von privaten Eigentumsrechten, freien Märkten und freiem Handel durch

Deregulierung, Privatisierung, Entstaatlichung. Es könnte abgesehen von der wiederholten Verwendung des Wortes »Sozialdemokratie« auch von Helmut Kohl oder Milton Friedman höchstpersönlich stammen.

Kahlschlag in Deutschland

Schröder konnte diese neoliberalen Vorstellungen in Koalition mit Bündnis 90/Die Grünen und Joschka Fischer als Vizekanzler in die Tat umsetzen. Vor allem diese Jahre der rot-grünen Regierung stellten die Weichen für das heutige Deutschland. Dies waren die harten neoliberalen Jahre. Eines der ersten folgenreichen Projekte der Regierung Schröder betraf die Steuerpolitik. So senkte sie den Spitzensteuersatz von 53 Prozent 1998 auf 42 Prozent 2005. Das war damals der Höchsteuersatz – auch die höchsten Einkommen wurden also nur mit diesem Satz besteuert. Von dieser Politik profitierten vor allem DAX-Manager und Investmentbanker. Gleichwohl wurde auch der Eingangssteuersatz gesenkt, dessen Wirkung aber durch die später eingeführte Stromsteuer oder Erhöhung der Mehrwertsteuer begrenzt wurde, da jene Steuern vor allem Menschen mit kleinen und mittleren Einkommen belasten. Denn diese geben im Gegensatz zu Spitzeneinkommen den Großteil ihres verdienten Geldes direkt wieder aus. Die zum 1. Januar 1997 unter Kohl ausgesetzte Vermögensteuer blieb es auch unter Schröder. Auch die Steuer auf Unternehmensgewinne aus Körperschafts- und Gewerbesteuer plus Solidaritätszuschlag wurde massiv von 57 auf 38 Prozent gesenkt.

Von alledem profitieren im Endeffekt die Reichen, da ihre Steuerlast enorm reduziert wurde. Der Finanzminister des zweiten rot-grünen Kabinetts, Hans Eichel von der SPD, sprach von einem »Meilenstein in der Finanzpolitik«. Gleichzeitig reduzieren diese massiven Steuersenkungen den finanziellen Handlungsspielraum des Staates. Denn Schröder wollte schon die Maastricht-Kriterien der EU einhalten, also die Neuverschuldung begrenzen. Wenn dann Steuereinnahmen wegbrechen, muss die Axt an den Sozialstaat angelegt werden und die Wirtschaft verliert den Staat als wichtigen Impulsgeber.

Dann ging es an den Sozialstaat: Zuerst wurde die Rentenformel geändert, was zu einer dauerhaften Absenkung des Rentenniveaus führte. Da dieses für damalige und künftige Rentner nicht mehr ausreichte, wurde zusätzlich die Riester-Rente eingeführt. Damit lagerte die Regierung praktisch ein Teil der gesetzlichen Rentenversicherung an private Rentenversicherungen aus. Rund zwei Jahrzehnte später ist klar: Eine gute Rente hatten dadurch vor allem die Versicherungskonzerne, die fette Gebühren abgriffen.

Das größte sozialpolitische Vergehen wurde aber am 14. März 2003 begangen: Die Agenda 2010. Sie sollte den größten Niedriglohnsektor Europas schaffen, Menschen in Armut drängen, die Lohnkosten der Konzerne drücken und die Wirtschaft erlahmen. Die Kernbestandteile: Das Arbeitslosengeld I wird auf 12 Monate beschränkt. Menschen, die ihren Job verlieren, können also nur ein Jahr lang einen zumindest ähnlichen Lebensstandard halten. Darauf folgt dann das neu eingeführte Arbeitslosengeld II, auch genannt Hartz IV. Damit beginnt die

Entmenschlichung der Ärmsten. Sie müssen sich komplett nackig machen, um Geld zu bekommen, und leben auch noch mit diesem Geld praktisch in Armut. Falls es mit der Jobaufnahme nicht zeitnah klappt, wird gekürzt und die Armut besiegelt. Dazu wurden die Maßstäbe der Zumutbarkeit überarbeitet, sodass auch in jeder Hinsicht unpassende und schlecht bezahlte Jobs als gangbar gelten.

Das hat massives Lohndumping zur Folge. Denn die Unternehmen wissen, dass sie auch für ausbeuterische Jobs Arbeitskräfte finden, wenn die Menschen ansonsten bittere Armut fürchten müssen. Und wenn das Lohnniveau gedrückt wird, erhöht das die Gewinne. Dieser Effekt wird verstärkt durch die Senkung der Lohnnebenkosten, also des Anteils, den die Arbeitgeberseite in die Arbeitslosenversicherung einzahlt. Denn diese benötigt durch die Befristung des Arbeitslosengelds I weniger Mittel. Um den Arbeitsmarkt zu flexibilisieren, schränkte Schröder auch den Kündigungsschutz ein.

Damit hatte sich die neoliberale Klaviatur aber noch nicht ausgespielt: Auch in Sachen Privatisierung legten SPD und Grüne nach. So privatisierte die Regierung in ihrer ersten Legislatur genau so viel wie Privatisierungsmeister Kohl in seiner letzten Legislatur, wie das *Handelsblatt* feststellt.[12] Die neoliberale Politik der Sozialdemokratie reichte sogar bis in den rot-roten Berliner Senat hinein. Der SPD-Bürgermeister Klaus Wowereit behauptete nicht nur, Berlin sei »arm, aber sexy«, er prägte auch das Motto: »Wir werden sparen, bis es quietscht.« Unter ihm sollten mit Assistenz der Vorgängerpartei der LINKEN, der PDS, zehntausende Wohnungen privatisiert werden, was eine

Ursache der heutigen Wohnungskrise ist, die längst nicht nur die Hauptstadt betrifft. Zwar wurden die Menschen in Deutschland nicht so stark wie unter Thatcher dazu angehalten, sich auf Kredit Eigenheime anzuschaffen, doch das »Mieterland« Deutschland sieht heute insbesondere in den Großstädten einen Prozess der Finanzialisierung und Konzentration von Macht am Immobilienmarkt. Durch den Verkauf von Wohnungen und den mangelnden öffentlichen Neubau fehlt es uns heute an bezahlbarem Wohnraum.

Auch in der Klimapolitik beschritt Rot-Grün zum Teil neoliberale Wege: Die EEG-Umlage beschleunigte zwar den Ausbau erneuerbarer Energien, erfüllte jedoch zugleich auch Kriterien des Neoliberalismus, insofern sie Klimaschutzinvestitionen entstaatlichte. Anstelle des Staates sollten die Verbraucher sie finanzieren und damit den Bundeshaushalt entlasten.

All diese Reformen dienten mittels Deregulierung, Privatisierung und Entstaatlichung dazu, private Eigentumsrechte, freie Märkte und freien Handel zu fördern. Bei alledem stand dem damaligen SPD-Kanzler Gerhard Schröder der heutige SPD-Kanzler Olaf Scholz zur Seite. Er gehörte seit 2001 dem Parteivorstand an und war von 2002 bis zum Ende von Schröders Parteivorsitz sein Handlanger. Scholz muss daher maßgeblich am neoliberalen Kurs mitgearbeitet und ihn auch der Parteibasis vermittelt haben. Die Verbindung war sogar so stark, dass er gemeinsam mit Schröder abdankte.

Neue alte Mitte: Die Große Koalition

Auf den harten neoliberalen Kurs unter SPD-Führung folgte ein sanfterer aber gleichwohl neoliberaler Kurs unter CDU-Führung. Die großen Reformen, die den Arbeitsmarkt deregulierten, die Steuern der Reichen senkten und den Sozialstaat schrumpften, waren ja schon erledigt. Bemerkenswerterweise gibt es in Merkels erster Legislatur sogar eine minimale Rückabwicklung. Nämlich wurde im Koalitionsvertrag von Merkel I am 11. November 2005 mit der Reichensteuer eine kleine Steuererhöhung für Spitzenverdiener (heute ab rund 250.000 Euro Einkommen) beschlossen.

Das kann aber nicht über die etlichen neoliberalen Maßnahmen Angela Merkels hinwegtäuschen. Denn sie erhöhte gemeinsam mit der SPD die Mehrwertsteuer, obwohl diese im Wahlkampf noch gegen die »Merkelsteuer« stritt. Ziel war es, die »Haushaltslöcher« zu schließen, die vor allem aus der rot-grünen Steuersenkung für Reiche resultieren. Das ist Umverteilung von unten nach oben, wie sie im Buche steht. Beim Thema Haushaltslöcher sollte Merkel auch die Weichen für künftige Bundesregierungen stellen. Denn hier liegt das neoliberale Kernprojekt der Großen Koalition: die Schuldenbremse. Diese schrieb Merkel 2009 mit einer Zwei-Drittel-Mehrheit ins Grundgesetz – gegen die Stimmen von Linken und Grünen und bei Enthaltung der FDP. Die Schuldenbremse, die 2016 für den Bundeshaushalt und 2020 für die Länderhaushalte in Kraft trat, beschränkt bis heute die staatliche Handlungsfähigkeit, indem sie die strukturellen Spielräume zur Neuverschuldung massiv beschneidet – noch viel stärker als die EU-Regeln. Sie ist die Grundlage für die Beschränkung des Sozialstaats und weitere Privatisierungen. Denn ohne Steuererhöhungen sei kein Spielraum für einen stärkeren Sozialstaat da, so die Erzählung. Genauso ist es bei Klimainvestitionen. Auch für Privatisierungen bietet die Schuldenbremse eine Grundlage. Denn privatisierte Infrastruktur belastet nicht mehr die staatlichen Haushalte.

Bereits ab 2012 hielt die Große Koalition freiwillig die Regelgrenze der Neuverschuldung ein. Damit wurden dutzende Milliarden Euro an Klimainvestitionen nicht getätigt, obwohl die haushalterischen Spielräume existierten und die Branche der erneuerbaren Energien wie die Wirtschaft im Allgemeinen sie gebrauchen konnte. Dazu kam noch der CDU-Fetisch der Schwarzen Null. Schon die Schuldenbremse ist wirtschaftswissenschaftlich unhaltbar, die Schwarze Null aber erst recht. Das ihr zugrundeliegende Mantra: Nicht nur soll die Schuldenneuaufnahme limitiert werden, sondern der Staat verzichtet komplett auf Neuverschuldung. So fuhr der Bund von 2014 bis 2019 (ausgenommen 2017) einen Haushaltsüberschuss ein.[13] Der Staat zog also mehr Gelder über Steuern aus der Wirtschaft heraus, als er über Ausgaben hineingab. Auch dadurch blieben Milliardeninvestitionen in die Klimawende oder den Sozialstaat aus.

Das war aber nur Merkels Austeritätspolitik in Deutschland. In den Ländern Südeuropas sollte sie ein ganz anderes Niveau erreichen und während der Eurokrise an Griechenland ein Exempel statuieren. Merkels Finanzminister Wolfgang Schäuble galt nicht umsonst als der gefährlichste Mann Europas. Er pochte auf die Einhaltung der europäischen Schuldenregeln für die

Länder der EU und insbesondere Griechenland. Dabei blieben nicht nur Klimainvestitionen und der Sozialstaat auf der Strecke – verglichen mit Deutschland waren die Folgen in Griechenland noch viel gravierender. Die Armutsrate explodierte genauso wie die Selbstmordrate. Zeitgleich mit der Sparpolitik musste eine neoliberale Schocktherapie umgesetzt werden, ähnlich wie in Chile. Renten- und Lohnkürzungen, Abriss des Sozialstaats, Privatisierungen – all das brachte die griechische Wirtschaft zum Erliegen, da die Nachfrage massiv einbrach. Ironischerweise konnte deshalb auch die Staatsschuldenquote nicht abgebaut werden. Denn sie misst die Verschuldung im Verhältnis zum Bruttoinlandsprodukt, welches durch die dem Staat aufgezwungene Austeritätspolitik extrem geschwächt wurde.

Ein weiterer Aspekt des deutschen Neoliberalismus ist der extreme Außenhandelsüberschuss, der auch durch das Lohndumping in Deutschland ermöglicht wird. Denn einerseits zahlen die Konzerne dadurch geringere Löhne, wodurch die Produkte wettbewerbsfähiger werden, andererseits schwächelt die Binnennachfrage, was die Exporte anschwellen lässt. Gleichzeitig wird die Nachfrage in den Importländern – etwa den europäischen Nachbarländern – durch die Sparpolitik weiter gedrosselt. Das sind die perfekten perfekten Voraussetzungen für weitere neoliberale Reformen.

Bei der Großen Koalition gab es auf der sozialpolitischen Ebene mit dem Mindestlohn einen nennenswerten Fortschritt. Dieser wurde aber an etlichen Stellen unterhöhlt, sodass seine Wirkung unter den Möglichkeiten blieb. Schuld daran war wiederum die neoliberale Politik. Denn ihretwegen fehlten

Mindestlohnkontrollen sowie Maßnahmen gegen Scheinselbstständigkeit oder Leiharbeit. Für Rentnerinnen und Rentner sah es auch nicht besser aus: Sie mussten eine fette Rentenkürzung hinnehmen, da das Rentenalter auf 67 erhöht wurde. Auch das spielt den Neoliberalen in die Karten: Denn im Kern ist dies eine Angebotsausweitung der Arbeitskräfte, was Lohnsenkungen bei schwächelnder Wirtschaft zur Folge hat.

Neben der Fiskalpolitik wurde auch die Klimapolitik unter Merkel noch neoliberaler: Denn die Kanzlerin sprach sich für den Emissionshandel aus. Kurz gesagt werden dabei handelbare Verschmutzungsrechte von der Regierung ausgestellt und verknappt. Nur wer ein solches Zertifikat hat, darf verschmutzen. Durch einen steigenden Preis soll die niedrigschwellige Verschmutzung zuerst reduziert werden. Das ist Neoliberalismus aus dem Lehrbuch: Es wird ein neuer Markt geschaffen, der den Preis eines eigentumsrechtlich geschützten Gutes regeln soll. Kein Wunder, dass führende deutsche Neoliberale wie Lars Feld davon schwärmen.

Die Merkel-Regierung ergänzte somit den deutschen Neoliberalismus vor allem um Austerität – im Inland wie im Ausland. Und auch hier spielt der spätere SPD-Kanzler Scholz eine Rolle. Denn als über die grundgesetzliche Verankerung der Schuldenbremse abgestimmt wurde, war er Bundesminister für Arbeit und Soziales. Er ist also auch für diesen weiteren neoliberalen Meilenstein mitverantwortlich. Ab 2018 hielt er sich als Bundesfinanzminister und Vizekanzler ebenfalls wieder an die Schuldenbremse – mit den bekannten Folgen.

Die Folgen

In Krisen sehen wir das Ergebnis dieser Politik ganz direkt: Der geschwächte Staat ist kaum noch in der Lage, in angemessener Weise zu reagieren. Schon vor der Pandemie arbeiteten die Pflegekräfte am Limit, waren die Krankenhäuser unterfinanziert und agierte das Gesundheitssystem profitgetrieben. Dann kam Corona und der Staat konnte mangels Ressourcen und Infrastruktur kaum helfend eingreifen. Gleichzeitig scheffelten korrupte Politiker mit Maskendeals dutzende Millionen und Pharmakonzerne mit Impfstoffen dutzende Milliarden, während das Personal nichts als Applaus bekam.

In allen Krisen der vergangenen Jahre erkennen wir das gleiche Muster: Der fatale politische Kurs führt dazu, dass einerseits massenhaft Armut und andererseits Superreichtum entsteht, während unser Sozialstaat seinen Namen immer weniger verdient. Deshalb müssen wir einen wirklichen politischen Kurswechsel in allen Bereichen der Politik forcieren – von Wirtschaft über Wohnen, Gesundheit und Sozialstaat bis hin zum Klimaschutz. Wenn wir weiterhin alles dem Markt überlassen und der Profitlogik unterwerfen, gibt es für uns kein Morgen mehr.

Quellen

1 Müller von Blumencron, Mathias und Schäfer, Ulrich: »Alle Steuern sind zu hoch«, *Spiegel Online*, 8. Oktober 2000.

2 Zucker, Alain: »Es ist unmoralisch, Geld von den Reichen zu nehmen, um es den Armen zu geben«, *Süddeutsche Zeitung Magazin*, 19. Juni 2006.

3 Kaden, Wolfgang: »Das ganze Sozialsystem ist falsch«. *Spiegel Online*, 17. Januar 1982.

4 Harvey, David: *A Brief History of Neoliberalism*, Oxford University Press 2005, S. 3.

5 Ebd., S. 64.

6 Scholle, Lukas: »Lindner holt neoliberalen ›Chefvolkswirt‹ ins Finanzministerium«, *Jacobin*, 15. Februar 2022.

7 Harvey, David: *A Brief History of Neoliberalism,* Oxford University Press 2005, S. 7.

8 Harvey, David: *A Brief History of Neoliberalism*, Oxford University Press, 2005, S. 63.

9 Komlos, John und Schubert, Hermann: »Reaganomics – Wegbereiter des Trumpismus«, *Wirtschaftsdienst* 2020.

10 Christlich Demokratische Union Deutschlands: »Arbeit für alle durch Soziale Marktwirtschaft«, *Informationsdienst der Christlich Demokratischen Union Deutschlands,* 11. Februar 1982.

11 Atkins, Curtis: »Die Internationale des Kapitals«, *Jacobin*, 8. Juli 2020.

12 Riedel, Donata: »Privatisierungspolitik unter Rot-Grün: Alles muss raus«, *Handelsblatt,* 31. August 2005.

13 Bundesministerium der Finanzen: »Entwicklung der öffentlichen Finanzen«, 22. März 2021.

Dierk Hirschel

Von der Ohnmacht zum Streikfrühling

Dierk Hirschel ist
Chefökonom bei ver.di

Einkaufen, Heizen, Tanken und Wohnen werden immer teurer. Steigende Preise machen den abhängig Beschäftigten das Leben schwer. In Inflationszeiten droht ihr Lebensstandard zu sinken. Das passiert nicht zum ersten Mal. Im 21. Jahrhundert jagt eine Krise die nächste. Nach zwei Jahren Pandemie mit millionenfacher Kurzarbeit und starken Einkommensverlusten folgt nun die Energiekrise. Die vielfältigen Krisen sind Ausdruck einer organischen Krise des modernen Kapitalismus. Der russische Angriff auf die Ukraine und die einhergehenden Sanktionen ließen die Energiepreise explodieren. Die Preistreiberei marktmächtiger Konzerne – etwa bei der Energie, den Lebensmitteln, dem Wohnungsbau oder dem Schiffsverkehr – tat ihr Übriges. Folglich kletterte die Inflation auf den höchsten Stand seit 70 Jahren. Im ersten Jahr der Energiekrise stiegen die Verbraucherpreise um acht Prozent. Ein Jahr später droht ein weiterer sechsprozentiger Preisschub.

Die Inflation hat eine soziale Schieflage. Bedürftige, Geringverdienende und Familien mit mittlerem Einkommen trifft die Teuerung härter als Reiche. Viele Erzieherinnen, Kassierer oder Busfahrerinnen können die hohen Heiz-, Strom- und Benzinkosten kaum noch bezahlen.

Die hohen Energiekosten haben die heimische Volkswirtschaft stark belastet. Teures Öl und Gas schwächen die Kaufkraft der privaten Haushalte und erhöhen die Energiekosten der Unternehmen. Die Einfuhr von Öl, Gas und Kohle kostete die deutsche Volkswirtschaft rund 280 Milliarden Euro im Jahr. Diese Mehrausgaben fließen überwiegend ins außereuropäische Ausland. Die importierte Inflation verkleinert den gesamtwirtschaftlichen Verteilungsspielraum. So wird die Energiekrise zu einer großen tarifpolitischen Herausforderung.

In den letzten zwei Jahren mussten die Beschäftigten große Reallohnverluste hinnehmen. Die Tariflöhne stiegen 2021 um nur 1,7 Prozent und 2022 um 2,7 Prozent. Bei jährlichen Inflationsraten von drei (2021) und acht Prozent (2022) schrumpften folglich die Reallöhne um 1,4 (2021) beziehungsweise 4,8 Prozent (2022). Die schwierige wirtschaftliche Situation durch Pandemie und Energiekrise hatte die gewerkschaftliche Verhandlungsmacht empfindlich geschwächt. Während der Pandemie verlor der Deutsche Gewerkschaftsbund, die größte gewerkschaftliche Vereinigung in Deutschland, mehr Mitglieder als in den vergangenen zehn Jahren zusammen. Die Arbeitnehmerorganisationen wurden zudem von der Inflation kalt erwischt. Die Gewerkschaften konnten den plötzlichen Preisschub ab Februar 2022 in ihren Tarifabschlüssen 2021 nicht mehr berücksichtigen.

Von der Krise in den Streikfrühling

In den letzten Tarifrunden versuchten ver.di, IG Metall und Co. einen Inflationsausgleich zu erstreiten. Deswegen waren die Lohnforderungen historisch hoch. Bei der Deutschen Post sowie bei Bund und Kommunen stritt ver.di für 10,5 bzw.15 Prozent mehr Lohn. Im öffentlichen Dienst forderte ver.di zudem für die Lohnerhöhung einen Mindestbetrag von 500 Euro. Dadurch sollte die besonders starke inflationäre Belastung der unteren Lohngruppen aufgefangen werden.

Vor fast 50 Jahren forderte die Gewerkschaft ÖTV[1] letztmals einen solch großen Schluck aus der Pulle. Damals wollte die ÖTV mit Heinz Kluncker an der Spitze 15 Prozent mehr Lohn, eine Mindesterhöhung um 185 Mark und ein Urlaubsgeld von 300 Mark. Nach einem harten Arbeitskampf erstritt die Gewerkschaft ein Plus von elf Prozent.

In beiden Tarifrunden – Post und Öffentlicher Dienst – wurden die Mitglieder gefragt, was ihre Gewerkschaft fordern soll. Allein im öffentlichen Dienst haben sich weit über 130.000 Kolleginnen und Kollegen an der Umfrage beteiligt. Das war die größte tarifpolitische Beschäftigtenbefragung im öffentlichen Dienst. Diese breite Beteiligung half bei der Mobilisierung. An den Warnstreiks und Aktionen nahmen hunderttausende Beschäftigte teil. Seit Jahresanfang hat die Gewerkschaft der 1000 Berufe fast 90.000 neue Mitglieder hinzugewonnen. In nur wenigen Monaten konnte ein historisches Mitgliederwachstum von rund 5 Prozent erreicht werden.

Die Tarifbewegung wurde auch von einer breiten gesellschaftlichen Zustimmung getragen. Postzusteller, Pflegekräfte, Müllwerker und Erzieherinnen sind Corona-Helden, die die Gesellschaft in der Pandemie zusammengehalten haben. Die überwiegende Mehrheit der Bevölkerung ist der Auffassung, dass diese Beschäftigten mehr materielle Wertschätzung verdienen.

Die Ergebnisse dieser Tarifrunden konnten sich sehen lassen: Bei der Deutsche Post AG verhandelte ver.di für rund 160.000 Beschäftigte. Die Tariflöhne der unteren Lohngruppen steigen bis Ende 2024 tabellenwirksam um 11 bis 16 Prozent. Dafür sorgt ein Mindestbetrag von 340 Euro. Zusätzlich gibt es eine steuer- und abgabenfreie Einmalzahlung[2] in Höhe von 3000 Euro, die über ein Jahr verteilt in Teilbeträgen ausbezahlt wird.

Im öffentlichen Dienst verhandelte ver.di für mehr als 2,5 Millionen Beschäftigte. Dort konnte eine tabellenwirksame Lohnsteigerung von 11,5 Prozent durchgesetzt werden. In den unteren Lohngruppen beträgt das Gehaltsplus sogar 13 bis 17 Prozent. Dieser starke Zuwachs im unteren Einkommensbereich ist einem Sockelbetrag geschuldet, der bei unteren Einkommen zu stärkeren prozentualen Lohnsteigerungen führt. Vollzeitbeschäftigte bekommen mindestens 340 Euro im Monat mehr. Ebenso wie beim Postabschluss erhalten die Beschäftigten des öffentlichen Dienstes Einmalzahlung über 3000 Euro. Tarifeinigungen sind aber immer auch Kompromisse mit der Arbeitgeberseite. Deswegen hat der Tarifabschluss im öffentlichen Dienst auch Schattenseiten. Die inflationsbedingten Kaufkrafteinbußen aus 2022 konnten nicht voll ausgeglichen werden. Zudem ist die Laufzeit von 24 Monaten sehr lang.

Vor dem Hintergrund der schwierigen wirtschaftlichen Lage ist die jüngste Tarifbewegung schon jetzt ein großer Erfolg. Die tabellenwirksamen Lohnsteigerungen werden die Inflation des laufenden und kommenden Jahres mit hoher Wahrscheinlichkeit ausgleichen. Somit steigen die Reallöhne der Postzusteller, Verwaltungsangestellten, Busfahrer, Pflegekräfte und Müllwerker. Beide Tarifabschlüsse haben Signalwirkung für nachfolgende Tarifverhandlungen.

Die Tarifbewegung hat republikweit für Aufsehen gesorgt. Ein gemeinsamer Warnstreik von ver.di und der Eisenbahn- und

Verkehrsgewerkschaft (EVG) legte den gesamten öffentlichen Verkehr für einen Tag lahm. Die hohe Mobilisierung und Streikbereitschaft sowie die zahlreichen Neueintritte machen Hoffnung, dass Gewerkschaften zukünftig wieder stärker werden. Doch damit nicht genug. Zusätzlichen Rückenwind bekommen die Arbeitnehmerorganisationen dadurch, dass die Ware Arbeitskraft knapp wird. Trotz Inflation und Energiekrise sinkt die Arbeitslosigkeit und die Zahl der offenen Stellen steigt. Dieser Fach- und Arbeitskräftemangel stärkt die strukturelle Verhandlungsmacht der Beschäftigten und ihrer Gewerkschaften.

Zur Wahrheit gehört aber auch: Die deutschen Gewerkschaften kommen aus einem Tal der Tränen. Drei Jahrzehnte lang schrumpfte ihre organisatorische, strukturelle, institutionelle und gesellschaftliche Macht.[3] Diese Ohnmachtserfahrung steckt der Gewerkschaftsbewegung noch immer in den Knochen. Die nächsten Monate werden zeigen, ob wir wirklich eine Zeitenwende erleben. Um zu verstehen, wovon eine erfolgreiche Erneuerung der Gewerkschaften abhängt, hilft uns ein Blick in die Vergangenheit.

Auf- und Abstieg der organisierten Arbeit[4]

Nach dem Zweiten Weltkrieg schrieb die organisierte Arbeit eine Erfolgsgeschichte. Mitglieder und Finanzkraft der deutschen Gewerkschaften wuchsen. Zwischen 1950 und 1980 stieg die Zahl der gewerkschaftlich Organisierten um 45 Prozent.[5]

Eine starke gewerkschaftliche Organisationsmacht zwang die Arbeitgeberverbände zu sozialen Basiskompromissen. Viele Unternehmer waren durch ihre Unterstützung des Nationalsozialismus gesellschaftlich diskreditiert. Die Stahl- und Chemieindustrie wurde von den Alliierten neu geordnet. Der Realsozialismus zwang den westdeutschen Staat zu weitgehenden sozialpolitischen Zugeständnissen. Die Tarifbindung nahm zu und die Betriebsräte bekamen Einfluss. Der als »Wirtschaftswunder« titulierte Nachkriegsboom bescherte den Unternehmen hohe Profite und den Beschäftigten reale Lohnzuwächse.

Mitte der 1970er-Jahre stärkte die sozialliberale Koalition durch den Ausbau der Mitbestimmung die institutionelle Macht der Gewerkschaften. Gleichzeitig begannen jedoch die Arbeitgeber, den Klassenkompromiss der Nachkriegszeit infrage zu stellen. In den 1980er Jahren schwächten die hohe Massenarbeitslosigkeit und der industrielle Strukturwandel die gewerkschaftliche Handlungsfähigkeit. Zwar konnten IG Metall und IG Druck und Papier 1984 den Einstieg in die 35-Stunden-Woche erkämpfen. Dafür wurde jedoch die Arbeitszeit stärker flexibilisiert. In anderen Branchen blieb die Arbeitszeitverkürzung auf halbem Wege stecken oder wurde gar nicht durchgesetzt.

Nach der Deutschen Einheit stiegen die Mitgliederzahlen der Gewerkschaften im Osten ebenso rasch, wie sie nach Deindustrialisierung und Strukturbruch kollabierten. Das Ende des Vereinigungsbooms führte auch im Westen zu Mitgliederverlusten – besonders im Dienstleistungsbereich. Privatisierungen und Deregulierung des öffentlichen Sektors – bei Bahn, Post, Versorgungsbetrieben und im Gesundheitswesen – schliffen ehemalige gewerkschaftliche Hochburgen. Gleichzeitig erzwangen die Arbeitgeberverbände mit einer aggressiven Tarifpolitik die Rücknahme gewerkschaftlicher Errungenschaften. Sie höhlten die Tarifverträge durch Öffnungsklauseln aus und stellten teilweise das gesamte Tarifsystem infrage.

Diese neoliberale Wende wurde durch starke Einschnitte im Sozialsystem abgerundet, die in der Politik der Agenda 2010 und den Hartz-Reformen ihren Höhepunkt fanden. Die Schröder-Regierung entwertete und entgrenzte in den 2000er Jahren menschliche Arbeit. Rot-Grün beschränkte den Kündigungsschutz, erleichterte sachgrundlose Befristungen, förderte die Leiharbeit, prekäre Selbstständigkeit (Ich-AG) und machte Minijobs attraktiver. Die Hartz-Gesetze setzten Arbeitslose unter Druck, auch geringer entlohnte und unsichere Arbeit anzunehmen. Folglich beruhte das Jobwachstum der 2000er-Jahre auf Zeitarbeit, Teilzeitjobs, geringfügigen und befristeten Beschäftigungsverhältnissen, Werkverträgen und Solo-Selbständigkeit. Die Erosion regulärer Arbeitsverhältnisse unterhöhlte das Tarifsystem und schwächte die Gewerkschaften.

Die schwindende Macht der Zahl

Die Mitgliedszahlen sprechen eine klare Sprache: Die Organisationsmacht der Gewerkschaften schrumpft. Nach der Deutschen Einheit halbierte sich die Mitgliedschaft der DGB-Gewerkschaften von ursprünglich 12 auf heute 5,6 Millionen.

Die gewerkschaftliche Mitgliederentwicklung hängt einerseits von der Arbeitsmarktentwicklung und andererseits von der gewerkschaftlichen Fähigkeit ab, strukturwandelbedingte Verluste durch neue Mitglieder in wachsenden Bereichen auszugleichen.[6] Das haben die deutschen Gewerkschaften in den letzten drei Jahrzehnten nicht geschafft. Sie konnten der Verlagerung der Beschäftigung von der Industrie in den Dienstleistungssektor nicht organisierend folgen.[7] In den wachsenden Dienstleistungsbranchen – Pflege, Bildung, Gesundheitswesen, Wissensarbeit, Logistik – gab es zwar teils beachtliche Organisationserfolge, die Mitgliederzuwächse blieben aber deutlich hinter dem starken Beschäftigungswachstum dieser Branchen zurück.[8]

Gerade in den neu entstehenden klein- und mittelständischen Betrieben des privaten Dienstleistungssektors ist es strukturell sehr schwer, eine nachhaltige gewerkschaftliche Verankerung aufzubauen. Ein Großteil der dortigen Arbeitsverhältnisse sind prekäre Jobs. Leiharbeiterinnen, Minijobber, Teilzeitbeschäftigte und befristete Beschäftigte sind nur schwer gewerkschaftlich organisierbar. Die zunehmende räumliche wie zeitliche Fragmentierung dieser Beschäftigten erschwert den Aufbau persönlicher Kontakte zwischen Gewerkschaft und Beschäftigten, die eine zentrale Voraussetzung für einen Beitritt zur Gewerkschaft darstellen.

Die Mitgliedschaft der Gewerkschaften bildet heute nicht mehr die moderne Arbeitswelt ab. Die deutschen Gewerkschaften stützen sich noch immer auf eine männliche Industriearbeiterschaft sowie auf die Beschäftigten des öffentlichen Dienstes und der ehemaligen Staatsbetriebe. Ihre Macht liegt in schrumpfenden Großbetrieben und Verwaltungen.

Seit Jahrzehnten fehlen den Gewerkschaften Frauen, Angestellte, Hochqualifizierte, junge Arbeitnehmer, prekär Beschäftigte und Migranten. Nur jedes dritte Gewerkschaftsmitglied ist eine Frau. Obwohl immer mehr Frauen berufstätig geworden sind, bleiben die Gewerkschaften eine Männerdomäne.[9] Lediglich ver.di und die GEW haben aufgrund ihres hohen Anteils an Staatsbeschäftigten eine Frauenquote von 52 beziehungsweise 72 Prozent.[10] Zudem sind die Gewerkschaften überaltert. Jedes fünfte Gewerkschaftsmitglied ist bereits in Rente.[11] Nur neun Prozent der Mitglieder sind unter 28 Jahren und mehr Studierende heißt immer noch weniger junge Gewerkschaftsmitglieder.[12] Das ist besonders schmerzlich, denn wer nicht in der Ausbildung, im Studium oder bei Berufsstart in die Gewerkschaft eintritt, der ist später schwieriger organisierbar. Auch Arbeitnehmerinnen und Arbeitnehmer mit Migrationshintergrund sind in den deutschen Gewerkschaften unterrepräsentiert.

Betriebsgruppen und Vertrauensleute sowie Betriebs- und Personalräte sind die gewerkschaftliche Organisationsbasis im Betrieb und der Verwaltung. Dort, wo es keine Betriebsräte gibt, existiert in der Regel auch keine nennenswerte gewerkschaftliche Verankerung. Drei von vier Betriebsräten sind gewerkschaftlich organisiert, ihre Zahl geht aber zurück. Nur noch jeder zehnte Betrieb hat einen Betriebsrat, welche etwa 40 Prozent aller Beschäftigten vertreten. Anfang des Jahrtausends war es noch die Hälfte. Auf dem Bau, im Gastgewerbe, im Handel und bei wissenschaftlichen Dienstleistungen sind Betriebsräte nur noch selten anzutreffen. In einigen klein- und mittelständischen Betrieben wird die Gründung von Betriebsräten sogar aktiv bekämpft.

Auch die Unternehmensmitbestimmung schrumpft. Heute gibt es nur noch 656 paritätisch mitbestimmte Unternehmen, in denen die Arbeitnehmerseite formal die Hälfte der Aufsichtsratsmitglieder stellt. Atypische und prekäre Beschäftigungsformen schränken die Reichweite der Mitbestimmungsgremien ein.[13] Großunternehmen nutzen beispielsweise Ausgliederungen, Stiftungsmodelle und das europäische Unternehmensrecht, um sich der Unternehmensmitbestimmung zu entziehen. So werden rund 2,1 Millionen Beschäftigte um ihre demokratischen Mitbestimmungsrechte gebracht.

Bröckelnder Tarifschutz

Das gewerkschaftliche Kerngeschäft der Tarifpolitik ist ebenfalls in schweres Fahrwasser geraten. Seit drei Jahrzehnten erodiert das Tarifsystem. Vor der Deutschen Einheit wurden mehr als acht von zehn westdeutschen Beschäftigten durch einen Tarifvertrag geschützt. Die Gewerkschaften handelten die Entgelte auf Branchenebene aus und nur wenige Betriebe hatten keinen Tarifvertrag. Unbefristete Vollzeit war die Regel und die Wertschöpfungsketten der Unternehmen waren vertikal integriert. Von den wenigen Niedriglöhnen waren zumeist Frauen und Migranten betroffen.

Nach der Deutschen Einheit verschoben sich die Kräfteverhältnisse auf dem Arbeitsmarkt. Im Osten der Republik entstanden große tariffreie Zonen, die wiederum von den Arbeitgebern genutzt wurden, um die westdeutschen Betriebe unter Druck zu setzen. Gleichzeitig organisierten Arbeitgeberverbände Tarifbruch, indem sie Mitgliedschaften »ohne Tarifbindung« anboten.

In den 1990er Jahren gliederten die Unternehmen verstärkt einzelne Tätigkeitsbereiche aus oder vergaben sie an Werkvertragsnehmer, die nicht an heimische Tarife gebunden waren.[14] Dieses Outsourcing und Offshoring[15] ging häufig mit einer Tarifflucht einher. Darüber hinaus liberalisierte die Europäische Kommission Ende der 1980er Jahre öffentliche Dienstleistungen, woraufhin die Tarifbindung bei Bahn, Post, Telekommunikation und im öffentlichen Nahverkehr sank. Des Weiteren wurde die Ausgestaltung von Tarifverträgen immer stärker in die Betriebe verlagert.[16] Öffnungsklauseln ermöglichten den Unternehmen, von tariflich vereinbarten Regelungen abzuweichen. Bei der Arbeitszeit entstand ein Flickenteppich über Branchen, Regionen, Betriebe und Beschäftigtengruppen. So erodierte das Tarifsystem auch von innen.

Da das deutsche Tarifsystem nur sehr schwach politisch gestützt wird – wegen schwacher Allgemeinverbindlichkeit und keiner Verbandspflicht für Arbeitgeber –, schlugen der ökonomische Strukturwandel und die neue aggressive Arbeitgeberstrategie unmittelbar auf die Tarifbindung durch. Heute wird nur noch jeder zweite Beschäftigte durch einen Tarifvertrag geschützt. In der Privatwirtschaft ist es noch weniger.

Lohnentwicklung und Lohnungleichheit

Schwache Gewerkschaften und eine schrumpfende Tarifbindung haben den Lohnzuwachs gedämpft. Vor der Finanzmarktkrise hatte Deutschland die schlechteste Lohnentwicklung in ganz Europa.

Die sinkende gewerkschaftliche Verhandlungsmacht verschärfte die Ungleichheit. Deutschland galt einmal als ein Land mit geringen Lohnunterschieden. Letztere haben jedoch in den letzten Jahrzehnten deutlich zugenommen. Nach der Deutschen Einheit stieg die Lohnungleichheit stark an, um nach 2012, trotz guter Konjunktur, auf hohem Niveau zu verharren. In den letzten Jahren schrumpfte die Lohnungleichheit wieder.

Zwischen 1995 und 2020 stieg der reale Stundenlohn eines Durchschnittsverdieners von 17,50 auf 19,40 Euro brutto -ein bescheidener Zuwachs von lediglich 11 Prozent über 25 Jahre.[17] Zwischen 2003 und 2013 schrumpften die Stundenlöhne. Die Stundenverdienste der ärmsten 10 Prozent der Lohnarbeiterinnen und -arbeiter sanken zwischen 1999 und 2009 sogar um ganze 28 Prozent. Mitte der 1990er bekamen die Spitzenverdiener (oberstes Zehntel) einen 3,2-mal so hohen Stundenlohn wie die Geringverdiener (ärmstes Zehntel). Bis zum Jahr 2006 kletterte dieses Ungleichheitsverhältnis auf das Vierfache, um bis 2020 wieder auf das 3,4-Fache zu sinken.

Die Lohnspreizung spiegelt sich auch in den Monatslöhnen wider. Monatslöhne sind ungleicher verteilt als Stundenlöhne, da die abhängig Beschäftigten unterschiedlich lange arbeiten. Niedriglohnbezieher schufteten unfreiwillig weniger.

Geringverdienende arbeiten mehrheitlich in Teilzeit oder Minijobs. Der Bruttomonatslohn eines Durchschnittsverdieners stieg im gleichen Zeitraum um 10 Prozent. Mitte der 1990er Jahre erzielten sehr gut verdienende Arbeitnehmer einen viermal so hohen Monatslohn wie Geringverdienende. Diese Ungleichheitsrelation erhöhte sich bis 2012 auf das 12-Fache, um bis 2020 auf das 7,4-Fache zu sinken.[18]

Die steigende Lohnungleichheit geht maßgeblich auf den Ausbau des Niedriglohnsektors zurück – insbesondere in Westdeutschland. Nach Einführung des gesetzlichen Mindestlohns schrumpfte der Niedriglohnsektor wieder leicht. Dennoch ist Erwerbsarmut immer noch sehr weit verbreitet. Mitte der 1990er Jahre lag der Anteil der heimischen Niedriglohnbeschäftigten noch bei 17 Prozent. Heute arbeitet jeder fünfte abhängig Beschäftigte – etwa 7,5 Millionen Arbeitnehmerinnen und Arbeitnehmer – für einen Niedrig- oder Armutslohn. Damit hat die Berliner Republik weiterhin einen der größten Niedriglohnsektoren Europas. Menschen, die trotz Arbeit arm sind, sind schon lange nicht mehr ein Alleinstellungsmerkmal des US-Kapitalismus.

Lohnungleichheit gibt es hierzulande auch zwischen den Geschlechtern. Männer erhalten im Schnitt ein Fünftel mehr Lohn als Frauen. Dieser unbereinigte Gender-Pay-Gap wird in der EU nur noch von Estland und Österreich übertroffen. Ursächlich ist unter anderem ein starker geschlechtsspezifisch aufgeteilter Ausbildungs- und Arbeitsmarkt.

Nach der Finanzmarktkrise wurde der Negativtrend bei den Löhnen durchbrochen und eine tarif- und lohnpolitische Trendwende eingeleitet.[19] Die Gewerkschaften richteten ihre

Tarifpolitik offensiver aus. ver.di, IG Metall & Co konnten fortan jährliche Tariflohnsteigerungen zwischen zwei und drei Prozent durchsetzen.

Darüber hinaus stoppte die Einführung des gesetzlichen Mindestlohns (2015) den Fall der Löhne ins Bodenlose. Die Erhöhung des Mindestlohns auf 12 Euro im Jahr 2022 bedeutete zudem einen weiteren Zuwachs der unteren Einkommen um 22 Prozent.

Bis zur Pandemie stiegen die Reallöhne und die Lohnungleichheit ging wieder zurück. Selbst der Fall der Lohnquote – also dem Anteil der Löhne am Volkseinkommen – konnte vorläufig gestoppt werden. Dabei verbesserte die gute Arbeitsmarktlage (sinkende Arbeitslosigkeit, partieller Fachkräftemangel) die strukturelle Macht der Gewerkschaften.

Erneuerung der Gewerkschaften

Die Gewerkschaften nahmen ihre schwindende Organisationsmacht nicht schicksalshaft hin. Zunächst suchten sie ihr Heil in einer großen Fusionswelle. Zwischen 1990 und 2001 halbierte sich die Zahl der DGB-Gewerkschaften von 16 auf acht. Diese Konzentration gewerkschaftlicher Ressourcen führte aber nicht zu einer Trendwende.

Deswegen reformierten die Gewerkschaften ihre neuen Großorganisationen. Sie wollten einen kosteneffizienteren Apparat und eine stärker professionalisierte Gewerkschaftsarbeit. Als erstes wurde das Dienstleistungsangebot verbessert – also Rechtsschutz, Bildungsarbeit, Lohnsteuerberatung, etc.

Darüber hinaus wurde die Mitgliederentwicklung zum Dreh- und Angelpunkt gewerkschaftlicher Aktivitäten.[20] Im Mittelpunkt stand nun der Organisationsgrad. Gleichzeitig wurden die Mitglieder stärker an den Entscheidungsprozessen der Organisation beteiligt. Das Organisationslernen wurde gefördert, indem erfolgreiche Gliederungen mit positiver Mitgliederentwicklung stärker in den Blick genommen wurden.

Ab Mitte der 2000er Jahre experimentierten IG Metall und ver.di mit neuen Strategien der gewerkschaftlichen Organisierung. Dabei wurde verstärkt auf Praktiken der angelsächsischen Gewerkschaften zurückgegriffen. Das sogenannte »Organizing« setzt auf Mitgliedermobilisierung, verändert die Arbeit der Basisorganisationen, schafft neue partizipative Strukturen und organisiert am Konflikt. Die direkte Mitgliederbeteiligung erfolgt unter anderem über Mitglieder- und Beschäftigtenbefragungen sowie eine stärkere Einbindung der Aktiven in die Vorbereitung und Durchführung von Tarifrunden und Arbeitskämpfen. In den Betrieben und Verwaltungen sollen aktive Gewerkschaftsstrukturen – Aktivenkreise, Vertrauensleute, Betriebs- und Personalräte – aufgebaut, reaktiviert und mobilisiert werden. Die Beschäftigten sollen ihre Rechte selbst in Anspruch nehmen und im Betrieb zu selbstbewussten Subjekten werden. Insofern handelt es sich bei Organizing um eine alte und bewährte Organisationsmethode der Arbeiterbewegung.[21]

Diese Organisierungsstrategien wurden unter anderem im Bewachungsgewerbe, im Einzelhandel, im öffentlichen Nahverkehr, bei der Gebäudereinigung, bei den Bodenverkehrsdiensten, in der Logistik, bei Windkraft, in der Leiharbeit sowie in

Krankenhäusern angewandt. Sie führten zu unterschiedlichen Ergebnissen. In einigen Fällen – Bewachungsgewerbe, Gebäudereinigung, Krankenhäuser und Leiharbeit – konnten die zuständigen Gewerkschaften die entsprechenden Betriebe und Branchen organisieren und tariffähig machen. In anderen Fällen – Windenergie, Amazon – verharren die Gewerkschaften seit Jahren in einem ressourcenfressenden Stellungskrieg.

Die Organisationsreformen und neuen Erschließungsstrategien konnten zwar den Rückgang gewerkschaftlicher Organisationsmacht nicht stoppen, sie waren aber auch nicht wirkungslos. Die Mitgliederverluste haben sich nach der Finanzmarktkrise deutlich verlangsamt. Während die DGB-Gewerkschaften zwischen 2000 und 2010 noch ein Fünftel ihrer Mitglieder verloren, waren es im nachfolgenden Jahrzehnt nur noch 5 Prozent. Die Pandemie verschärfte allerdings wieder die Mitgliederverluste. Zwischen 2019 und 2022 verlor der DGB fünf Prozent seiner Mitglieder.

Neue Arbeitskämpfe und Proteste

Die betrieblichen Auseinandersetzungen und Arbeitskämpfe haben zugenommen. In den letzten Jahren stiegen das Engagement und die Bereitschaft von Arbeitnehmern, sich zu organisieren – noch nicht überall, aber regional spür- und sichtbar.

Die Pandemie bremste diesen positiven Trend allerdings wieder aus. Die jüngsten Tarifrunden haben jedoch gezeigt, dass die Streikbereitschaft wieder steigt. Im Frühjahr 2023 war die

Beteiligung an den Warnstreiks bei Post und öffentlichen Dienst außerordentlich hoch.

Ein zentrales Motiv sind Ungerechtigkeitserfahrungen der abhängig Beschäftigten mit Lohn, Arbeitszeiten und autoritärer Personalführung. Aktuell kommt die starke Belastung vieler Arbeitnehmerinnen und Arbeitnehmer durch die hohe Inflation hinzu.

In den letzten Jahren haben viele Beschäftigte Niedriglöhne, schlechte Arbeitsbedingungen und die fehlende Anerkennung ihrer Arbeit nicht mehr tatenlos hingenommen. Die Spaltung der Belegschaften in Stammbeschäftigte, Leiharbeiter und Werkvertragsbeschäftigte nährte die Unzufriedenheit im Betrieb.

Gleichzeitig stieg die strukturelle Macht der Beschäftigten, da die Arbeitslosigkeit schrumpfte, der demographische Wandel die Belegschaften verschlankte und weil in einzelnen Branchen die Fach- und Arbeitskräfte knapp wurden. Einige Arbeitnehmergruppen wurden mutiger und waren bereit, für ihre Ansprüche zu kämpfen. Eine zersplitterte Tariflandschaft und ein mit harten Bandagen agierendes Management boten zusätzliches Konfliktpotenzial. Folglich mehrten sich die Auseinandersetzungen.

In Deutschland wird wieder mehr gestreikt. Im letzten Jahr legten die Beschäftigten republikweit 225-mal die Arbeit nieder. Etwa 930.000 Arbeitnehmerinnen beteiligten sich an diesen Streiks. Dadurch fielen insgesamt 674.000 Arbeitstage aus.

Seit 2006 nahmen die Arbeitskämpfe zu und erreichten 2015 einen vorläufigen Höhepunkt. Die Zahl der Streikenden schwankte von 2006 bis 2022 zwischen 120.000 und 1,6 Millionen. Die jährlichen Ausfalltage beliefen sich im gleichen

Zeitraum auf zwischen 173.000 und zwei Millionen. Die Mehrheit der Streiks findet um Haus- und Firmentarifverträge statt.

Einige Journalisten riefen wiederholt die »Streikrepublik Deutschland« aus. Dies erscheint jedoch im internationalen Vergleich übertrieben. Berlin liegt in der internationalen Streikstatistik im unteren Mittelfeld. Bemerkenswert ist, dass selbst unter Medienvertretern höchst umstrittene Streiks auf relativ großes Verständnis in der Bevölkerung stoßen. Dies gilt besonders für Arbeitskämpfe im Bereich der Daseinsvorsorge – wie beispielsweise in den Kitas oder in der Pflege einzelner Krankenhäuser.

Die Arbeitskämpfe umfassen seit Mitte der 2000er Jahre auch Beschäftigtengruppen, die früher nur selten oder gar nicht in Arbeitskämpfe einbezogen waren. Mehr als jeder zweite Arbeitskampf findet in den Dienstleistungsbranchen statt. Dort fallen inzwischen rund zwei Drittel aller Ausfalltage an. Die Streikenden sind häufig prekär beschäftigt, weiblich und haben oft einen Migrationshintergrund.

Die Arbeitskämpfe werden öffentlicher, politischer und teilweise auch demokratischer geführt als in den 1980er und 1990er Jahren. In Ausnahmefällen gibt es auch Versammlungen von Streikdelegierten, die sich aus Abgesandten der streikenden Betriebe zusammensetzen. Streiks finden zunehmend im öffentlichen Raum statt. Öffentliche Kundgebungen, Demonstrationen, Flashmobs und Internet-Kampagnen machen die Arbeitskämpfe sichtbar. Und die Gewerkschaften suchen verstärkt die Zusammenarbeit mit vom Streik betroffenen Bevölkerungsgruppen (Eltern, Konsumenten, Patienten, etc.), um die Arbeitskämpfe gesellschaftlich besser zu verankern. Umgekehrt ist das

Management der betroffenen Unternehmen teilweise bereit, den Arbeitskampf zu eskalieren.

Die neue Konfliktorientierung bringt den Gewerkschaften Mitgliederzuwächse. In den letzten zwei Jahrzehnten führten Tarifrunden mit Streikauseinandersetzungen fast immer zu größeren Eintrittswellen. Diese durch Streiks gewonnenen Neumitglieder bleiben den Gewerkschaften treu. Aufgrund der neu gewonnenen Solidaritätserfahrungentreten sie mit geringerer Wahrscheinlichkeit wieder aus.

Viele Arbeitskämpfe sind defensive Auseinandersetzungen, die durch Drohungen der Arbeitgeber ausgelöst werden, aus Tarifverträgen auszusteigen oder bestimmte tarifliche Errungenschaften zurückzudrehen – zumeist bei Arbeitszeit und Zuschlagsregelungen. Gewerkschaften führen aber auch offensive Auseinandersetzungen um kräftige Lohnzuwächse in Niedriglohnsektoren, die Aufwertung und Humanisierung von Arbeit oder eine Neuverteilung der Arbeitszeit.

Beispiele für solche Arbeitskämpfe waren die Streiks bei der Flughafensicherheit in den Jahren 2014 und 2015, die Arbeitskämpfe im Sozial- und Erziehungsdienst 2009 und 2015, die Streiks im Jahr 2015 bei der Berliner Charité, die Durchsetzung von Tarifverträgen bei Ryanair 2018 oder beim Windanlagenhersteller Vestas 2022, die Warnstreiks in der Metall- und Elektroindustrie 2022, die Warnstreiks bei den Seehäfen 2022 sowie der inzwischen elf Jahre andauernde Kampf um die Tarifbindung bei Amazon.

Gegenmacht aufbauen

Einen Kapitalismus ohne Gewerkschaften wird es in demokratischen Gesellschaften nie geben. Die kollektive Interessenvertretung der Arbeit hat ihre geschichtlichen Energien nicht verbraucht. Auch in schwierigen Zeiten schließen sich Menschen zusammen, um gemeinsam ihre Arbeits- und Lebensbedingungen zu verbessern. Die große gewerkschaftliche Leitidee, dass die Vielen gemeinsam mehr erreichen können als jeder für sich allein, ist zeitlos.

Starke Einheitsgewerkschaften sind das beste Mittel gegen Ungleichheit und soziale Unsicherheit. Eine hohe Tarifbindung und ein hoher gewerkschaftlicher Organisationsgrad sorgen für steigende Löhne und schrumpfende Einkommensunterschiede. Ohne diese gewerkschaftliche Gegenmacht wachsen die Profite, Dividenden und Managergehälter zulasten der Löhne. Gewerkschaften organisieren Solidarität. Durch die wechselseitige Unterstützung ihrer gleichgesinnten Mitglieder sind sie stärker. Schwache Beschäftigte profitieren dabei von Beschäftigtengruppen mit großer Verhandlungsmacht. Darüber hinaus stützt das tarif-, betriebs-, arbeitsmarkt- und sozialpolitische Engagement der Gewerkschaften unsere Demokratie. Sie sind ein natürlicher Hüter der Demokratie.[22]

Die gewerkschaftlichen Grundwerte – Freiheit, Gerechtigkeit, Gleichberechtigung und Solidarität – stoßen auch heute auf eine breite gesellschaftliche Zustimmung. Das Potenzial für eine starke Gewerkschaftsbewegung ist also durchaus vorhanden.

Die Gewerkschaften könnten ihre Organisationsmacht streichen, indem sie ihre personellen und finanziellen Ressourcen stärker auf die Zukunftsbranchen konzentrieren. Das ist aber leichter gesagt als getan. Gewerkschaftliche Ressourcen aus kriselnden Unternehmen und Branchen abzuziehen ist schwierig. Nicht wenige vom Strukturwandel gebeutelte Unternehmen (wie Thyssen Krupp, Ford, Galeria Kaufhof) sind gewerkschaftlich gut organisiert. Die dort organisierten Beschäftigten und Betriebsräte fordern zu Recht, dass sie durch ihre Gewerkschaft unterstützt werden – gerade in Zeiten des Umbruchs. Die Gewerkschaften wären keine Schutzmacht mehr, wenn sie diese Unternehmen und Branchen aufgeben würden.

Diese gewerkschaftliche Praxis wird häufig als rückwärtsgewandt und strukturkonservativ diskreditiert. Tatsache ist aber auch: Gewerkschaften sind Mitgliederorganisationen. Kein Gewerkschaftsvorstand kann Politik gegen die Interessen der Mehrheit seiner Mitglieder machen. Deswegen bewegt sich der »Tanker Gewerkschaft« nur sehr langsam. Die Zeit droht den Arbeitnehmerorganisationen aber davonzulaufen.

Wichtige Branchen stehen vor großen Strukturbrüchen. Der ökologische Umbau und der digitale Fortschritt wälzen nicht nur die Automobilindustrie, den Banken- und Versicherungssektor, den Einzelhandel, die öffentliche Verwaltung und die Logistik um. Dieser Strukturwandel kann in den betroffenen Branchen zu Jobverlusten führen und so den gewerkschaftlichen Organisationsgrad empfindlich drücken. Umso größer wäre die Notwendigkeit, die wachsenden Branchen erfolgreich zu organisieren.

Die Gewerkschaften müssen die zukunftsträchtigen Sektoren der Erwerbsarbeit systematischer erschließen, als sie es bisher getan haben. Dafür müssen sie mehr Personal und Geld zur Verfügung stellen, was in anderen Bereichen schmerzlich fehlen wird. Bei einem »Weiter so« wird es ohne politische Organisationshilfen – politische Stärkung des Tarifsystems, Arbeiterkammern, gewerkschaftliche Verwaltung der Arbeitslosenversicherung (Gent-System) – zukünftig nur noch wenige Inseln gewerkschaftlicher Stabilität geben.

Die Gewerkschaften haben sich in den letzten Jahren stärker um ihre Organisationsmacht und Mitgliederentwicklung gekümmert. Dieser Strategiewechsel brachte neue Mitglieder und bremste den Abwärtstrend. Gleichzeitig konnten neue Unternehmen und Branchen erschlossen werden. IG Metall, ver.di & Co haben die angelsächsischen Organisierungstechniken inzwischen in ihre Regelarbeit integriert.

Die Konfliktorientierung des Organizing-Ansatzes hat sich in der Vergangenheit bewährt. Härtere tarifliche Auseinandersetzungen und mehr Arbeitskämpfe brachten den Gewerkschaften viele neue Mitglieder. Konflikt ist aber weder Selbstzweck noch Allheilmittel. Die Entscheidung über Kooperation oder Konflikt ist immer abhängig vom Organisationsgrad, der Mobilisierungsfähigkeit, der wirtschaftlichen Lage und der Verhandlungsbereitschaft des Arbeitgebers.

Zukünftig sollten die Gewerkschaften ihre Erschließungsarbeit auf die strategisch wichtigen Unternehmen der jeweiligen Branche konzentrieren. Die globalen Wertschöpfungsketten sind nicht zuletzt aufgrund von Just-In-Time-Beschaffung und -Produktion sehr verletzbar geworden. Häufig reicht ein Streik bei einem gewerkschaftlich gut organisierten kleinen Zulieferer oder Logistiker aus, um die gesamte Produktion lahmzulegen.

In den Binnenmarkt-abhängigen Wirtschaftssektoren sollten Unternehmen erschlossen werden, die in der jeweiligen Branche die Standards setzen. Durch die Besetzung strategisch wichtiger Positionen im Produktions- und Arbeitsprozess können Gewerkschaften mit minimalem Mitteleinsatz maximalen Druck entfalten.

Die durch die Mitgliedszahl erwirkte Organisationmacht ist wichtig. Es wäre aber strategisch falsch, nur auf Mitgliederpolitik zu setzen. Die Mitgliederentwicklung entscheidet nicht allein über Macht und Einfluss der Gewerkschaften. Tarifverträge, das kollektive Arbeits- und Gesellschaftsrecht, Mitbestimmung, die allgemeine Arbeitsmarktlage sowie politische Allianzen und Diskursmacht beeinflussen in hohem Maße die gewerkschaftliche Handlungsfähigkeit. Diese Ressourcen zum Aufbau gewerkschaftlicher Gegenmacht müssen ebenfalls genutzt werden.

Die Tarifpolitik ist das gewerkschaftliche Kerngeschäft. Hohe Lohnsteigerungen, gute Arbeitszeiten und mehr Urlaub sind die beste Werbung für gewerkschaftliche Lohnpolitik. Die Tarif- und Lohnpolitik sollte darauf abzielen, mindestens den verteilungsneutralen Spielraum – Inflation plus Produktivitätszuwachs – auszuschöpfen.[23] Nur so können die Beschäftigten am wachsenden gesellschaftlichen Reichtum beteiligt werden. Eine expansive Lohnpolitik versucht, den verteilungsneutralen Spielraum überauszuschöpfen. So könnte die massive Umverteilung der letzten Jahrzehnte wieder Schritt für Schritt rückgängig gemacht werden.

Eine moderne Tarifpolitik greift veränderte Bedürfnisse, Lebenslagen und Erfahrungen der Beschäftigten auf. In den letzten Jahren machten die Gewerkschaften Qualifizierung,

Altersvorsorge, den demografischen Wandel und die Vereinbarkeit von Familie und Beruf zum Gegenstand qualitativer Tarifpolitik. Hinzu kamen die Aufwertung der Sozial- und Erziehungsberufe und eine stärkere tarifpolitische Berufsgruppenorientierung.

Einige Gewerkschaften haben die Arbeitszeitfrage neu gestellt. Wie aus zahlreichen Beschäftigungsumfragen hervorgeht, wollen viele Arbeitnehmerinnen und Arbeitnehmer mehr Zeit für Pflege, Familie, Weiterbildung oder Erholung. Millionen Beschäftigte können Arbeit und Leben nur schlecht vereinbaren. Die Arbeitnehmer wollen aber verstärkt über ihre Arbeitszeit selbst bestimmen. Dabei geht es immer auch um Gleichstellungsfragen. Diese Beschäftigtenwünsche wurden von EVG, IG Metall, IG BCE und ver.di mit einem tarifvertraglichen Wahlmodell aufgegriffen. Die Gewerkschaften antworteten auf die unterschiedlichen Lebensentwürfe und Lebenslagen der Arbeitnehmer mit konkreten Vorschlägen für eine individuelle Arbeitszeitverkürzung. Die Arbeitnehmerorganisationen forderten eine Wahlmöglichkeit zwischen mehr Geld und mehr Freizeit. Diese Wahloption verhandelten sie erfolgreich in ihre Tarifverträge hinein. Seitdem wird die kurze Vollzeit von den Beschäftigten verstärkt nachgefragt. Es gibt aber auch andere Ansätze, die Arbeitszeitfrage neu zu stellen: In der Stahlindustrie fordert die IG Metall eine Viertagewoche.

Des Weiteren haben die Gewerkschaften ihre Mitglieder stärker an der Tarifpolitik direkt beteiligt.[24] Die Mitgliedschaft wird häufig bereits im Vorfeld von Tarifrunden gefragt, was gefordert werden soll. Jüngstes Beispiel dafür waren die Tarifrunden der Post AG und des öffentlichen Dienstes. In einigen

Gewerkschaften werden die qualitativen Elemente der Tarifpolitik von einer breiten Mitgliederbasis entwickelt und gestaltet. Bei ver.di empfehlen die betroffenen Mitglieder in einigen Fachbereichen den Tarifkommissionen die Annahme oder Ablehnung der Tarifabschlüsse.

Die beste Tarifpolitik garantiert aber noch keine hohe tarifliche Abdeckung. Tarifverträge sind Ausdruck institutioneller gewerkschaftlicher Macht, die wiederum politisch beeinflusst wird. In Frankreich, Holland, Finnland und Belgien, alles Länder mit einer Tarifbindung über 80 Prozent, erstrecken die jeweiligen Regierungen die tariflichen Rechtsnormen durch allgemeinverbindliche Erklärungen auf die gesamte Branche. Hierzulande könnte eine stärkere Nutzung der Allgemeinverbindlicherklärung (AVE) das Tarifvertragssystem stützen.

Gute Tarifabschlüsse und eine neue Streikbewegung zeigen, dass die Gewerkschaften nicht nur erfolgreich Abwehrkämpfe führen, sondern sich in Verteilungsfragen auch offensiv durchsetzen können.

Eine übergreifende Mobilisierung unterschiedlicher Beschäftigtengruppen bleibt aber aufgrund der tiefen Spaltung des Arbeitsmarktes schwierig. Die Gewerkschaften stehen vor der Herausforderung, die unterschiedlichen Bedürfnisse und Probleme der Kern- und Randbelegschaften, der regulär und prekär Beschäftigten, der gering- und hochqualifizierten Arbeitnehmer miteinander zu verknüpfen – von betrieblichen Geschlechter- und Generationskonflikten ganz zu schweigen. Das ist keine historisch neue Aufgabe. Die arbeitende Bevölkerung war noch nie ein homogener Haufen. Die Ausdifferenzierung der Gesellschaft in unterschiedliche Arbeitnehmermilieus mit vielfältigen Lebenswelten und politischen Lagern macht die Mobilisierung aber nicht leichter. Die konsequente Fortsetzung des gewerkschaftlichen Erneuerungskurses – Organizing, Organisationsreformen, beteiligungsorientierte Tarifpolitik – kann aber dazu beitragen, die Spaltung und Fragmentierung des Arbeitsmarktes Schritt für Schritt zu überwinden.

Ferner sollten die Gewerkschaften ihr politisches Mandat erweitern, um dadurch gesellschaftlich mächtiger zu werden. Die Spaltung des Arbeitsmarktes, die drohende Altersarmut, Wohnungsnot und der Klimawandel betreffen Millionen Beschäftigte unmittelbar. Die Gewerkschaften brauchen ein betriebliches und ein außerbetriebliches Standbein.[25] Heute verbringen die Beschäftigten mehr Zeit als je zuvor außerhalb der Arbeitswelt. Bezahlbarer Wohnraum, armutsfeste Renten, kostenlose Gesundheitsversorgung und Klimaschutz sind gesellschaftliche Themen, welche die Gewerkschaften zukünftig stärker bearbeiten sollten.

Das politische Engagement der Gewerkschaften steht in keinem Widerspruch zum gewerkschaftlichen Kerngeschäft der Tarif- und Betriebspolitik. Gewerkschaftliche Handlungsfähigkeit hängt neben der Zahl der organisierten Mitglieder immer auch von der Regulierung des Arbeitsmarktes, der sozialen Sicherheit und der Größe des öffentlichen Sektors ab. Ein funktionierender Sozialstaat stärkt gewerkschaftliche Verhandlungsmacht und umgekehrt. Insofern sind Tarifautonomie und ein starker Sozialstaat keine Gegensätze.

Mindestlöhne, eine hohe Tarifbindung, viele reguläre Jobs,

ein guter Kündigungsschutz und hohe Lohnersatzleistungen verbessern die Verwertungsbedingungen der Ware Arbeitskraft. Umgekehrt schwächt die Entgrenzung und Entwertung von Arbeit die gewerkschaftliche Durchsetzungsmacht. Arbeitsmarkt- und Sozialpolitik ersetzt dabei nie gewerkschaftliche Betriebs- und Tarifpolitik, sondern stützt sie.

Gewerkschaften, deren Organisationsbereiche von öffentlichen Finanzierungsquellen abhängen, haben ein ureigenes Interesse, sich in Fragen der Finanz- und Steuerpolitik einzumischen. Aber auch die Industriegewerkschaften brauchen für die anstehende sozial-ökologische Transformation mehr öffentliche Infrastrukturinvestitionen und eine aktive Arbeitsmarkt- und Beschäftigungspolitik. Der Staat ist ein soziales Verhältnis, dessen Kräfteverhältnisse beeinflusst werden können. All dies spricht für ein starkes politisches Engagement und einen starken Dachverband, der die Gewerkschaftsbewegung mit einer Stimme sprechen lässt.

Die Gewerkschaften können politisch mehr durchsetzen, wenn sie sich mit anderen zivilgesellschaftlichen Organisationen verbünden und Allianzen bilden. Deswegen sollten IG Metall, ver.di & Co zukünftig noch enger mit Umweltorganisationen, Sozialverbänden, sozialen Bewegungen und Kirchen zusammenarbeiten. Das gilt besonders für die Klimafrage und die sozial-ökologische Transformation. Diese Zusammenarbeit ist aber nicht voraussetzungslos. Sie erfordert einen Dialog auf Augenhöhe, Respekt und gegenseitiges Vertrauen. Gemeinsame Protestaktionen von IG Metall und Umweltverbänden, die Unterstützung des Klimastreiks durch die DGB-Gewerkschaften sowie die Zusammenarbeit von ver.di und Fridays for Future in Tarifrunden des öffentlichen Nahverkehrs sind richtige Schritte in diese Richtung.

Der Schlüssel zur Überwindung der gesellschaftlichen Defensive der progressiven Kräfte ist der Aufbau von Gegenmacht in der Arbeitswelt. Durchsetzungsstarke Belegschaften und erneuerte Gewerkschaften verändern die gesellschaftlichen Kräfteverhältnisse. Die dadurch entstehenden Spielräume können dann für den sozial-ökologischen Umbau der Gesellschaft genutzt werden. Gewerkschaften können eine bessere und gerechtere Welt schaffen.

Quellen

1 Die Gewerkschaft Öffentliche Dienste, Transport und Verkehr. Sie ging 2001 in die Vereinte Dienstleistungsgewerkschaft ver.di auf.

2 Einmalzahlungen sind nicht tabellenwirksam. Sie erhöhen das Lohnniveau nur kurzfristig. Wenn die Sonderzahlung wegfällt, sinken die Preise aber nicht. Im besten Fall fällt der Preisimpuls schwächer aus als im Vorjahr. Die nächste Tariflohnsteigerung setzt aber auf dem niedrigeren Lohnniveau vor der Einmalzahlung auf.

3 Gewerkschaftliche Macht speist sich, dem »Machtressourcenansatz« folgend, aus Organisationsmacht (Organisationsgrad, Organisationseffizienz, Mobilisierungsfähigkeit), struktureller Macht (Stellung der Beschäftigtengruppe im Arbeits- und Produktionsprozess, allgemeine Arbeitsmarktlage), institutioneller Macht (kollektives Arbeitsrecht, Mitbestimmung, Flächentarifverträge) und gesellschaftlicher Macht (politische Allianzen, Diskursmacht); vgl. dazu Schmalz, Stefan; Dörre, Klaus (Hrsg.): *Comeback der Gewerkschaften? Machtressourcen, innovative Praktiken, internationale Perspektiven,* Campus 2013.

4 Nachfolgender Text basiert auf dem Buch des Autors: *Das Gift der Ungleichheit,* Dietz-Verlag 2020. Er wurde für diesen Artikel aktualisiert.

5 Aufgrund des Beschäftigungsbooms der Nachkriegszeit schrumpfte jedoch der gewerkschaftliche Organisationsgrad von 39 auf 33 Prozent. Organisationsgrad: Mitglieder/Erwerbstätige.

6 Hassel, Anke: Gewerkschaften und sozialer Wandel: *Mitgliederrekrutierung und Arbeitsbeziehungen in Deutschland und Großbritannien,* Nomos 1999.

7 Dribbusch, Heiner: *Gewerkschaftliche Mitgliedergewinnung im Dienstleistungssektor: Ein Drei-Länder-Vergleich im Einzelhandel,* Nomos 2003.

8 Erschwerend kommt hinzu, dass auch in den traditionellen Bereichen die Mitgliederentwicklung hinter den Beschäftigungszuwächsen zurückblieb. Folglich sank auch dort der Organisationsgrad.

9 Dies erklärt sich in erster Linie aus den besonderen Merkmalen der Frauenerwerbstätigkeit. Frauen arbeiten hierzulande überproportional in betriebsrats- und gewerkschaftsfreien Kleinbetrieben, privaten, tariffreien Dienstleistungsfirmen und in prekären Arbeitsverhältnissen, vgl hierzu Hassel, Anke und Schröder, Wolfgang: *Gewerkschaften 2030, Rekrutierungsdefizite, Repräsentationslücken und neue Strategien der Mitgliederpolitik*, WSI Report 44/2018.

10 Die Dienstleistungsgewerkschaft ver.di ist sogar die größte Frauenorganisation der Republik.

11 Dribbusch, Heiner; Birke, Peter: *Gewerkschaften in Deutschland, Herausforderungen in Zeiten des Umbruchs*, in: FES Internationale Politikanalyse, Friedrich Ebert Stiftung 2019.

12 Der Anteil dieser Altersgruppe an allen sozialversicherungspflichtig Beschäftigten lag mit 16,6 Prozent fast doppelt so hoch. Ein zentrales strukturelles Problem bei der Rekrutierung von jungen Beschäftigten ist der deutliche Rückgang der Ausbildungsquote.

13 Für Beschäftigte in Werksverträgen und Praktika gelten keine Mitbestimmungsrechte.

14 Dies betraf besonders den Bau, die Landwirtschaft, die Logistik, die Fleischindustrie und die Pflege.

15 »Outsourcing« meint die Auslagerung von Produktion, mit »Offshoring« ist die Verlagerung betrieblicher Aktivitäten ins Ausland gemeint.

16 Die Schröder-Regierung drohte den Gewerkschaften 2003 mit der Abschaffung des Günstigkeitsprinzips, wenn sie keine Öffnungsklauseln ermöglichen würden.

17 Grabka, Markus: *Löhne, Renten und Haushaltseinkommen sind in den vergangenen 25 Jahren real gestiegen,* in: DIW-Wochenbericht 23/2022.

18 Ebd.

19 Hierbei handelt es sich um die gesamtwirtschaftliche Lohnentwicklung. Die Tariflohnentwicklung der Industriegewerkschaften war besser als der allgemeine Lohntrend.

20 Kocsis, Andrea; Sterkel, Gabriele und Wiedemuth, Jörg (Hrsg.): *Organisieren am Konflikt, Tarifauseinandersetzungen und Mitgliederentwicklung im Dienstleistungssektor*, VSA 2013.

21 Bruder, Franziska; Dahm, Sigrid; Steinkopf, Knut und Tenbieg, Torsten: »Streik … find ich gut!«, in: Kocsis, Andrea; Sterkel, Gabriele und Wiedemuth, Jörg (Hrsg.): *Organisieren am Konflikt, Tarifauseinandersetzungen und Mitgliederentwicklung im Dienstleistungssektor*, VSA 2013.

22 Abendroth, Wolfgang: »Zur Funktion der Gewerkschaften in der westdeutschen Demokratie«, in: ders.: *Gesammelte Schriften*, Band 2, Offizin Verlag 2008.

23 Dies kann neben Lohnzuwächsen auch in Form von Arbeitszeitverkürzungen geschehen.

24 Tarifpolitik war immer demokratisch organisiert. Die Mitglieder der Tarifkommissionen sind gewählt. Durch die stärkere Einbindung der Mitgliedschaft werden aber heute mehr Personen an Tarifrunden beteiligt.

25 Nogt, Oskar: *Wozu noch Gewerkschaften?*, Steidl Verlag 2004.

Kira Hülsmann
Kaputtgepflegt

Kira Hülsmann ist Pflegerin
und aktiv bei Notruf NRW

Mein Name ist Kira, ich bin Intensivpflegekraft und arbeite seit 7,5 Jahren in der Pflege. Das mag im ersten Moment nach viel Zeit klingen und fühlt sich häufig auch so an, ist es aber nicht. Besonders nicht in einem so komplexen, vielseitigen und anspruchsvollen Beruf. Meine grundständige Ausbildung zur Gesundheits- und Krankenpflegerin betrug drei Jahre. Anschließend fing ich an, auf einer Intensivstation zu arbeiten. Nach zwei Jahren begann ich eine zweijährige Fachweiterbildung für Anästhesie- und Intensivpflege. Das reicht vermutlich nicht aus, um alle Facetten des Berufs kennengelernt zu haben; ich schätze, dafür reichen nicht einmal zehn Jahre aus.

Doch was ich in diesen Jahren mehr als deutlich gesehen habe: Überall herrscht Personalmangel. Es ist vor allem ein Fachkräftemangel, da ist die Pflege keine Ausnahme. Sogar auf einer Intensivstation spürt man das – und wir sind im Vergleich zu Pflegeeinrichtungen und Normalstationen noch sehr gut besetzt. Wie es dazu kommen konnte und was sich aus meiner Sicht ändern müsste, werde ich in diesem Text erläutern. Diese Einschätzungen beruhen auf meinen Praxiserfahrungen und auf dem Austausch mit meinen Kolleginnen und Kollegen.

Aus dem Alltag

Ich möchte hier zunächst eine Situation aus meinem Alltag beschreiben. Ich hatte Nachtdienst, Schichtbeginn war 21.00 Uhr. Mein Patient hatte sich zuvor einer schweren OP am Herzen unterziehen müssen und wurde beatmet, wie die meisten Patienten auf der Station. Zu Beginn kontrolliere ich immer meinen Arbeitsplatz: Sind alle benötigten Medikamente da, habe ich alle wichtigen Hilfsmittel, funktionieren alle Geräte ordentlich? Außerdem schaue ich mir meinen Patienten an, stelle mich vor, höre mit einem Stethoskop die Lunge ab, kontrolliere alle Zu- und Ableitungen und noch vieles mehr. All das habe ich auch in dieser Nacht getan.

Danach bin ich zu meinem zweiten Patienten weitergezogen und habe dasselbe Vorgehen wiederholt. Allerdings wurde dieser Patient nicht beatmet und wurde noch keiner OP unterzogen. Diese sollte noch in dieser Nacht stattfinden, sobald der nächste OP-Saal mit einem Team frei werden würde.

Schnell stellte ich fest, dass es beiden Patienten schlecht ging. Schon zu diesem Zeitpunkt musste ich abwägen, wer zuerst Hilfe braucht, auf wen ich mich ein wenig mehr konzentrieren muss und welche Aufgaben ich hintenanstellen kann.

Ich traf die Entscheidung, mich zuerst um den beatmeten Patienten zu kümmern, da dieser zusätzlich eine Nachblutung an der OP-Stelle hatte. Er bekam Gerinnungsmedikamente, Medikamente um den Kreislauf zu unterstützen, Flüssigkeit, eine Wärmedecke und Sedierungsmittel. Außerdem musste ich regelmäßig Blut abnehmen, die Sauerstoffsättigung sowie weitere Parameter im Blut kontrollieren und die Beatmung an diese anpassen. Darüber hinaus brauchte er kreislaufunterstützende Medikamente. Zwischendurch sprach ich mit meinem anderen Patienten, versuche ihn zu beruhigen und seine Vitalparameter stabil zu halten.

Meine Kolleginnen und Kollegen konnten mir in dieser Nacht nicht helfen, weil sie selbst die Hände mit bis zu drei Patientinnen und Patienten voll hatten. Das ist nichts Neues für uns – und trotzdem immer wieder belastend.

Um 1.00 Uhr in der Nacht wurde endlich ein OP-Saal frei und ich konnte meinen Patienten in die Einleitung bringen. Das hieß jedoch nicht, dass ich Zeit hatte, um mich auszuruhen. Denn sofort musste ich alles nachholen, was ich bis dahin noch nicht erledigen konnte, wie das Auffüllen von Medikamenten und Infusionen. Darüber hinaus musste mein anderer Patient auch noch versorgt werden. Gegen 3.00 Uhr machte ich meine erste Pause. Um 7.00 Uhr – nach 10 Stunden Schicht – hatte ich schließlich *Feierabend* und wollte nur noch eins: nach Hause ins Bett.

Zwar wurde niemandem in dieser Schicht körperlich Schaden zugefügt. Ich hatte aber dennoch nicht das Gefühl, meinen Aufgaben als Pflegekraft adäquat nachgekommen zu sein.

Die Pflegekrise

Wir stecken in einer Krise, die kurz davor ist, zu einer Katastrophe zu werden. Diese Krise ist aber nicht plötzlich aufgetaucht, sondern hat sich langsam entwickelt – durch Kostenpauschalen, Privatisierungen und sich verschlechternde Arbeitsbedingungen.

Ein zentraler Punkt für die Zerrüttung des Gesundheitssystems war die Einführung der sogenannten DRGs, kurz für *Diagnosis Related Group*. Damit ist ein Vergütungssystem im Gesundheitsbereich gemeint, das vor 20 Jahren eingeführt wurde und einige Veränderungen mit sich gebracht hat – und das nicht unbedingt zum Positiven. Heute ist DRG besser bekannt als Fallpauschale und der Inbegriff der Neoliberalisierung des Gesundheitssystems. Damit wurden Kosten und Zeitaufwand des Personals pauschal festgelegt – und die Pflege und Gesundheitsversorgung einem Kostendruck unterworfen. Seitdem können Krankenhäuser Profite wie auch Verluste generieren. Dem ist nicht immer so gewesen. Von 1972 bis 1985 war es Krankenhäusern gesetzlich untersagt, Gewinne oder Verluste zu machen.

Grob gesagt erhält bei der Fallkostenpauschale jedes Krankenhaus einen festgelegten Betrag pro Behandlungsdiagnose, wobei die Verweildauer und auch das Alter der Patientinnen und Patienten berücksichtigt werden. Menschen lassen sich aber nicht pauschalisieren: Jeder Mensch reagiert anders auf Krankheiten, Operationen und Medikamente. Außerdem werden andere anfallende Kosten, wie zum Beispiel steigende Energiekosten, im Fallpauschalensystem nicht berücksichtigt.

Das hat Konsequenzen. So müssen Krankenhäuser Geld sparen. Eine Möglichkeit dafür sind Stellenkürzungen. Zwischen 1998 und 2007 wurden rund 10.000 Ausbildungsstellen gestrichen Deshalb fehlt heute in den Einrichtungen Fachpersonal, wobei von den Kürzungen vor allem die nicht-akademischen Berufe betroffen sind. Die Mindestbesetzung in Schichten wurde zum Normalzustand und die Pflege der Patientinnen und Patienten leidet bis heute darunter.

Eine weitere Möglichkeit zum Sparen ist das Auslagern von verschiedenen Bereichen an Subunternehmen. Davon sind häufig Reinigungskräfte, Küchenangestellte oder auch Physiotherapeutinnen betroffen. Die - häufig migrantischen - Mitarbeitenden in diesen Subunternehmen bekommen häufig einen geringeren Stundenlohn, gelten als Leiharbeiterinnen und Leiharbeiter und bekommen weniger Sonderzahlungen. Die Belegschaft wird also bewusst gespalten.

Blutige Entlassungen

Die Sparmaßnahmen haben auch direkte Auswirkungen auf die Patientinnen und Patienten: die sogenannten »blutigen Entlassungen«. Eine blutige Entlassung bedeutet, dass Patienten entlassen werden, obwohl sie noch nicht vollständig genesen sind, da das Geld für die Behandlung aufgebraucht ist. Das führt dazu, dass dieselben Menschen teilweise mit denselben Diagnosen zurück ins Krankenhaus kommen: das ist der sogenannte »Drehtüreffekt«.

Dazu kommt, dass Operationen anderen Behandlungsmöglichkeiten vorgezogen werden, da die Kostendeckung besser ist - oder sogar ein Profit daraus geschlagen werden kann. Ein Beispiel dafür ist die Behandlung eines diabetischen Fußsyndroms. Häufig wird dabei der Vorfuß amputiert, obwohl es die Möglichkeit gäbe, diesen zu erhalten. Das wäre jedoch mit deutlich höheren Behandlungskosten und einem längeren Behandlungszeitraum verbunden - und ist damit nicht rentabel.

Ein weiteres Beispiel: Entlässt ein Krankenhaus einen Patienten vor der Standard-Liegezeit und belegt das Bett erneut, erhält es für beide Patienten die Pauschale, aber in kürzerer Zeit. Das hat zur Folge, dass sich Krankenhäuser auf bestimmte Fachdisziplinen spezialisieren – und zwar meist auf solche, die gut planbar und mit den wenigsten Komplikationen verbunden sind. Dazu zählen weder die Pädiatrie, also die Behandlung von Kindern und Jugendlichen, noch die Gerontologie, also die Heilkunde alter Menschen. Diejenigen Menschen sind also betroffen, die am meisten auf Hilfe angewiesen sind und geschützt werden sollen, diejenigen Menschen, die sich nicht wehren können oder oft am wenigsten verstehen, was mit ihnen geschieht.

Wirtschaftlich mag das Ganze für einige Unternehmen sicherlich Sinn ergeben. Ich frage mich jedoch, ob es grundsätzlich unser Ziel sein sollte, Profite mit Gesundheit und Menschenleben zu erwirtschaften. Menschen sind keine Waren und Krankenhäuser sollten keine Wirtschaftsunternehmen sein. Die privaten Helios-Kliniken etwa gehören zu Fresenius und damit zu einem der größten börsennotierten Unternehmen in Deutschland. Damit sind sie praktisch gezwungen, Profite zu erwirtschaften.

Auf Augenhöhe

Das Fallpauschalensystem ist aber nur ein Aspekt der Pflegekrise. Ein anderer ist der anhaltende Personalmangel – und das, obwohl ein Job in der Pflege so sicher ist wie kaum ein anderer Beruf. Ganz ehrlich: Ich könnte morgen kündigen und hätte übermorgen schon Aussichten auf eine neue Stelle. Warum also ergreifen so wenige Menschen diesen Beruf?

Ein Grund sind die Arbeitsbedingungen. Schichtdienst, Wochenenddienst und Arbeiten an Feiertagen sind nicht wirklich attraktiv. Dazu kommen die Arbeitsbelastung und die Verantwortung. Erstere hat gerade während der Pandemie noch einmal zugenommen, war sie doch schon davor enorm. Ich glaube dennoch, dass der Mangel noch andere Ursachen hat – und zwar die gesellschaftliche Wahrnehmung.

Wir sind »Schwestern«, die sich aufopferungsvoll um kranke und eingeschränkte Menschen kümmern – Menschen, die dem Arzt hörig sind und seine Assistenz bilden, diejenigen, die Menschen sauber machen und Beine wickeln. Klingt alles altbacken und unspektakulär? Das mag es auch sein, jedoch wissen viele Menschen überhaupt nicht, was das genau bedeutet. Man muss die Details meines beruflichen Alltags nicht wissen, um uns endlich als Berufsgruppe mit einem großen Fachwissen und eigenem Arbeitsspektrum anzuerkennen, das immer auf Augenhöhe mit den ärztlichen Kolleginnen und Kollegen stattfindet.

Es wird deutlich: Das System ist nicht auf unserer Seite – und wir selbst auch (noch) nicht. Wie soll da die breite Gesellschaft hinter uns stehen? Das merken auch die Auszubildenden schnell – und reagieren entsprechend. Das kann ich anhand meiner eigenen Ausbildung verdeutlichen.

Ich habe in einem recht kleinen und ländlichen Krankenhaus meine Ausbildung gemacht. Vor allem auf den Normalstationen gab es eine klare Hierarchie zwischen dem ärztlichen und dem Pflegepersonal. So war es auf einigen Stationen selbstverständlich, dass dem Oberarzt ein Kaffee zubereitet wird, wenn er zur Visite kommt. Außerdem wurde erwartet, dass alle Anordnungen durchgeführt werden, ohne diese in Frage zu stellen. Natürlich ist letzteres nicht so vonstatten gegangen, denn wie schon gesagt: Meine Berufsgruppe verfügt über ein sehr großes Fachwissen und setzt dieses selbstverständlich auch ein. In diesem Kontext war die Kommunikation jedoch nicht immer auf Augenhöhe. Ich möchte damit niemanden persönlich beschuldigen, schließlich haben alle Personen im gleichen System gelernt. Ich möchte dennoch klarstellen, dass diese Hierarchie weiterhin präsent ist und kritisch hinterfragt werden sollte – von allen Seiten.

Personalmangel

Wir leiden – leiden unter Personalmangel, unter mangelnden Alternativen und unter mangelndem Nachwuchs, zu dem ich mich auch zähle. Ich glaube, ich habe noch nie länger als ein paar Schichten am Stück mit ausreichend Personal gearbeitet. Nicht in meiner Ausbildung und auch nicht auf meiner jetzigen Station, obwohl ich in einem vergleichsweise personalstarken Bereich arbeite. Wie es meinen Kolleginnen und Kollegen auf Normalstation, in Pflegeeinrichtungen oder der ambulanten Pflege geht, kann man sich kaum ausmalen. Die Zustände sind katastrophal. Jede Minute ist verplant und muss absolut effizient genutzt werden, damit man auch nur ansatzweise alle Aufgaben unter einen Hut bekommt. Wir müssen jeden Tag triagieren und entscheiden, welche Tätigkeit wirklich die wichtigste ist und welcher Teil der Körperpflege am ehesten weggelassen werden kann. Das ist gruselig – und die bittere Realität. Ich kenne es nicht anders. Für mich war und ist das seit jeher der Normalzustand.

Ich und alle meine Kolleginnen und Kollegen könnten dutzende Situationen beschreiben, in denen wir überlastet auf der Arbeit waren oder viel zu früh Patientinnen verlegt haben, damit neue Patienten einen Platz bekamen. Wir alle kennen das Gefühl, in einem System gefangen zu sein, aus dem es scheinbar keinen Ausweg gibt. Wir wissen, was es bedeutet, Aufgaben übernehmen zu müssen, für die man sich noch nicht bereit fühlt, weil einfach sonst niemand da ist, der diese Aufgabe übernehmen könnte.

Zwei Wege aus der Krise

Eine mögliche Antwort auf diese Krise ist, zu gehen. Wir verlassen das sinkende Schiff. Das ist eine Lösung, die ich absolut legitim finde. Wir suchen nach beruflichen Alternativen, die zwar noch etwas mit der Ausbildung zu tun haben, aber außerhalb des Krankenhaussystems sind.

Wir können uns aber auch für eine zweite Option entscheiden: Wir können uns zur Wehr zu setzen und für eine bessere Besetzung und ein gerechtes System zu kämpfen. Wir können laut sein und Strukturen aufbauen, die sich Gehör verschaffen.

Damit meine ich beispielsweise wirksame gewerkschaftliche Arbeit und Auseinandersetzung in Form eines Tarifvertrags »Entlastung«, wie wir ihn bereits in einigen Kliniken erwirkt haben – zuletzt im Uniklinikum Marburg-Gießen. Ein Tarifvertrag ist nicht die Lösung aller Probleme und entlastet auch nicht alle Beschäftigten im Krankenhaus. Er ist aber ein guter Anfang und – noch wichtiger – ein Zeichen für die Politik: eine Emanzipation der Pflege, ein Aufschrei der Beschäftigten und eine Kampfansage.

Das mag polemisch klingen, wir wissen aber, dass niemand sonst für meine Kolleginnen und Kollegen und mich aufstehen und die Missstände zur Sprache bringen wird. Wir sind am Zug, müssen unsere fachliche Kompetenz nutzen und – vor allem – nicht mehr zu allem Ja sagen. Unser Gesundheitssystem droht gegen die Wand zu fahren – und einer der Gründe, warum das noch nicht passiert ist, sind meine Kolleginnen und ich. Weil wir das scheinbar Unmögliche möglich machen. Weil wir einspringen und ungefragt Überstunden machen. Schließlich können wir weder unsere Patientinnen und Patienten noch unsere Kolleginnen und Kollegen im Stich lassen.

Aber müssen wir diese Verantwortung tragen? Die Verantwortung für ein System, das wir nicht geschaffen haben und in dem wir nicht mitbestimmen dürfen? Meine Antwort darauf: Nein. Wir müssen Verantwortung für uns selbst übernehmen und dafür, dass sich etwas verändert. Wir müssen auf Missstände aufmerksam machen und nicht müde werden, ehrlich und reflektiert über unseren Beruf zu berichten.

Unser, mein Beruf ist einzigartig, vielseitig und verdammt schön. Damit das so bleibt und wir diesen Beruf auch weiter ausüben können, muss das Gesundheitssystem reformiert werden. Wirklich reformiert. Nicht nur hier und da ein wenig angepasst.

Die Profitlogik muss aus den Krankenhäusern und Pflegeeinrichtungen raus; niemand darf weder Gewinn noch Verlust mit Gesundheit und Menschen machen. Während der Pandemie wurde die Gesundheitsversorgung zum systemrelevanten Bereich erklärt. Die Versorgung und das Personal müssen aber auch entsprechend behandelt werden. Dazu gehört, das System wieder zurück in die öffentliche Hand zu holen.

Pflegeberufe müssen adäquat vergütet werden und die Menschen durch ausreichend Personal versorgt werden. Das bedeutet eine Personaloffensive: Mehr Menschen sollen eine bessere Ausbildung und Bezahlung sowie menschliche Bedingungen vorfinden, damit es wieder attraktiv wird, diesen Beruf zu ergreifen – und über viele Jahre hinweg darin zu arbeiten.

Das wird nicht von allein passieren, sondern nur, wenn es ausreichend politischen Druck gibt. Die Pflegeberufe müssen sich weiter emanzipieren und ihre eigene Profession vertreten. Wir müssen zusammenarbeiten und nicht gegeneinander. Die Gesellschaft muss anerkennen, dass Krankheit und Pflege alle betrifft, nicht nur das Personal und alte Menschen.

Es verändert sich nur etwas, wenn man dafür einsteht. Das ist kein leichter oder kurzer Weg. Aber wenn ich eines in den letzten anderthalb Jahren bei Notruf NRW und dem gemeinsamen Tarifkampf gelernt habe, dann ist es, dass wir gemeinsam stark sind und Ziele erreichen können. Also lasst uns Seite an Seite stehen, in den Austausch gehen und voneinander lernen. Gemeinsam können wir etwas ändern.

Alexander Brentler
Energiewende ohne Plan

Alexander Brentler
ist Editor bei JACOBIN

Weltweit wächst die Sorge vor der Klimakrise und ihren Auswirkungen. Viele Menschen, darunter bei weitem nicht nur junge Aktivistinnen und Aktivisten, haben Angst um ihre Zukunft. Denn klar ist: Wenn die Menschheit durch ihre Aktivitäten weiter im selben Tempo Treibhausgase, vor allem CO_2, in die Atmosphäre entlässt, könnten weite Teile der Erde – vor allem im Globalen Süden – in wenigen Jahrzehnten unbewohnbar werden.

Die Vorstellung, dass bisherige Anstrengungen zum Klimaschutz wirkungslos geblieben seien, ist weit verbreitet – aber falsch. Das Wachstum der Emissionen hat sich in den letzten Jahren verlangsamt, im letzten Jahrzehnt sind sie global gesehen kaum noch angewachsen. Sie verharren natürlich auf einem viel zu hohen Niveau – doch die schlimmsten Szenarien eines ungebremsten Anstiegs im 21. Jahrhundert, die einige Ökonominnen und Ökonomen noch um die Jahrtausendwende voraussagten, sind nicht eingetroffen.

Die Emissionen scheinen in manchen Statistiken bereits ein Plateau erreicht zu haben.[1] Der größte Unsicherheitsfaktor ist vor allem die Veränderung der Landnutzung, da sie sich schwieriger nachvollziehen lässt als andere Emissionsquellen und hochauflösende Satellitenbilder nicht weit genug in die Vergangenheit zurückreichen. Doch die meisten Datensätze zeigen einen klaren Trend: Das Wachstum der Klimaemissionen hat sich abgeflacht.

Die Internationale Energieagentur (IEA) ist eine in Paris ansässige Behörde der OECD, die von westlichen Regierungen als Antwort auf die Ölkrise der 1970er Jahre gegründet wurde und sich mit der Energieversorgung der Welt beschäftigt. Die IEA berechnet in ihren Modellen verschiedene Szenarien für die Zukunft, die die Klimapolitik in den einzelnen Staaten der Erde nachverfolgen und miteinbeziehen. Was sind die Pläne der Staaten und Unternehmen, in welche Energieträger wird investiert? Auf dieser Basis werden Projektionen erstellt – die natürlich nicht unbedingt so eintreten müssen.

Ein neuer Bericht der Behörde[2] geht davon aus, dass die Emissionen selbst ohne weitere Klimaschutzmaßnahmen der Staaten ungefähr auf dem derzeitigen Niveau verbleiben und ab den 2030er Jahren langsam fallen werden. Dadurch ist die erwartete Temperaturerhöhung bis zum Jahr 2100 in den letzten zehn Jahren um ein ganzes Grad gesunken. Wie schnell die Emissionen fallen werden, hängt davon ab, wie ambitioniert die Klimapolitik der wichtigsten Emittenten ausfällt. Mit Sicherheit kann das niemand vorhersagen und tatsächliche Emissionsminderungen lassen auf sich warten – dennoch hat sich der Ausblick für das Weltklima laut der IEA in den letzten Jahren deutlich verbessert.

Vor zehn oder fünfzehn Jahren sahen die Szenarien ohne zusätzliche Klimamaßnahmen noch einen Anstieg der mittleren Temperatur auf der Erde um vier Grad und mehr bis zum Ende dieses Jahrhunderts voraus. Heute liegen die Voraussagen dagegen im Bereich von zwei bis drei Grad Celsius. Der Unterschied basiert vor allem darauf, dass der Ausbau von Kohlekraftwerken, sowohl in Nordamerika und Europa als auch in China, Indien und Südostasien, in viel geringerem Umfang stattgefunden hat als damals vorausgesagt. Die Hauptgründe dafür sind, dass erneuerbare

Stromerzeugung inzwischen deutlich günstiger geworden ist – ebenso wie Erdgas durch die Fracking-Revolution. Hierdurch hat Stromerzeugung aus Kohle zwar einen schwierigeren Stand, gleichzeitig wird aber eine neue fossile Infrastruktur geschaffen, die, um Profite abzuwerfen, auf Jahrzehnte weiter betrieben werden müsste – ein zweischneidiges Schwert für das Klima.

Im Jahr 2023 beträgt der Anstieg der Temperatur gegenüber dem vorindustriellen Zeitalter etwa 1,1 bis 1,3 Grad[3] – und bereits heute gehen damit massive Veränderungen und Beeinträchtigungen der Umwelt, der Ökosysteme, der Wirtschaft und vieler weiterer Bereiche unseres Lebens mit einher. Eine Welt über zwei Grad wäre jedoch nochmal etwas ganz anderes – und keine Welt, in der wir leben wollen. Der Unterschied zu vier Grad ist hingegen kaum in Worte zu fassen – die Existenz einer menschlichen Zivilisation, wie wir sie heute kennen, wäre in großen Teilen der Welt dann nicht mehr möglich.[4]

Natürlich sind 2 Grad Erderwärmung immer noch viel zu viel. Auch 1,5 Grad Erwärmung – das im Vertrag von Paris angestrebte Klimaziel – würde immer noch eine deutliche Verschlimmerung gegenüber dem Ist-Zustand bedeuten. Leider sagen die meisten Modelle voraus, dass dieses Ziel praktisch außer Reichweite gelangt ist, und nur noch durch Entfernung von großen Mengen CO2 aus der Atmosphäre erreichbar sein wird[5] – wobei noch unklar ist, ob dies im notwendigen Umfang überhaupt technisch umsetzbar ist und zu welchen Kosten.

Der Bericht widerspricht ebenfalls einer anderen weitverbreiteten Einschätzung, wonach der Krieg in der Ukraine zu einer globalen Renaissance fossiler Energieträger führe. Das

Gegenteil ist der Fall: Europa reaktiviert zwar derzeit Kohlekraftwerke, baut seine Infrastruktur für den Import von Flüssiggas aus und wird damit abhängiger von Lieferanten wie den USA und Katar. Doch beides ist deutlich teurer als die fossile Energie aus Russland. Dadurch werden die deutlich günstigeren erneuerbaren Energien noch attraktiver und können das kurzfristige Wiederaufleben der fossilen mittelfristig wieder verdrängen. Laut der IEA würden die neuesten Klima-Zusagen der Staaten nach den Weltklimakonferenzen von Glasgow und Scharm asch-Schaich die Welt auf einen Pfad von etwas über zwei Grad Erwärmung bringen.

Man kann kaum überbetonen, wie wichtig diese Entwicklungen sind, denn sie lassen sich durchaus auf aktive politische Interventionen zurückführen – zum ersten Mal seit Jahrzehnten zeigt der globale Klimaschutz Wirkung. Genauso wichtig ist allerdings festzustellen, dass es für eine Entwarnung noch viel zu früh ist. Die Erfolge, die der globale Klimaschutz in den letzten Jahren vorzuweisen hat, lassen sich nicht in die Zukunft fortschreiben, ohne dass weltweit an den Grundfesten der politischen Ökonomie gerüttelt wird. Wir müssen aus dem Neoliberalismus ausbrechen, wenn wir tatsächlich eine weltweit klima- und umweltverträgliche Wirtschaftsweise etablieren wollen.

Ohne Fortschritt klappt es nicht

In vielerlei Hinsicht zeigt die deutsche Klimapolitik der letzten 25 oder 30 Jahre sowohl die Möglichkeiten als auch die Grenzen des marktbasierten Klimaschutzes auf. Deutschland war eines der ersten Länder, das viele Standardwerkzeuge der kapitalistischen Klimapolitik, wie etwa Einspeisevergütungen für erneuerbare Energien, erprobte; schon unter Helmut Kohl wurden mit dem Stromeinspeisungsgesetz von 1991 solche Regeln eingeführt. Doch es war vor allem die rot-grüne Regierung von Gerhard Schröder, die die Bundesrepublik nicht nur einer brutalen Welle des neoliberalen Sozialabbaus unterzog, sondern auch den marktbasierten Klimaschutz nach Deutschland brachte.

Wollen wir verstehen, wie eine Alternative zu einem neoliberalen Klimaprogramm aussehen könnte, müssen wir zunächst einmal ausloten, welche Lösungswege uns überhaupt offenstehen. Wenn es um Klimaschutz geht, haben unsere Gesellschaften im Wesentlichen zwei Handlungsoptionen, die wir theoretisch relativ beliebig miteinander kombinieren können: Vereinfacht gesagt haben wir die Möglichkeit, Dinge, die wir bisher getan haben, nicht mehr zu tun, oder sie anders zu tun. Wir können gewisse Wirtschaftssektoren in ihrem Umfang reduzieren, oder aber versuchen, sie technisch so umzubauen, dass ihre Klimaemissionen und sonstigen negativen Umweltauswirkungen reduziert werden, und zwar möglichst drastisch. Was den Klimaschutz anbelangt, so liegen die weltweiten Emissionen um ein Vielfaches über dem Niveau, das die Ökosysteme der Welt – also etwa Wälder, Moore, aber auch der Plankton im Meer – langfristig kompensieren können. Der Ausstoß von Klimagasen wie Kohlendioxid und Methan muss deutlich sinken, möglichst auf Null. Denn bereits heute ist zu viel CO_2 in der Atmosphäre, um die Stabilität des Weltklimas dauerhaft zu garantieren. Auch werden Mittel und Wege gefunden werden müssen, um CO_2 wieder aus der Atmosphäre zu entfernen – auch wenn dies niemals als Argument dafür dienen darf, Klimaschutz zu verzögern. Wir müssen also nicht nur Netto-Nullemissionen erreichen; die meisten Klimamodelle gehen inzwischen von der Notwendigkeit negativer Emissionen in der zweiten Hälfte des 21. Jahrhunderts aus, um das Weltklima zu stabilisieren.

Es sind vor allem die Anhängerinnen und Anhänger der sogenannten Degrowth- oder Postwachstumsbewegung, die ersteren Lösungsweg propagieren. Und sicher: Oft ist der einfachste Weg, etwas umweltfreundlich zu tun, es gar nicht zu tun. An dieser Stelle soll es nicht um das Für und Wider des Postwachstums gehen, einer Idee, die innerhalb und außerhalb der Klimabewegung stark polarisiert. Postwachstumsökonomen orientieren sich vor allem an einer Größe, die sie »materiellen Durchsatz« nennen: den aggregierten Gesamtverbrauch von Ressourcen der Weltwirtschaft. Dieser müsse drastisch sinken, um beim Klimaschutz Fortschritte zu machen und die Ökosysteme der Welt soweit zu entlasten, dass sie sich wieder selbst regenerieren können.

Es kann durchaus wertvoll und legitim sein, die Notwendigkeit bestimmter Produkte und wirtschaftlicher Aktivitäten infrage zu stellen. Welche Produkte und Dienstleistungen wir als Gesellschaft konsumieren wollen, ist eine politische Frage – und sollte auch als solche behandelt werden. Vor allem der drastische Überkonsum der globalen Oberschicht, die auf Jachten und in Privatjets unbekümmert CO_2 in die Atmosphäre bläst, sollte Protest und Widerspruch hervorrufen. Die politische Erfahrung zeigt aber, dass obwohl die Bereitschaft zum Verzicht auf bestimmte »Luxusgüter« – wie etwa Flugreisen zu Zielen, die auch per Bahn erreichbar sind – in der Breite der Gesellschaft durchaus vorhanden ist, drastische Einschnitte der Lebensstandards jedoch kaum akzeptiert werden. Es stimmt zwar, dass, gemessen am Einkommen, etwa die Hälfte der weltweiten Klimaemissionen auf die Kaufentscheidungen der reichsten 10 Prozent zurückzuführen sind.[6] Eine allein lebende Person in Deutschland, der mehr als etwa 1.300 Euro im Monat zur Verfügung stehen, gehört allerdings schon dazu.[7] Diese Person lebt nicht in unvorstellbarem Luxus. Wenn wir den Rest der Weltbevölkerung auf ihren Lebensstandard heben wollen, würden – bei gleichbleibender technologischer Grundlage – die personalisierten Klimaemissionen von 90 Prozent der Menschen steigen – teilweise um ein Vielfaches. Es gibt schlicht nicht genügend Jachten, Privatjets und Luxusvillen, die man stilllegen oder konvertieren könnte, um einen solchen Emissionsanstieg auszugleichen.

Doch selbst wenn wir als Menschheit ganz auf Wirtschaftswachstum verzichten und den vorhandenen Wohlstand lediglich radikal umverteilen würden (was in einem Monatseinkommen von wenigen hundert Dollar pro Monat resultieren würde – zu US-Preisen[8]), wären unsere Klima- und Umweltprobleme damit noch nicht gelöst. Die Weltwirtschaft wäre genau so groß wie heute – und damit in erster Näherung auch ihr Ressourcenverbrauch beziehungsweise ihr Ausstoß an Klimaemissionen. Ganz egal, wie man zum Postwachstumsansatz steht und ob man ihn für politisch gangbar oder erstrebenswert hält, er kann lediglich eine Komponente erfolgreicher Klimapolitik bilden. Die Notwendigkeit eines technischen Umbaus bleibt von einem möglichen Ende des Wachstums unbenommen – was auch die meisten Postwachstumsökonominnen anerkennen.

Klima und Klasse

Damit soll im Übrigen nicht gesagt sein, dass Klimaschutz keine Klassenfrage ist – ganz im Gegenteil. Schon heute spüren Menschen auf der ganzen Welt unmittelbar die Auswirkungen des Klimawandels. Kleinbäuerinnen und Kleinbauern im Globalen Süden sind am härtesten betroffen. Die Hitzewellen und Dürren, die in den letzten Jahren Südasien und Ostafrika heimsuchten, haben Millionen von Existenzen ruiniert und tausende Leben gekostet. Zugleich ist es natürlich die globale Oberklasse, die dem Klima den größten Schaden zufügt. Dass Reiche durch ihren Lebensstil ein Vielfaches der CO_2-Emissionen verursachen als eine durchschnittliche Erdbewohnerin, dürfte allgemein bekannt und intuitiv verständlich sein. Doch die Verantwortung von Vermögenden für den Klimawandel geht darüber hinaus: Als Anteilseigner des globalen Kapitals beauftragen sie die Investitionen in klimaschädliche Technologien und profitieren direkt davon.

Das bedeutet nicht, dass die ärmsten Menschen der Welt die einzigen sind, auf die sich der Klimawandel heute negativ auswirkt. Auch bei uns, im Globalen Norden, sind die Lebensmittelpreise in den letzten Jahren gestiegen. Nur ein Teil dieser Entwicklung lässt sich auf den Angriff Russlands auf die Ukraine zurückführen. Mehrere Missernten in zentralen Kornkammern der Welt haben zu einer angespannten Versorgungslage bei vielen Grundnahrungsmitteln geführt. Die Spekulation mit Lebensmitteln an den Finanzmärkten macht die Situation noch schlimmer. Doch damit sie überhaupt funktioniert, muss eine gewisse Grundknappheit herrschen, für die in den letzten Jahren der Klimawandel gesorgt hat. Die Klimakrise verarmt die Arbeiterklasse bereits heute – und zwar weltweit.

Darüber hinaus ist es das Resultat von Klassenkämpfen, dass am herrschenden ökonomischen Paradigma festgehalten wird – eines, das effektiven Klimaschutz verhindert. Wie der Historiker Quinn Slobodian in seinem Buch *Globalisten*[9] aufzeigt, war der Neoliberalismus von Anfang an darauf ausgelegt, die demokratische Verfügungsmacht über die Wirtschaft zu beschränken – in der Tat ist dies sein zentrales politisches Projekt. Bereits in den 1940er Jahren, Jahrzehnte, bevor sie im Westen an den wirtschaftswissenschaftlichen Fakultäten und im Staat die Macht übernehmen sollten, machten sich neoliberale Vordenker, wie etwa die Mitglieder der Mont-Pèlerin-Gesellschaft, Gedanken darüber, wie man marktliberale Verhältnisse institutionell und konstitutionell über Grenzen hinweg so festschreiben könnte, dass sie durch demokratische Wahlen in Einzelstaaten nicht mehr ausgehebelt werden konnten. Transnationalen Institutionen wie der Weltbank und dem Internationalen Währungsfonds ist diese politische Logik eingeschrieben. Doch auch der Maastricht-Vertrag, der die Europäische Union in ihrer heutigen Form begründet, ist in zentralen Aspekten von ihr geprägt.

Der Neoliberalismus ist institutionell darauf ausgelegt, zu verhindern, dass wir aktiv in die Wirtschaft eingreifen. Sehr viel politisches Kapital wurde darauf verwendet, diese institutionellen Verhältnisse in ihrer heutigen Form zu schaffen. Sie garantieren den Fortbestand des globalen Kapitalismus und schützen ihn vor Forderungen und Beschränkungen vonseiten demokratischer Souveräne. Genau dies hält uns aber heute von effektivem Klimaschutz ab – wir setzen nur diejenigen Maßnahmen um, für die uns der Neoliberalismus Raum bietet. Doch es ist abzusehen, dass wir damit, wenn überhaupt, nur Teilerfolge erzielen werden. Auch in dieser Hinsicht ist die Klimakrise eine Klassenfrage.

Wie der Geograf Matt Huber betont,[10] ist die wichtigste Interessenbasis, die effektiven Klimaschutz verhindert, die Gruppe der Kapitalbesitzer in der fossilen Industrie. Sie hält Anteile an der fossilen Infrastruktur der Welt und möchte sie möglichst lange weiterbetreiben, da sie hochgradig profitabel ist. Natürlich sind die Besitzverhältnisse an diesem Kapital, wie auch in übrigen Teilen der Weltwirtschaft, diffuser, als eine einfache Unterscheidung zwischen »Kapitalisten« und »Arbeitern« suggeriert. So halten etwa Pensions- und Staatsfonds einen signifikanten Teil dieses Kapitals. Dies ändert aber nichts an der Tatsache, dass ein Großteil der Profite einer relativ kleinen Gruppe von Menschen zufließt.

Für die große Mehrheit weltweit überwiegen die potentiellen Schäden den Nutzen daraus, fossile Infrastruktur weiterzubetreiben. Aber für eine kleine Klasse von Kapitaleignern, die sich sehr gut vor den Auswirkungen des Klimawandels schützen kann (oder dies zumindest glaubt), trifft dies nicht zu. Superreiche wie die Koch Brothers oder das saudische Königshaus stehen effektivem Klimaschutz politisch im Weg, sie sitzen an zentralen Entscheidungspositionen des globalen Kapitalismus und krallen sich an die fossilen Vermögenswerte, auf denen ihr Reichtum basiert.

Gewinne privatisieren, Risiken sozialisieren

Es ist also nicht so, dass kein Klimaschutz stattfinden würde – doch er findet im Rahmen unserer neoliberalen Wirtschaftsordnung statt, an der sich auch die meisten internationalen Institutionen orientieren. Im Kern bedeutet dies, dass Staaten versuchen, Klimaziele über Marktmechanismen zu erreichen, was manchmal funktioniert und manchmal nicht.

In einem Essay für die deutschsprachige Ausgabe der Zeitschrift *Jacobin* (Nummer 8/9) beschreibt die Ökonomin Daniela Gabor das Arrangement, das Investitionen in Klimaschutz ermöglichen soll, ohne dabei mit dem makroökonomischen Paradigma des Neoliberalismus zu brechen, als »kleinen grünen Staat«.[11] Die Betonung liegt auf klein – denn denkbar wäre auch ein großer grüner Staat, der aktiv in die Wirtschaft eingreift und dafür sorgt, dass die Emissionen sinken: Entweder durch wirksame ordnungspolitische Regulierung, oder indem die öffentliche Hand selbst aktiv in grüne Infrastruktur investiert, wie etwa erneuerbare Strom und -Wärmeerzeugung, öffentlichen Nahverkehr und die Wiederherstellung von Ökosystemen wie Wäldern und Mooren. Doch genau dies schließt der kleine grüne Staat in der Analyse von Gabor aus. Er ist genau darauf ausgelegt, nicht mit

Wirtschaftsliberalismus und Finanzialisierung zu brechen, sondern dieses makroökonomische Paradigma, das in weiten Teilen der Welt seit den frühen 1980ern vorherrscht, mit der grünen Transformation kompatibel zu machen.

Das grundsätzliche Dilemma, vor dem der »grüne Kapitalismus« steht, ist folgendes: Die Renditen, die »grüne« Technologien abwerfen, rechtfertigen nicht die Risiken, die mit diesen Investitionen einhergehen. Im Übrigen gilt dies im globalen Süden auch für die meisten »konventionellen« Investitionen, wie etwa in öffentliche Infrastruktur.

Die Einnahmen, die durch Dekarbonisierungstechnologie erzielt werden können, rechtfertigen aus Sicht des Finanzmarkts schlicht nicht die Ausgaben, auch wenn nominell ein Profit erwirtschaftet werden kann. Hier zeigt sich ein grundsätzliches strukturelles Problem des finanzialisierten Kapitalismus: Er ist kaum in der Lage, langfristige Investitionen zu tätigen und nennenswerte Beträge in Forschung und Entwicklung zu stecken. Die »Innovation«, die uns das Silicon Valley heute bietet, ist meist regulatorischer Art: Man denkt sich kreative Lösungen dafür aus, bestehende Gesetze und Regeln zu umgehen. Das Geschäftsmodell von Uber besteht zum Beispiel im Wesentlichen darin, Taxis zu »vermitteln«, die auf dem Papier keine sind, und damit vielerorts nicht den selben Regularien und Lizenzgebühren unterworfen werden. Die daraus resultierenden Geschäftsmodelle sind im übrigen auf Niedrigzinsen und stetige kreditgetriebene Expansion angewiesen: Die meisten Start-ups der Gig-Economy erwirtschaften bis heute keinen Gewinn.

Statt Profite in die Verbesserung ihrer Produkte zu investieren, schütten Unternehmen sie lieber durch Dividenden direkt und durch Aktienrückkäufe indirekt an ihre Anteilseigner aus. Der Finanzmarkt verlangt es so: Wenn sich Aktienkurse und Managergehälter an Quartalsgewinnen orientieren, sinken die Anreize für langfristig angelegte Geschäftsentwicklung. Es wird immer schwieriger, Kapital für langfristige Investitionen zu finden. Doch genau das wäre notwendig, um beim Klimaschutz voranzukommen.

Natürlich gäbe es eine offensichtliche Alternative: Die Staaten der Welt könnten selbst aktiv als Investoren und Unternehmer die Wirtschaft umbauen. Doch das steht den Grundsätzen des Neoliberalismus diametral entgegen: Weltbank und Internationaler Währungsfonds würden es den Staaten des Globalen Südens niemals gestatten, selbst unternehmerisch aktiv zu werden. Sie müssten die notwendigen Devisen aus eigener Kraft auftreiben, was leichter gesagt als getan ist. Im Globalen Norden fehlt hingegen der politische Wille, in großem Umfang Staatsunternehmen aufzubauen: Eine starke sozialistische Linke, die ein solches Programm auf die politische Agenda setzen und forcieren könnte, gibt es hier – mit wenigen Ausnahmen – nicht mehr.

Der kleine grüne Staat bietet eine – scheinbar pragmatische – Alternative: Anstatt dass der Staat die Transformation zu einer klimafreundlichen und ökologisch verträglicheren Wirtschaft selbst gestaltet, schafft er lediglich Anreize und günstige Bedingungen für deren Umsetzung durch private Investoren. Dies geschieht laut Gabor vor allem über das sogenannte »Derisking« von Investitionen. Das Prinzip dahinter ist so einfach wie altbekannt: Gewinne werden privatisiert, Verluste sozialisiert. Als Muster durchzieht dieser Ansatz die meisten klimapolitischen Anstrengungen auf der Welt. Kaum ein Land der Welt wagt es bisher, aus diesem Paradigma auszubrechen.

Einerseits bedeutet dies, dass die Erfolge, die beim Klimaschutz bisher erzielt wurden, im Wesentlichen unter dem neoliberalen Framework erreicht wurden – es ist nicht so, als wäre der Neoliberalismus außerstande, irgendetwas für den Klimaschutz zu tun. Gleichzeitig ist der Derisking-Ansatz nicht wirklich in der Lage, alle notwendigen Investitionen zu motivieren: Das Investitionsvolumen ist insgesamt zu gering und vor allem bleiben viele Technologien und Sektoren, die dringend angegangen werden müssten, außen vor.

Private Kapitalgeber sind vor allem dort bereit, Investitionen zu tätigen, wo Technologien bereits weit fortgeschritten sind und es nur noch darum geht, inkrementelle Verbesserungen zu erzielen. Bei der Erforschung und Erprobung grundsätzlich neuer Technologien machen sich private Kapitalbesitzer hingegen meist rar. Wie die Ökonomin Mariana Mazzucato in ihrem Buch *Das Kapital des Staates*[12] erklärt, gehen alle Schlüsseltechnologien in einem Smartphone auf Forschungsprogramme des US-amerikanischen Staates und des US-Militärs zurück, inklusive Innovationen wie GPS, Touchscreens und Spracherkennung. Apple und andere Tech-Unternehmen eignen sich lediglich Technologien an, deren Erfindung vom öffentlichen Sektor finanziert wurde, miniaturisieren sie und bringen sie zur Marktreife. Echte Grundlagenforschung findet in den letzten Jahrzehnten im Privatsektor praktisch nicht statt.

Im Umkehrschluss bedeutet dies, dass der kleine grüne Staat nur dort erfolgreich Klimaschutz betreiben kann, wo der Privatsektor Technologien vorfindet, die schon so weit fortgeschritten sind, dass die mit ihnen verbundenen Investitionsrisiken – mit staatlicher Hilfe – unter Kontrolle gehalten werden können. Das bedeutet, die Technologie muss entweder bereits marktreif oder die staatlichen Subventionen müssen so großzügig gestaltet sein, dass ein Gewinn für die Unternehmen praktisch garantiert ist.

Natürlich lassen sich damit Einzelerfolge erzielen – die Solar- und Windenergie ist etwa in den letzten zwei Jahrzehnten so günstig geworden, dass sie mancherorts heute ohne Subventionierung mit fossiler Stromerzeugung aus Kohle und Gas konkurrieren kann. Eine umfassende Transformation der Wirtschaft lässt sich auf diese Weise allerdings nicht erzielen – sie erfordert viel umfangreichere, aktive staatliche Planung und tiefgreifende Interventionen in den Markt. Das Derisking-Paradigma hat seine Grenzen, die wir verstehen müssen, um nachzuvollziehen, warum rein marktbasierter Klimaschutz scheitern muss.

Mit Emissionen zockt man nicht

Neben dem grünen Derisking stellt der Emissionshandel eine zweite Säule marktorientierter Klimapolitik dar. Vor allem in den Neunzigern und Nullerjahren gab es nicht nur unter Ökonominnen und Ökonomen, sondern auch bei vielen NGOs und über weite Teile des politischen Spektrums einen Konsens darüber, das Problem des Klimawandels durch die Einführung eines Zertifikatssystem für den Ausstoß von klimaschädlichen Gasen zu lösen. Man stritt sich um die Details, war sich aber im Grunde einig, diesen Ansatz zu verfolgen.

Grundsätzlich funktioniert Emissionshandel nach folgendem Prinzip: Um eine Tonne CO_2 auszustoßen, müssen Unternehmen wie Kraftwerke oder Chemiefabriken ein Zertifikat erwerben (in der Praxis wird ihnen oft eine bestimmte Grundmenge an Zertifikaten geschenkt). Die Menge der verfügbaren Zertifikate wird von Jahr zu Jahr verringert – idealerweise so, dass die Einhaltung von Klimazielen dadurch garantiert wird. Die Unternehmen dürfen sich die Zertifikate gegenseitig weiterverkaufen. Wenn ein Betrieb also in der Lage ist, mehr CO_2 einzusparen, als es die Klimaziele erfordern, profitiert er potenziell. Statt des Handels mit Zertifikaten ist auch eine CO_2-Steuer denkbar, bei der ein jährlich steigender Fixbetrag für den Ausstoß einer Tonne klimaschädlicher Gase fällig wird. Immerhin wird den Unternehmen in diesem Fall nichts geschenkt. Die praktischen Implikationen beider Ansätze sind aber ähnlich.

Für die Wirksamkeit des Emissionshandels gibt es zwei mögliche Mechanismen. Durch die Pflicht, Emissionszertifikate zu erwerben, werden bestimmte Produkte – zum Beispiel Strom – teurer. Dadurch entsteht, zumindest theoretisch, sowohl der Anreiz, weniger davon zu verwenden, als auch, technologische Wege zu finden, die Herstellung des Produkts weniger CO_2-intensiv zu machen.

Beim ersten Mechanismus handelt es sich schlicht um sozial ungerechte Austerität. Energieintensive Produkte wie Strom oder Nahrungsmittel weisen – wie man es in den Wirtschaftswissenschaften ausdrückt – eine geringe Elastizität auf: Arme Menschen können ihren Kühlschrank nicht einfach leer lassen oder ausschalten, nur weil elektrische Energie oder Lebensmittel teurer geworden sind. Sie zahlen im Zweifel einfach drauf und sparen an anderer Stelle, etwa bei Kulturprodukten wie Kinobesuchen oder Büchern, die, gemessen an ihrem monetären und ideellen Wert, einen vergleichsweise geringen CO_2-Ausstoß aufweisen. Reichen ist der Preisanstieg hingegen egal, auch sie werden ihr Verhalten kaum anpassen.

Der zweite potentielle Mechanismus soll die technische Innovation beim Klimaschutz beschleunigen. Doch auch hier ist der Emissionshandel ein fragwürdiges Instrument: Durch die variablen Preise der Zertifikate besteht für die Unternehmen wenig Planungssicherheit. Ein klarer regulatorischer Rahmen schafft sowohl bessere Planbarkeit als auch einen stärkeren Anreiz zum Klimaschutz: Wenn ein Unternehmen weiß, dass eine bestimmte Produktionsmethode ab 2030 verboten sein wird, kann es ab 2025 den Umbau seiner Werke angehen. Aufgrund von unsicheren Vorhersagen über die zukünftige Entwicklung des CO_2-Preis lässt sich eine solche Investitionsentscheidung wesentlich schwieriger rechtfertigen. Im Übrigen sind die Emissionsmärkte, die heute etwa in Kalifornien[13] oder der EU existieren, so volatil und dysfunktional, dass sie ständig umgestaltet und modifiziert werden müssen. Ihr vermeintlich »neutrales« Wesen entpuppt sich bei näherem Hinsehen als Chimäre.

Der Idee des Emissionshandels liegt die Annahme zugrunde, die Unternehmen – oder »der Markt« – wüssten selbst am besten, wie und wo Klimaemissionen eingespart werden könnten. Sicherlich ist detailliertes technisches Wissen über industrielle Prozesse notwendig, um gute Klimapolitik zu entwickeln. Das praktische Wissen, das innerhalb von Unternehmen existiert, ist aber eher bei den Beschäftigten als beim Management zu finden – und es sollte definitiv dafür herangezogen werden. Ein Prozess der demokratischen, partizipativen Planung und Regulierung der Wirtschaft, in dem die Beschäftigten selbst und ihre Gewerkschaften eine wichtige Rolle spielen, wäre dazu viel besser in der Lage als der Emissionshandel, der darauf basiert, die Investitionsentscheidungen von Unternehmensleitungen zu beeinflussen.

Auch ist der vorschnelle Impuls, beim Klimaschutz auf Marktmechanismen zu setzen, selbst Ausdruck einer verkümmerten staatlichen Kapazität. Wenn in Parlamenten und Ministerien kein technisches Detailwissen mehr vorhanden ist, das eine sinnvolle und schrittweise Regulierung von Klimaemissionen durch ordnungspolitische Maßnahmen und Technologieförderung praktikabel macht, ist es politisch verführerisch, zum scheinbar einfachen Instrument des Emissionshandels zu greifen.

In gewissen Bereichen kann Emissionshandel sinnvoll sein und Emissionsminderungen erzielen, wenn es politisch nicht möglich ist, bessere Klimapolitik durchzusetzen. Der Emissionshandel der EU, das Emissions Trading Scheme (ETS) hat zumindest im Stromsektor eine gewisse Wirkung gezeigt. Die meisten Analysen deuten darauf hin, dass es vermehrt dazu führt, dass statt Kohlekraftwerke Gaskraftwerke zum Einsatz kommen. Sie stoßen nur etwa die Hälfte der CO_2-Emissionen von Kohlekraftwerken aus, wobei dies zu einem gewissen Grad dadurch wieder wettgemacht wird, dass die Methanemissionen, die bei der Produktion und beim Transport von Erdgas entstehen, für das Klima ebenfalls sehr schädlich sind.

Das Hauptproblem mit dem Emissionshandel besteht aber darin, dass er oft als Argumentationshilfe gegen tatsächlich wirksamen Klimaschutz dient. Er ist primär darauf ausgerichtet, Ökonominnen und Ökonomen zu gefallen[14] – und nicht darauf, Emissionen zu vermindern.

Derisking unter Rot-Grün

Die rot-grüne Regierung von Bundeskanzler Gerhard Schröder gehört zu den Erfindern des kleinen grünen Staates und des grünen Deriskings. Eine zentrale Bedingung der Grünen für die Regierungsbeteiligung war eine Regelung zum Atomausstieg, zu der 2000 ein Kompromiss mit den Kraftwerksbetreibern gefunden wurde. Die deutschen Kernkraftwerke erhielten Reststrommengen, die einen Weiterbetrieb der letzten Blöcke bis etwa ins Jahr 2020 ermöglicht hätten. Damit stand fest, dass etwa ein Drittel der Stromproduktion in Deutschland ersetzt werden müsste.

Als Antwort wurde die Förderung von erneuerbaren Energien massiv erweitert, indem das Stromeinspeisungsgesetz zum Erneuerbare-Energien-Gesetz (EEG) ausgebaut wurde. Für Energieträger wie Windkraft, Solarstrom und Wasserkraft wurden großzügige Einspeisetarife definiert, die einer jährlichen Degression unterzogen waren. Man baute darauf, dass die Kosten für diese Energieträger sinken würden. Das trat auch tatsächlich so ein.

Der Atomausstieg bis zum Jahr 2020 wurde später von der Regierung Merkel gekippt. Doch nachdem das japanische Kraftwerk Fukushima Daiichi im März 2011 von einem Tsunami, der die ganze Region heimsuchte, überrollt wurde und es dort zu einer Kernschmelze kam, wurde diese Entscheidung wiederum revidiert. Und tatsächlich hat die deutsche Förderpolitik für erneuerbare Energie Früchte getragen: Im Jahr 2020 kamen etwa 46 Prozent des in Deutschland verbrauchten Stroms aus erneuerbaren Energien.[15]

Der Wandel des deutschen Stromsystems wird oft als unkomplizierte Erfolgsgeschichte erzählt. Dabei lohnt es sich durchaus, innezuhalten und sich zu fragen, ob die gewählte Strategie den einzig gangbaren Weg dargestellt hätte. Aus verteilungspolitischer Sicht sind vor allem zwei Aspekte des EEG problematisch. Erstens wurden die Einspeisevergütungen, die später durch ein Auktionssystem abgelöst wurden, über eine Sonderabgabe auf elektrische Energie, die sogenannte EEG-Umlage, statt aus dem regulären Bundeshaushalt finanziert. Dies bedeutet, dass die Kosten für die Energiewende vor allem an ärmeren Haushalten hängenblieben – denn sie wenden einen deutlich größeren Anteil ihres Einkommens für elektrische Energie auf. Des Weiteren wurden die Mittel überwiegend an private Kapitalbesitzer ausgezahlt, statt vom Staat oder öffentlichen Unternehmen direkt investiert zu werden. Wer sich eine Solaranlage auf dem eigenen Dach leisten konnte, profitierte von dem Gesetz. Wer hingegen jeden Monat von seiner Stromabschlagszahlung ins Minus auf dem Konto gerissen wurde, zahlte drauf.

Es war vor allem die konsistente Nachfrage deutscher Investoren, die in den Anfangsjahren der globalen Energiewende ein günstiges Investitionsumfeld für die Hersteller von Solaranlagen und Windparks schuf. Das erlaubte es ihnen, ihre Produkte stetig weiterzuentwickeln, wodurch die Kosten für diese Energieträger von Jahr zu Jahr sanken. Vor allem die Photovoltaik-Technik, bei der deutsche Hersteller vor 2010 weltweit führend waren, erzielte spektakuläre Preisreduktionen. Es ist vielleicht kein Zufall, dass der neoliberale globale Kapitalismus vor allem diese Stromerzeugungstechnologie so enthusiastisch aufgriff: Von allen erneuerbaren Energieerzeugungstechnologien gleichen Photovoltaik-Module am ehesten einem Elektronikprodukt für Endverbraucher. Und elektronische Produkte wie Mobiltelefone und Computer werden seit Jahrzehnten billiger und leistungsfähiger. Globale Konzerne haben Mittel und Wege gefunden, durch stetige Innovationszyklen in einem solch deflationären Umfeld zu bestehen.

Diese konsistente Nachfrage hätte allerdings genauso auch geschaffen werden können, wenn öffentliche Unternehmen statt private Kapital- und Immobilienbesitzer in die Energiewende investiert hätten. Zum Beispiel hätten Stadtwerke und andere lokale Versorgungsbetriebe eine führende Rolle als Erzeuger von erneuerbaren Energien einnehmen können. Die staatliche Förderung wäre damit der Allgemeinheit zugutegekommen und im öffentlichen Sektor verblieben. Dort wäre sie produktiv reinvestiert worden, statt von ohnehin eher wohlhabenden Privathaushalten abgeschöpft zu werden. Auch das Finanzierungsmodell der Energiewende wäre nicht alternativlos gewesen. Man hätte statt der

EEG-Umlage auch einfach reguläre Haushaltsmittel verwenden können. Die Logik einer »Gegenfinanzierung« über eine Umlage ist der Tatsache geschuldet, dass das EEG zu einem Zeitpunkt beschlossen wurde, als die neoliberale Logik »ausgeglichener« Haushalte die öffentliche Debatte fast vollständig dominierte.

Trotz seiner verteilungspolitisch problematischen Auswirkungen war das EEG in einem weiteren Aspekt vielleicht eines der wenigen Projekte von Rot-Grün, das sich nicht in den neoliberalen Konsens fügte: Es betrieb – wenn auch nicht unbedingt bewusst – Industriepolitik. Die Fördersätze waren anfänglich so großzügig gestaltet und der deutsche Markt so zentral für die Hersteller, dass sich in der Bundesrepublik eine starke und diversifizierte Solar- und Windkraftindustrie mit dutzenden Anbietern etablierte, die zehntausende Arbeitsplätze schuf. Doch aufgrund der Tatsache, dass diese neuen Betriebe gewerkschaftlich schwach organisiert waren und schlechtere Arbeitsbedingungen boten als die traditionelle Industrie, bildeten sie und ihre Beschäftigten keinen starken politökonomischen Machtblock. Auch die Tatsache, dass sie auf einem Subventionsmodell basierte, welches die Reichen reicher und die Armen ärmer machte, bedeutete, dass diese neue Industrie politisch angreifbar war.

Der schwarz-gelben Bundesregierung von Angela Merkel, die ab 2009 regierte, gelang es deshalb relativ einfach, das erfolgreiche Fördermodell für die erneuerbaren Energien so drastisch einzustampfen, dass sie damit die deutsche Solarindustrie praktisch über Nacht ruinierte. Regionen in Ostdeutschland, die gerade eine bescheidene Reindustrialisierung durch die

Solarfertigung erlebt hatten, wurden erneut zu industriellen Brachlandschaften. Hersteller aus Ostasien sprangen in die Bresche, weshalb die Kosten für Solarenergie weiter stark sanken, die Innovation weiterging und zusätzliche Skaleneffekte in der Produktion erzielt werden konnten – allerdings ohne dass Deutschland von den großzügigen Subventionen, die diese Industrie erst erschaffen hatten, profitierte. In der Folge bremste vor allem CDU-Umweltminister Peter Altmaier den Ausbau der Windkraft so stark aus, dass große Teile der deutschen Windindustrie dasselbe Schicksal erlitten.

Die Ampel, der Krieg und das Gas

Die Ampel-Regierung von Bundeskanzler Olaf Scholz startete zunächst mit ambitionierten Klimazielen: Bis 2030 sollten 80 Prozent des Stroms aus erneuerbaren Energien kommen, die Klimaneutralität Deutschlands bis 2045 erreicht sein. Nach einem Jahr Regierungszeit ist in der Koalition Streit darüber ausgebrochen: Die FDP hat erreicht, dass die Klimaschutzziele für einzelne Sektoren – wie Stromerzeugung, Verkehr, Industrie, Wohnen, etc. – aufgegeben werden. Es soll nur noch ein allgemeines, sektorübergreifendes Einsparziel geben. Das Resultat ist vorgezeichnet – die einzelnen Ministerien werden sich gegenseitig die Verantwortung zuschieben. Jeder Sektor wird für sich argumentieren, dass die technischen Probleme der anderen leichter zu lösen seien, und um Ausnahmen betteln. Am Ende wird zu wenig passieren und das Gesamtziel verfehlt werden.

Des Weiteren hat der Angriff Russlands auf die Ukraine die Klimaschutzpläne der Ampel durchkreuzt. Die Strategie der Koalition sah im Wesentlichen vor, Kohle- und Atomstrom durch eine Kombination aus erneuerbaren Energien und Erdgaskraftwerken zu ersetzen. Da in den letzten Jahren kaum in die Technologien investiert wurde, die es uns in Zukunft ermöglichen werden, Strom in großen Mengen zu speichern, werden Erdgaskraftwerke vor allem dann benötigt, wenn die Sonne nicht scheint und der Wind nicht weht – während der sogenannten Dunkelflaute.

Erdgas bezog Deutschland – zum Unmut der USA – vor dem Februar 2022 zu über 50 Prozent aus Russland, zu sehr attraktiven Preisen. Im Sommer 2022 kamen die russischen Lieferungen fast vollständig zum Erliegen. Dass innerhalb weniger Monate Ersatz für das russische Gas gefunden wurden, zählt zu den größten Erfolgen staatlicher Energieplanung der letzten Jahre: So wurden etwa in kürzester Zeit Flüssiggas-Terminals an deutschen Häfen errichtet, um Importe von Erdgas aus Erzeugerländern wie den USA oder Katar zu ermöglichen. Dem Klima ist damit wenig geholfen. Dennoch zeigt dies, wozu der deutsche Staat fähig ist, wenn er Infrastukturvorhaben einmal tatsächlich politische Priorität einräumt. Man kann nur davon träumen, was alles möglich gewesen wäre, wenn der Ausbau der erneuerbaren Energien in den letzten Jahrzehnten mit dem gleichen Nachdruck verfolgt worden wäre.

Die Tatsache, dass die Ampel erst nach monatelangen politischen Kämpfen den Vorschlag der Ökonomin Isabella Weber zur Deckelung der Erdgaspreise aufgriff, zeigt, wie tief die Energiepolitik noch immer in neoliberalem Denken verhaftet ist: Der

Preis als alleiniger Regulierungsmechanismus sollte die Verteilung eines knappen Gutes richten. Die schlimmsten Aspekte des EEG haben Schule gemacht: Umwelt- und Energieminister Robert Habeck wollte die Versorgungsunternehmen ausgerechnet über eine Gasumlage retten.

Die Ampel hat die Chance verpasst, den Ukraine-Krieg zum Anlass zu nehmen, die neoliberal gestaltete Energiewende zu überdenken. Stattdessen erleben wir eine Fortsetzung derselben unzureichenden Energiepolitik unter leicht veränderten Prämissen. Billiges Gas ist notwendig, um die Versorgung während der Dunkelflaute aufrechtzuerhalten; es soll nun nur eben per Schiff aus den USA und Katar statt über Pipelines aus Russland kommen. Ohne die Komponente des billigen Gases gerät das ganze bisherige Konzept der Energiewende ins Wanken. Denn aktuell liefern nur Gasturbinenkraftwerke die notwendige Flexibilität, um schnell einzuspringen, wenn die Produktion von Wind- oder Solarstrom wetterbedingt abnimmt. Der Bau der Flüssiggasterminals war notwendig; sie drohen nun aber, zum Dauerprovisorium zu werden.

Die nächsten Schritte

Sollte ein klimaschonender Umbau der Wirtschaft tatsächlich gelingen, wird der Strombedarf in den kommenden Jahren stark ansteigen. Das liegt daran, dass wir elektrische Energie in Zukunft auch für Anwendungen einsetzen werden, bei denen fossile Energieträger bisher direkt zum Einsatz kommen.

Elektroautos und Wärmepumpen ersetzen etwa Fahrzeuge mit Verbrennungsmotor oder Ölheizkessel. Auch in der Industrie wird es viele Bereiche geben, die direkt elektrifiziert werden können. Im Oktober durfte ich das Rohrwerk Maxhütte in Sulzbach-Rosenberg in der Oberpfalz besichtigen, wo die Beschäftigten selbst ein Konzept entwickelt haben, wie die Produktion von Erdgas auf elektrische Energie umgestellt werden kann.

Wenn die Energiewende weitergeht wie bisher, wird für den Stromsektor deutlich mehr Erdgas verbraucht werden als heute. Dies konterkariert nicht nur den Klimaschutz, sondern ist auch aus Perspektive der Menschenrechte hochproblematisch. Außerdem werden so neue handelspolitische Abhängigkeiten geschaffen. Für eine tatsächliche Versorgung mit 100 Prozent erneuerbaren Energien ist es daher notwendig, den zu Überschusszeiten produzierten Strom zu speichern. Der kleine grüne Staat und das neoliberale Derisking-Paradigma kommen hier an ihre Grenzen.

Energiespeicherung wurde in der ersten Iteration der Energiewende beiseite gelassen. Das liegt hauptsächlich daran, dass wir dafür ein Portfolio von Technologien benötigen, die sich nicht so leicht durch Derisking fördern lassen, sondern öffentliche Investitionen in großem Stil erfordern.

Bei der Energiespeicherung kommt es vor allem auf zwei fundamentale Parameter an. Zum einen möchten wir möglichst viel des Stroms, den wir in einen Speicher stecken, am Ende wieder herausbekommen. Diese Größe misst die sogenannte *Roundtrip Efficiency*, die in Prozent angegeben wird. Moderne Lithium-Ionen-Batterien haben – samt den notwendigen

Komponenten für eine Integration ins Stromnetz – eine Roundtrip Efficiency von etwa 80 Prozent:[16] Für 100 Kilowattstunden (kW/h), die man in eine Batterie lädt, kann man ungefähr 80 kW/h an Strom wieder aus ihr entladen – der Rest geht als Wärme verloren. Der andere entscheidende Faktor sind natürlich die Kosten des Speichers pro kW/h Kapazität.

In Deutschland gibt es heute im Wesentlichen vier relevante Quellen für erneuerbare Energien: Wasserkraft, Biomasse- bzw. Biogas-Kraftwerke, Windkraftanlagen auf Land und auf See sowie die Solarenergie, die heute überwiegend auf die Photovoltaik-Technik setzt.

Biogas- und Wasserkraftwerke produzieren ziemlich konstant Strom, doch wir können oder sollten sie aus ökologischen Gründen (vor allem wegen ihres Flächenverbrauchs und im Fall von Biogas ihres Beitrags zur Luftverschmutzung) nicht weiter ausbauen. Ein Großteil des zukünftigen Strommix wird in einem 100 Prozent erneuerbaren System also von der Solar- und Windkraft getragen werden.

Wind und Solar sind zu einem gewissen Grad antikorreliert: Der Wind weht eher, wenn die Sonne nicht scheint. Doch diese Regel hat zahlreiche Ausnahmen: Es bleiben vor allem windstille Nächte und bedeckte, windstille Wintertage, an denen beide Energieträger kaum oder gar nicht produzieren. Solarstrom wird vor allem im Sommer erzeugt, wenn die Tage lang sind und die Sonne hoch am Himmel steht, Windstrom vor allem im Frühjahr und Herbst. Wir müssen also sowohl Solarstrom für mehrere Stunden speichern, damit wir ihn in der Nacht verbrauchen können, aber auch Strom für den Winter »ansammeln«.

Für ersteres sind Batterien geeignet, da sie eine hohe Roundtrip Efficiency ausweisen, sie haben allerdings einen hohen Ressourcenverbrauch und bringen hohe Kosten mit sich. Wir sollten Ausschau nach technischen Alternativen halten; aktuell kommen dazu vor allem Pumpspeicherkraftwerke infrage, die ebenfalls Roundtrip Efficiencies von etwa 80 Prozent aufweisen.[17] Für die saisonale Speicherung von Strom sind sowohl Batterien als auch Pumpspeicherkraftwerke ungeeignet, sie sind pro kW/h Kapazität einfach zu teuer, um sie nur für einen Ladezyklus pro Saison zu benutzen.

Hier kommt vor allem Wasserstoff ins Spiel, den man per Elektrolyse aus Strom erzeugen und dann in großen, natürlichen unterirdischen Kavernen für den Winter speichern könnte – so wie wir es heute bereits mit Erdgas tun. Wasserstoffelektrolyse und -verstromung hat eine niedrigere Roundtrip Efficiency, dafür aber – zumindest potentiell – niedrigere Kosten pro Kilowattstunde Speicherkapazität, was ihn als saisonale Speichertechnologie interessant macht. Während Pumpspeicherkraftwerke seit Jahrzehnten gebaut und betrieben werden, sind Batterien und Wasserstoffelektrolyse noch vergleichsweise teuer, werden aber von Jahr zu Jahr günstiger. Wie schon bei den erneuerbaren Energien werden sie umso schneller billiger, je mehr man in sie investiert, also je schneller die Industrie lernen und forschen und je schneller sie durch Massenproduktion Skaleneffekte erzielen kann.

Das Ganze hat nichts mit einer »dezentralen Energiewende« zu tun. Der Fetisch für Dezentralität, der sich auf die Theorien des US-amerikanischen Energieforschers Amory Lovins[18] zurückführen lässt, hat leider seinen Weg auch in die linke und sozialistische Energiepolitik gefunden. Doch er ist hier fehl am Platz. Eine dezentrale Energieversorgung ist ein reines grün-liberales Hirngespinst.

Das Energiesystem als Ganzes, inklusive der Netze und Übertragungskapazitäten, muss an gesellschaftlichen Bedürfnissen ausgerichtet und geplant sein. Ein Stromnetz, in dem hunderttausende Kleinunfternehmer und Rentiers als Erzeuger fungieren, ist weder progressiv noch gerecht. Gegen eine Solaranlage auf dem Dach ist nichts einzuwenden, sie kann einen wertvollen Beitrag zum Klimaschutz leisten. Ihre Förderung sollte allerdings sozial gerecht ausgestaltet sein. Zudem ersetzt sie kein gesamtgesellschaftlich geplantes Energiesystem. Eine umfassende Privatisierung der Energieversorgung für alle, die es sich leisten können, kann nicht das Ziel linker Energiepolitik sein.

Bei Pumpspeicherkraftwerken oder Wasserstoffspeichern handelt es sich aber um großtechnische Projekte, die nicht über kleinteilige Investitionen förderbar sind: Das grüne Derisking-Paradigma ist hierfür ungeeignet. Auch der Netzausbau ist eine genuin öffentliche Aufgabe, die zentrale Infrastrukturplanung erfordert. Hier rächen sich heute die zahlreichen Infrastrukturprivatisierungen der letzten Jahrzehnte, die teilweise von der EU vorgeschrieben, von Deutschland und anderen Mitgliedstaaten aber enthusiastisch umgesetzt wurden. Der notwendige Um- und Ausbau der Energieinfrastruktur ist dadurch komplexer und bürokratischer geworden – und Privatunternehmen verdienen überall mit. Der öffentliche Sektor ist kaum noch in der Lage, die Transformation zu planen, geschweige denn selbst umzusetzen.

Bisher gibt es kaum Anzeichen, dass die Ampel oder die EU dieses Problem im notwendigen Umfang angehen, denn dazu wären Subventionen in wesentlich höherem Umfang oder ein aktives staatliches Eingreifen notwendig. Dennoch verabschiedet man sich auch in Brüssel und Berlin sehr langsam, aber stetig, vom Dogma einer rein marktbasierten Energiewende.

Vor allem unter dem Eindruck des *Inflation Reduction Act* in den USA, der erneuerbare Energien, aber auch Wasserstofferzeugung viel aggressiver fördert als die EU, sowie der industriepolitischen Strategie *Made in China 2025*, mit der die Volksrepublik in allen Industriezweigen führend werden will, sind erste Anzeichen eines zaghaften Einlenkens zu erkennen. Wie Maxine Fowé und Christina Liang Xu in Ausgabe 12 von *Jacobin* beschreiben,[19] entwickelt sich der kleine grüne Staat der EU und Deutschlands unter dem externen Druck der zwischenstaatlichen Konkurrenz zunehmend zum mittelgroßen grünen Staat: Er fördert immer noch in erster Linie die Aktivitäten des Privatsektors, doch mit stärkerer industriepolitischer Intention und in größerem Umfang.

Dies ist auch absolut notwendig. Soll die Transformation der Autoindustrie, aber auch der Chemieindustrie gelingen, auf denen das deutsche Wohlstandsmodell zu signifikanten Teilen basiert, muss der Staat eine viel aktivere, planende Industriepolitik verfolgen. Die bisherigen Schritte in diese Richtung sind unzureichend. Wir brauchen eine politische Koalition, die diese Transformation im Sinne der Beschäftigten und der Gesellschaft als ganzer – statt lediglich privater Profitinteressen – einfordern kann.

Ein Bündnis, das gewinnen kann

In den USA gab es mit dem Green New Deal einen ersten Versuch, ein solches Bündnis zu schmieden. Als die Kongressabgeordneten Alexandria Ocasio-Cortez und Senator Ed Markey das Konzept, das auf die Arbeit von zahlreichen progressiven Ökonominnen und Klimaforschern auf der ganzen Welt zurückgeht, im Jahr 2019 vorstellten, war ihr Leitgedanke, Klimapolitik und umfangreiche Sozialprogramme miteinander zu verbinden. Ein klimafreundlicher Umbau der Wirtschaft sollte mit dem Ausbau des Sozialstaats und der Infrastruktur für Kinderbetreuung sowie einer allgemeinen Krankenversicherung einhergehen.

Statt dem Green New Deal bekamen die USA den Inflation Reduction Act: ein extrem umfangreiches Subventionspaket mit guten klimapolitischen Aspekten, das die USA als Akteur in der internationalen Klimadiplomatie glaubwürdiger macht und zu umfangreichen Emissionsreduktionen führen wird, aus dem Derisking-Paradigma aber nicht wirklich ausbricht. Klimaschutz soll mit und durch den Privatsektor erfolgen, zu seinen Konditionen. Die systemische Logik des Neoliberalismus hat sich wieder durchgesetzt.

Wie konnte das passieren? Natürlich sind die Gründe für das Scheitern des Green New Deal komplex. Ein wichtiger Aspekt ist aber, dass die Strategie der US-Klimabewegung fehlgeschlagen ist. Organisationen wie Sunrise Movement und der linke Flügel der Demokraten traten zwar rhetorisch laut auf, versuchten aber, ihre Ziele in Verhandlungen mit dem

Partei-Establishment durchzusetzen. Die Organizerin Jane McAlevey beschreibt diese Dynamik, der viele linke Gruppen, aber zuweilen auch Gewerkschaften, anheimfallen, wie folgt: Es gibt die Tendenz, den Zugang zur Macht (»Access«) mit der Macht selbst (»Power«) zu verwechseln.[20]

Diese Logik ist auf der US-Linken weitverbreitet. Wie die Politikwissenschaftlerin Margit Mayer in ihrem Buch *Die US-Linke und die Demokratische Partei*[21] beschreibt, ist sie sehr stark im Stiftungswesen verankert und damit von externen Geldgebern abhängig, die die Agenda von NGOs stets mitbestimmen. Eine politische Kultur von Massenorganisationen, die sich über Mitgliedsbeiträge finanzieren und die demokratisch konstituiert sind, gibt es kaum noch.

Die deutsche Klimabewegung sollte es vermeiden, diese Fehler zu wiederholen. Damit die Transformation gelingen kann, braucht es gesellschaftliche Bündnisse, die sie nicht erbitten muss, sondern erzwingen kann. Den Kern einer solchen Bewegung müssen die Gewerkschaften bilden, denn nur sie haben durch das Mittel des Streiks die strukturelle Macht, das Kapital und die Politik zu echten Zugeständnissen zu bewegen. Doch erfolgreiche Streikbewegungen brauchen politischen Rückhalt in der Gesellschaft. Anderen Massenorganisationen kommt eine wichtige Multiplikatorfunktion zu: Sie können eine gesamtgesellschaftliche Strahlkraft entwickeln und eine durchsetzungsfähige Klimabewegung, die mit der neoliberalen Energiepolitik bricht, zum Erfolg führen.

Nach Jahrzehnten linker Niederlagen ist es unzureichend, eine andere Wirtschaftspolitik einzufordern, nur weil die

Klimakrise dies notwendig macht. Mit dieser Argumentation stärken wir als Linke uns gegenseitig in unseren Überzeugungen, doch Politik funktioniert anders. Es müssen gesellschaftliche Bündnisse geschlossen werden, die tatsächliche institutionelle und ökonomische Macht aufbauen und die Eliten zum Einlenken bewegen können – nicht durch das bessere Argument, sondern durch Klassenkampf, Massenproteste, Streiks und Blockaden.

Quellen

1 Storrow, Benjamin: »Will Global Emissions Plateau in 2023? Four Trends to Watch«, *Scientific American*, 6. Januar 2023.

2 Internationale Energieagentur: *World Energy Outlook 2022*, Oktober 2022; siehe auch: Evans, Simon: »In-depth: Russia's war means fossil fuels will peak within five years, IEA says«, *Carbon Brief*, 31. Oktober 2022.

3 Hausfather, Zeke: »State of the climate: How the world warmed in 2022«, *Carbon Brief*, 18. Januar 2023.

4 Spratt, David und Dunlop, Ian: *Existential climate-related security risk: A scenario approach. Breakthrough*, National Centre for Climate Restoration, Mai 2019.

5 »New scenarios show how the world could limit warming to 1.5C in 2100«, *Carbon Brief*, 5. März 2018.

6 »Confronting Carbon Inequality«, *Oxfam Media Briefing*, 21. September 2020.

7 Shapiro, Leslie und Long, Heather: »Where do you fit on the global income spectrum?«, *Washington Post*, 20. August 2018.

8 Die Weltbank schätzt das BIP pro Kopf der Welt für das Jahr 2021 auf 18.604 US-Dollar pro Jahr (gewichtet nach US-Preisen). Dies entspricht etwa dem Niveau von China, Thailand, oder Nordmazedonien. Nicht das gesamte BIP pro Kopf steht als Einkommen zur Verfügung.

9 Slobodian, Quinn: *Globalisten: Das Ende der Imperien und die Geburt des Neoliberalismus*, Suhrkamp 2019.

10 Huber, Matthew: *Climate Change as Class War: Building Socialism on a Warming Planet*, Verso 2022.

11 Gabor, Daniela: »Der kleine grüne Staat«, *Jacobin (8/9)*, April 2022.

12 Mazzucato, Mariana: *Das Kapital des Staates: Eine andere Geschichte von Innovation und Wachstum*, Kunstmann 2014.

13 Einen hervorragende Einführung in die Probleme mit Kaliforniens Emissionshandelssystem bietet die Folge »Danny Cullenward on California's shaky climate plans« des Podcasts Volts.

14 Ebd.

15 Agora Energiewende: *Die Energiewende in Deutschland: Stand der Dinge 2022*, Januar 2023.

16 U.S. Energy Information Administration: »Utility-scale batteries and pumped storage return about 80% of the electricity they store«, 12. Februar 2021.

17 Ebd.

18 Lovins, Amory B.: *Sanfte Energie: Das Programm für die energie- und industriepolitische Umrüstung unserer Gesellschaft,* Rowohlt 1978.

19 Maxine Fowé und Christina Liang Xu: »Das Gespenst der Deindustrialisierung«, *Jacobin* (12), März 2023.

20 McAlevey, Jane: »Making Unions Matter Again«, *The Nation*, 2. Dezember 2010.

21 Mayer, Margit: *Die US-Linke und die Demokratische Partei: Über die Herausforderungen progressiver Politik in der Biden-Ära*, Bertz und Fischer 2022.

Ines Schwerdtner

Arbeit und Überarbeitung

Ines Schwerdtner ist
Chefredakteurin bei JACOBIN

Wenn ich mit Freundinnen spreche, die meist auch Mütter sind, dreht es sich viel um Arbeit. Es geht um den Job, es geht um die Kolleginnen oder den Chef, den Einkauf, das nächste Fahrrad für das Kind oder den Wäschehaufen, der nach Feierabend noch auf dem Sofa wartet und von Zauberhand zusammengelegt werden will. Rechnet man all das zusammen, zeigt sich schnell, dass für die meisten von ihnen der ganze Tag aus Arbeit besteht. Auch wenn wir nicht jede einzelne Tätigkeit so nennen.

Viele haben das Gefühl, dass die Arbeit in den letzten Jahren zugenommen hat oder sie entgrenzter geworden ist – und das lässt sich auch empirisch bestätigen. Von der Entgrenzung der Arbeit sprechen Industriesoziologen bereits seit den 1970er Jahren. Der technologische Fortschritt hat dazu geführt, dass bestimmte Fließbandarbeiten und der typische Acht-Stunden-Tag in einer Fabrik mit einem Job, den man ein Leben lang verrichtete, nicht mehr der Standard war. Die Arbeiten waren nicht verschwunden, sondern konnten entweder von Maschinen schneller verrichtet werden oder wurden in andere Teile der Welt günstiger ausgelagert. Zeitgleich wuchs der Dienstleistungssektor im Verhältnis zum Industriesektor enorm an, immer mehr Frauen kamen auf den Arbeitsmarkt. Mit den Umbrüchen auf dem Arbeitsmarkt gingen aber auch neue Unsicherheiten einher: Arbeitsprozesse wurden flexibilisiert, dereguliert und die Verantwortung für die Organisation der eigenen Arbeit zunehmend auf das Individuum verschoben. In der Forschung spricht man deshalb auch vom »Arbeitskraftunternehmer«[1], weil die Einzelnen praktisch auf sich selbst zurückgeworfen werden und unternehmerisch agieren müssen, obwohl sie immer noch bloß die eigene Arbeitskraft verkaufen. Das gilt vor allem für die Bereiche, die stärker akademische und kreative Berufe beinhalten.

Diese Entwicklung gibt den Arbeitenden einerseits mehr Freiheit – etwa über ihre eigenen Tätigkeiten und Arbeitszeiten. Die gewonnene Autonomie wird aber auch als ein erhöhtes Stresslevel erfahren. Schließlich sind immer noch alle dem Profitzwang unterworfen, nur äußert er sich heute nicht mehr nur als Stechuhr in der Fabrik – wobei es natürlich auch diese perfide Kontrolle der Arbeitszeit weiterhin gibt, denkt man bloß an große Amazon-Logistikhallen, in denen die Beschäftigten jede Minute überwacht werden. In unserer heutigen Arbeitsgesellschaft gibt es also einerseits Arbeitsverhältnisse, die verstärkt durch Selbst- und Überausbeutung geprägt sind, andererseits aber auch Arbeiten, für die David Graeber den Begriff der Bullshit-Jobs[2] geprägt hat. Das bezeichnet Jobs, die keinen gesellschaftlichen Nutzen haben und vollständig »sinnlos, unnötig oder schädlich« sind, also etwa Tätigkeiten, die allein dazu da sind, Vorgesetzte besser aussehen zu lassen, andere Arbeit zu dokumentieren oder sinnlos Aufgaben zu verteilen (etwa im mittleren Management). Sowohl Überforderung als auch Unterforderung können ernste psychische Folgen haben. Die Diagnosen lauten dann entweder Burnout oder Boreout.

Die Veränderungen und Gleichzeitigkeiten in der Arbeitswelt sind jedoch nicht bloß technischer Natur, sondern immer auch eingebettet in gesellschaftliche und politische Verhältnisse, die diese Arbeitswelt regulieren – oder eben deregulieren. Dass Menschen an ihre Belastungsgrenzen kommen, obwohl wir

Arbeit anders und besser gesellschaftlich organisieren könnten, ist kein bloßer Unfall, sondern politisch gewollt.

Die Umbrüche in der Arbeitswelt wurden begleitet von dem politischen Projekt des Neoliberalismus, der erst in den 1980er Jahren durch Margaret Thatcher und Ronald Reagan und dann auch in den 1990ern durch die Agenda-Politik von Rot-Grün politisch zur vollen Entfaltung kam. Während also der technische Fortschritt eine kleine Revolution der Arbeitswelt ermöglichte, führte dies gleichzeitig zu einer langfristigen Schwächung der Arbeit gegenüber dem Kapital. Seit dieser Zeit erleben wir einen verstärkten Klassenkampf von oben. Die Gewerkschaften stecken seitdem in der Defensive, während sozialdemokratische Parteien in den Industrienationen die Deregulierung selbst verschuldet haben.

Die Geschichte des Neoliberalismus ist zugleich eine Tragödie für die Arbeit, weil sich der technische Fortschritt gegen die Arbeiterschaft gewendet hat und nicht zu mehr Freizeit und einem höheren Lebensstandard führte. In Industriegesellschaften wie den USA ist die Lebenserwartung nach Jahrzehnten des Neoliberalismus sogar wieder gesunken. Und obwohl wir es uns als Gesellschaft leisten könnten, sinnlose Arbeiten zu ersetzen oder zu minimieren, haben wir uns immer mehr davon neu geschaffen. Der neoliberale Kapitalismus ist nicht in der Lage, Arbeit effektiv zu verteilen. Das macht uns auf Dauer krank. Ein klares Zeichen dafür, dass es nicht weitergehen kann wie bisher.

Arbeit, überall

Die Corona-Pandemie hat uns noch einmal vor Augen geführt, welche Angriffe auf die Arbeitswelt zuvor stattgefunden haben und welche perfide Normalität sich in manchen Arbeitsbereichen eingeschlichen hat: Während die einen an der Eintönigkeit ihrer Bürojobs zu Hause vereinsamten, waren die anderen insbesondere im Dienstleistungsbereich dem Virus und entgrenzten Arbeitszeiten ausgesetzt. Man sprach von »systemrelevanten« Berufen etwa in der Pflege, aber hatte außer etwas Applaus vom Balkon nicht viel für sie übrig. Gleichzeitig sorgten sich Angestellte im industriellen Sektor um ihre Jobs und wurden teils in Kurzarbeit geschickt, Selbstständigen drohte die Insolvenz.

An allen Ecken und Enden spürte man, dass die globalisierte und deregulierte Arbeitswelt auf solche Schocks nicht vorbereitet war und die Leidtragenden die arbeitenden Menschen selbst waren. Nicht nur wurden sie ökonomisch geschwächt, auch die Entgrenzung und Unsicherheit der Arbeit erfuhr einen erneuten Schub. Krisen wie die Corona-Pandemie werden »genutzt«, um die Sicherheiten arbeitender Menschen zu lockern. So wurden etwa die Regelungen für den 12-Stunden-Arbeitstag in systemrelevanten Bereichen zeitweise ausgesetzt, um die Versorgung nicht zu gefährden. Was gesellschaftlich sinnvoll klingt, bedeutet für die Einzelnen ungeheure Überarbeitung.

Aber auch für diejenigen, die nicht in systemrelevanten Berufen arbeiten, bedeutete die Pandemie eine nachhaltige Veränderung ihres Arbeitslebens: So gaben laut einer Homeoffice-Studie[3] der Hans-Böckler-Stiftung 60 Prozent der

Befragten an, die Grenzen zwischen Arbeit und Privatem seien zunehmend verschwommen. In Betrieben mit Betriebsräten hat man währenddessen den Nutzen der Mitbestimmung gespürt – nämlich dann, wenn der Arbeitsschutz effektiv eingehalten werden konnte. Auch der Krankenstand im Jahr 2022 stieg auf das höchste Niveau[4] seit der Wiedervereinigung, auf durchschnittlich 91 Stunden pro Kopf, was einerseits an der Pandemie als solcher liegen dürfte, aber laut der Weltgesundheitsorganisation auch auf eine Zunahme an psychischen Krankheiten aufgrund erhöhter Arbeitsbelastung und größerer Unsicherheiten hinweist.

Dazu kommt die unsichtbare, häufig nicht oder schlecht entlohnte Arbeit, an der sich schwer sparen lässt und die, sobald sie verdichtet wird, einfach nur krank macht: die Sorgearbeit. Gerade die Arbeit am und mit Menschen hat während der Pandemie an Bedeutung gewonnen. Während man in der Pflege, in der Kinderbetreuung oder in den Schulen sehenden Auges in eine Krise stolperte, verteilte sich auch die Arbeit zu Hause wieder um. Besonders Frauen arbeiteten weniger Stunden oder in Teilzeit, übernahmen dafür aber den größten Teil der Sorgearbeit zu Hause. Vor allem Alleinerziehende hatten in dieser Situation sowohl finanziell als auch persönlich das größte Opfer zu erbringen.

Alles in allem zeigte die Pandemie auf, was bereits vorher grob schief lief. Während die einen sich kaputt schufteten, warteten andere unruhig zu Hause darauf, wieder arbeiten zu können. Weil die sozialen Netze lose geworden sind, waren viele auf sich selbst zurückgeworfen. Wirklich starken Arbeitsschutz gibt es nur noch in einzelnen Betrieben. Wir hätten uns in und nach der Pandemie auf das Wesentliche besinnen müssen, doch stattdessen etablierte sich in der Arbeitswelt ein »neues Normal«, das die Entgrenzung und Unsicherheit des Ausnahmezustands fortschreibt. Abermals wurde ein gesellschaftlicher Schock dafür genutzt, die Seite der Arbeit im Verhältnis zum Kapital zu schwächen. Genau das wird seit Beginn des Neoliberalismus politisch betrieben und schlägt sich nun an jedem einzelnen Arbeitstag nieder.

Die zentralen Schaltstellen: Arbeitslohn, Zeit und Demokratisierung der Arbeit

Die neoliberalen Angriffe auf die Arbeit und die Gewerkschaften bezweckten, den Widerstand zu brechen, mit dem arbeitende Menschen und ihre Organisationen ihre Rechte nicht nur verteidigten, sondern mit jedem Produktivitätsschub auch neue Rechte wie Arbeitszeitverkürzung, Urlaub, oder Mitbestimmung erkämpften.

In Tarifauseinandersetzungen und Streiks geht es meist um die drei großen Stellschrauben Lohn, Arbeitszeit und Mitbestimmung. Kapitalistische Unternehmer haben stets das Interesse, so viel Mehrwert wie möglich aus der Arbeitskraft herauszuholen, also entweder die Löhne zu drücken oder die Arbeit zu verdichten. Mitsprache am Arbeitsplatz, dem undemokratischsten Ort in unserer Gesellschaft, ist immer umkämpft. Denn ein starker Betriebsrat schützt die Beschäftigten vor Verletzungen des Gesundheitsschutzes und des Arbeitsrechts im Betrieb.

Während Kämpfe um den Arbeitslohn gerade während einer Inflation notwendig sind, spielen Kämpfe um Arbeitszeit insbesondere dann eine große Rolle, wenn potenziell mehr Arbeit in weniger Zeit verrichtet werden kann. Arbeitgeber versuchen immerzu, die Arbeitszeit hochzuschrauben, geltende Arbeitszeitgesetze zu umgehen und die Lebensarbeitszeit sukzessive zu verlängern. Auch konservative und liberale Politiker lassen regelmäßig Testballons steigen, um zu schauen, wie hoch das Renteneintrittsalter oder die wöchentliche Arbeitszeit sich drehen lässt. So bringen sie in regelmäßigen Abständen ein flexibles Renteneintrittsalter und die Rente ab 70 in den politischen Diskurs ein. Gewerkschaften und Linke versuchen dagegen seit Beginn der Arbeiterbewegung, die Arbeitszeit im Zuge des technischen Fortschritts und durch den Aufbau der eigenen Macht zu verringern. Alles, was uns heute selbstverständlich vorkommt, wurde durch zähes Ringen erkämpft, so etwa die 40-Stunden-Woche, die allerdings noch immer nicht in allen Arbeitsbereichen effektiv durchgesetzt ist.

Die Produktivitätsschübe und die mit ihnen einhergehenden Kämpfe um Arbeitszeit lassen sich gut an den gewerkschaftlichen Kampagnen der Zeit ablesen. Im Jahr 1955 gaben die größten der DGB-Gewerkschaften in ihrer Kampagne für die 40-Stunden-Woche den Slogan »Samstags gehört Vati mir« aus. Ab Mitte der 1970er Jahre ging es dann zumindest in den Industriegewerkschaften um die Einführung der 35-Stunden-Woche bei gleichem Lohn nach dem Motto »Mehr Zeit zum Leben, Lieben, Lachen«. Und heute bringt die IG Metall die 32-Stunden-Woche bei vollem Lohnausgleich ins Spiel. Diese Vier-Tage-Woche wird auch politisch schon länger diskutiert, von Arbeitgeberverbänden, FDP und Union aber erbittert bekämpft, weil auch ihnen klar ist, dass es sich um einen systematischen Gewinn für die Seite der Arbeit handeln würde. Gerade nach Jahren – in einigen Branchen Jahrzehnten – der Defensivkämpfe ist diese Forderung eine klare Kampfansage ans Kapital.

Gestaltungsmacht und Gegenmacht

Otto Brenner, Marxist und nach dem Zweiten Weltkrieg zwanzig Jahre lang Vorsitzender der IG Metall, warnte davor, dass die Arbeiterinnen und Arbeiter dem Rationalisierungsprozess ausgeliefert sein würden. Die Aufgabe der Gewerkschaft sei es, sowohl als Gegenmacht als auch als Gestaltungsmacht aufzutreten, wann immer die kapitalistische Produktionsweise sich transformiert. Genau wie in den 1970er Jahren stehen wir auch heute an einem Punkt, an dem es notwendig ist, die Arbeitszeit zu verringern, um der Arbeitswelt mehr Lebensqualität abzuringen.

Brenner hatte vermutlich nicht die Digitalisierung oder die Pandemie vor Augen, konnte also kaum vorhersehen, wie weitgehend die Arbeit räumlich und zeitlich entgrenzt werden würde. Auch hatte er vermutlich keine Vorstellung davon, wie stark die Mitbestimmung leiden würde, als größere Staatsbetriebe privatisiert, zerschlagen und in Einzelteile zerlegt und große Teile der öffentlichen Daseinsvorsorge dem Markt unterworfen wurden. Mit diesen Triumphen des Wirtschaftsliberalismus sind die gewerkschaftlichen und politischen Spielräume immer kleiner geworden. Brenner glaubte noch an das Ziel einer Wirtschaftsdemokratie, also der schrittweisen Demokratisierung des ökonomischen Bereichs bis hin zur kollektiven Entscheidung über Mittel und Zwecke des Unternehmens. Dieses Verständnis geht viel weiter als das heutige, nach dem Mitbestimmung im gewerkschaftlichen Kontext vor allem darauf beschränkt ist, dass Betriebsräte an den betriebseigenen Verordnungen mitarbeiten und damit besseren Arbeitsschutz durchsetzen. Diese Form der Mitbestimmung zeigte sich gerade auch in der Pandemie als überaus nützlich und notwendig, ist aber nur ein erster, verhaltener Schritt auf dem Weg zu wirklich demokratischen Verhältnissen in der Arbeitswelt.

Brenners Vorstellung von gewerkschaftlicher Macht beinhaltet auch, dass die arbeitende Klasse den technischen Fortschritt für sich nutzen kann, wenn sie als Gegenmacht stark genug auftritt. Die Automatisierung oder der ökologische Umbau der Industrie sind dann keine Schicksalsschläge mehr, die uns in Sorge um unsere Arbeitsplätze herumtreiben, sondern Anlässe, um für Verbesserungen unseres Lebens zu streiten.

Die Roboter nehmen uns nicht die Arbeit weg, wie Aaron Benanav in einem JACOBIN-Interview erklärt.[5] Weder wird die Automatisierung zu Massenarbeitslosigkeit führen noch einen Himmel auf Erden ohne Arbeit ermöglichen. Stattdessen werden in Zukunft neue, andere Jobs entstehen. Der Umbau der Industrie setzt deshalb ein großes Schulungsprogramm voraus. Doch unter anderem Teile der Sorgearbeit werden sich nicht einfach technologisch ersetzen lassen. Wir müssen gesellschaftlich und politisch entscheiden, wie viel sorgsamer und zeitaufwendiger die Pflege von Kindern sowie alten und kranken Menschen sein soll und danach den Aufwand an Arbeitskraft bemessen. Dies ist ein planvoller Akt, der nicht einzelnen Unternehmen mit ihren Sonderinteressen überlassen werden kann, sondern demokratisch durch den Staat in die Wege geleitet werden muss.

Vierzig Jahre Neoliberalismus, Deregulierung der Wirtschaft und Schwächung der Arbeit und des Staates lassen sich nicht an einem Tag wieder rückgängig machen. Dennoch braucht es jetzt einen Kurswechsel, wenn wir nicht bei der nächsten Krise weiter eine Entgrenzung und Verunsicherung erfahren wollen, sondern wieder die Kontrolle über unsere Arbeitswelt und damit über unser eigenes Leben erlangen wollen.

Große Schritte

Dafür braucht es eine Politik, die die Arbeit strukturell gegenüber dem Kapital stärkt, die verständlich und für die breite Bevölkerung so attraktiv ist, dass es sich dafür zu kämpfen lohnt. Diese »großen Schritte« sind keine kleinen Reförmchen, die sich damit begnügen, den Mindestlohn um einen Euro zu erhöhen oder die Pause um fünf Minuten zu verlängern. Beides sind wichtige Anliegen, deren Wert hier nicht geschmälert werden soll. Doch um wirklich einen Kurswechsel in der Arbeitswelt einzuleiten, braucht es strategische Leitplanken, an denen sich eine Bewegung oder Partei orientieren kann.

Im Angesicht von Entgrenzung und Unsicherheit müssen wir darüber nachdenken, welche kollektiven Schritte wir zur

Eingrenzung und zur Sicherheit unternehmen können. Denn die vergangenen Jahre waren nur Vorboten für das, was uns noch erwartet. Umso wichtiger ist es, den Machtaufbau jetzt zu betreiben, um in den nächsten Jahren nicht bloß gegen Rückschritte oder um kleine Verbesserungen zu kämpfen, sondern größere Schritte nach vorne zu gehen.

Vier-Tage-Woche

Ein erster bedeutender Schritt wäre die bereits genannte Vier-Tage-Woche. Sie ist kein Allheilmittel, aber sie stellt wachsende Produktivität und Arbeitsverdichtung in Rechnung und ermöglicht es, zunächst probeweise in einzelnen starken Sektoren wie der Metallbranche - aber bald auch in anderen Bereichen, in denen es uns jetzt noch unrealistisch vorkommen mag - in kürzerer Zeit die gleiche Arbeit womöglich noch produktiver zu verrichten. Versuche in anderen Ländern wie Spanien[6] oder Island[7] belegen, dass sich das verlängerte Wochenende positiv auf die Arbeitenden auswirkt. Diese geben an, weniger Stress und Spannungen zu Hause zu haben. Laut einer Studie des Wirtschafts- und Sozialwissenschaftlichen Instituts (WSI)[8], geben 81 Prozent der befragten Vollzeitbeschäftigten an, lieber in einer Vier-Tage-Woche zu arbeiten. 72 Prozent der Befragten würden dies nur bei vollem Lohnausgleich tun, was genau der Knackpunkt der Forderung ist, weil es sich andernfalls bloß um weniger Arbeitszeit, aber keinen strukturellen Zugewinn handelt. Das Ziel ist im Grunde mehr Lohn in weniger Arbeitszeit zu verdienen.

Damit handelt es sich auch um eine Auseinandersetzung um den von den Arbeitenden produzierten Mehrwert.

Die Vier-Tage-Woche ist derzeit politisch umstritten, die Hochkonjunktur des Themas zeigt aber auch an, dass die Zeit reif für sie ist. Starke Gewerkschaften wie die IG Metall können in einzelnen Sektoren vorangehen, doch diese können nur Modellcharakter besitzen. Die Vier-Tage-Woche kann man als eine Richtschnur für die ganze Gesellschaft verstehen, deren Fluchtpunkt eine lebenswerte Arbeitswelt ist. Gewerkschaftliche Macht ist dafür unabdingbar, doch sie ist nunmal ungleich verteilt. Es ergibt Sinn, dass starke Industriegewerkschaften wie die IG Metall vorangehen, weil diese sich bereits mit der 35-Stunden-Woche an die Vier-Tage-Woche angenähert hat, während sich etwa eine Dienstleistungsgewerkschaft wie ver.di zunächst auf höhere Löhne in unteren Einkommensklassen fokussiert. Gerade im Niedriglohnsektor ist der Organisationsgrad noch zu schwach, um eine solche Forderung durchzusetzen und vielleicht ist es auch nicht immer im Interesse der Beschäftigten. Es lassen sich nicht alle Kämpfe auf einmal schlagen.

Für die Vier-Tage-Woche ist wichtiger, dass sie als politische Idee zunächst einmal den Raum des Sag- und Denkbaren betritt und einzelne Modelle abgewogen werden können. Diese können dann auch die Sorgen der Beschäftigten adressieren. In der Studie des WSI geben die Befragten nämlich auch an, dass sie befürchten, die Arbeit würde einfach auf vier Tage verdichtet, also viel stressiger werden oder aber von anderen Kollegen an anderen Tagen verrichtet werden, was man ihnen wiederum nicht zumuten will. Das sind berechtigte Anliegen, die immer wieder auch die Frage berühren, wie viel Personal bestimmte Arbeiten tatsächlich benötigen und in welchen Bereichen der akute Personalmangel für die Arbeitsbelastung sorgt. Gerade Fachkräfte gibt es nicht wie Sand am Meer und so wird es Jahre dauern, den tatsächlichen Bedarf – in der Pflege, aber auch in der Kinderbetreuung und so weiter – mit Personal abzudecken, ehe an eine Vier-Tage-Woche zu denken ist.

Es geht also nicht darum, ein Traumschloss Arbeit zu entwerfen, sondern nach Bedarf und Möglichkeit die Spielräume für eine bessere Arbeitswelt auszureizen. Es ist klar, dass dafür der ökonomische Kampf der Gewerkschaften nicht ausreicht, weil sonst jeder Sektor für sich selbst streitet. Damit eine kürzere Arbeitswoche zum gesellschaftlichen Standard wird, der auch begründete Ausnahmen und freiwillige Entscheidungen zulässt, mehr zu arbeiten, braucht es eine linke Partei und eine Machtperspektive, die den politischen Rahmen für Modellprojekte und deren Finanzierung überhaupt erst aufstellt.

Jobgarantie

Ein zweiter großer Schritt für die Absicherung der Beschäftigten wäre eine Jobgarantie. Gerade beim ökologischen Umbau der Wirtschaft würde sie neben großangelegten Umschulungen und massiven Investitionen dafür sorgen, dass es planbare Übergänge gibt, statt eine teilweise Zerstörung von Regionen und Existenzen. Nur der Staat kann hier einspringen und allen das Menschenrecht auf Arbeit ermöglichen. Unternehmen werden immer auf ihren Profit orientiert sein. Arbeiten, die zwar notwendig und sinnvoll sind, aber vielleicht nicht ausreichend Profit abwerfen, interessieren sie nicht.

Eine Jobgarantie setzt bei dem Gedanken an, dass Arbeit grundsätzlich etwas Sinnstiftendes ist und Menschen das Bedürfnis haben, der Gesellschaft etwas beizutragen. Es geht also nicht darum, jemanden in eine Zwangsarbeit zu stecken, sondern als Staat dafür zu sorgen, dass auch in Krisen und während großer Veränderungen Vollbeschäftigung herrscht und niemand die Arbeitslosigkeit fürchten muss. Dies wäre das Gegenteil des heutigen Systems, das Menschen spätestens seit Hartz IV mit Sanktionen und Stigmatisierung gängelt und ihnen jede Würde nimmt.

Eine Jobgarantie stärkt die Seite der Arbeit auch strukturell, weil der Staat damit praktisch einen Lohnstandard setzt, der es privaten Unternehmen schwer macht, weniger zu zahlen. Somit stellt sich ein effektiver Mindestlohn ein, denn arbeitende Menschen haben dann die Freiheit, nicht jeden Job im Niedriglohnsektor annehmen zu müssen. Gerade der Niedriglohnsektor, der in den Agenda-Jahren aufgebläht wurde und das deutsche Wirtschaftsmodell bis heute entscheidend stützt, würde durch eine Jobgarantie effektiver ausgetrocknet werden als es der Mindestlohn mit seinen nachträglichen Anhebungen heute kann.

Wenn wir davon ausgehen, dass uns die Arbeit in Zukunft eben nicht ausgehen wird, müssen wir als Gesellschaft die sinnvollen Tätigkeiten anders verteilen und jedem Menschen eine Chance geben, sich umzuorientieren. Eine Jobgarantie verhindert, dass dauerhaft das Damoklesschwert der Arbeitslosigkeit über den Einzelnen und der Gesellschaft kreist. Auch würde sie wieder die politische Handlungsfähigkeit des demokratischen Staates auf dem Arbeitsmarkt stärken, nachdem neoliberale Politik sie weitestgehend in die Hände privater Akteure übergeben hat. Die Bullshit-Jobs der Gegenwart könnten Tätigkeiten weichen, die aktiv dem Gemeinwohl nutzen. Dabei könnten sich die Einzelnen jederzeit frei entscheiden, wieder in den Privatsektor zu wechseln, sobald dort attraktive Angebote entstehen. Statt nur nachträglich regulieren zu können, würde der Staat mit einer Jobgarantie wieder selbst Maßstäbe setzen.

Bisher wird die Jobgarantie vor allem im englischsprachigen Raum diskutiert und kommt in der deutschen Debatte nur sehr langsam an[9], was auch mit politischen Konjunkturen zu tun hat. Während die Jobgarantie für den Green New Deal von Bernie Sanders noch während seiner Präsidentschaftskandidatur 2020 eine wesentliche Rolle spielte, hat sich dieses historische Fenster auch in den USA wieder geschlossen. Der Politikvorschlag ist aber deshalb keineswegs veraltet. Vielmehr konkurriert das Konzept der Jobgarantie mit der libertären Vorstellung eines Grundeinkommens, die sich auch in Deutschland wachsender Beliebtheit erfreut. Im Vergleich mit dem Grundeinkommen besitzt die Jobgarantie aber den entscheidenden Vorteil, dass sie die Position der arbeitenden Menschen stärkt. Das Grundeinkommen klingt zwar attraktiv, löst sich aber von allen Institutionen und Sicherheiten des Wohlfahrtsstaates und könnte im schlimmsten Fall zu einem feuchten Traum der Neoliberalen werden, wenn das individuelle Grundeinkommen zum Anlass genommen wird, kollektive Arbeitsrechte und Sicherheiten abzuschaffen. Auch deshalb ist es wichtig, politische Maßnahmen nicht als einzelne Eingriffe anzusehen, sondern sie im Kontext des Arbeitsmarktes und des Kräfteverhältnisses zwischen den Klassen zu betrachten. Die Jobgarantie ergänzt eine Vier-Tage-Woche sinnvoll und kann den öffentlichen Sektor stärken.

Wirtschaftsdemokratie

Der dritte und nachhaltigste Hebel, um die Macht von Arbeitenden ganz grundsätzlich zu stärken, ist die demokratische Mitbestimmung am Arbeitsplatz. Das klingt im Gewerkschaftsdeutsch nicht besonders aufregend, vielmehr nach staubigen Betriebsratssitzungen, in denen über die Höhe der Schreibtische abgestimmt wird. Darum kann es auch gehen. Wirtschaftsdemokratie bedeutet im Kern aber etwas viel Größeres, nämlich dass Arbeitende an der Planung der Produktion und Distribution aktiv beteiligt sind und dann auch an den Unternehmensgewinnen teilhaben.

Der größte Wurf in Sachen Wirtschaftsdemokratie[10] unter kapitalistischen Bedingungen bestand im sozialdemokratischen Schweden der 1970er Jahre mit dem sogenannten Meidner-Plan. Die Beschäftigten sollten über Lohnempfängerfonds schrittweise – über 25 Jahre waren dafür vorgesehen – am Eigentum und damit auch am Profit und den Entscheidungen der Unternehmen beteiligt werden. Sollte es einmal zu einer Mehrheit der Anteile der Beschäftigten kommen, hätten sie innerhalb einer kapitalistischen Logik die Übermacht des Unternehmens erhalten und die strukturelle Übermacht der Kapitalisten gebrochen.

Der Meidner-Plan scheiterte, weil er politisch mit der schwächelnden Sozialdemokratie nicht mehr durchzusetzen war. Heute ist er aufgrund des geringen Organisationsgrads der Gewerkschaften in weite Ferne gerückt. Dennoch ist die Ausweitung der Mitbestimmung in den jeweiligen Betrieben die einzige Möglichkeit, überhaupt wieder einen Fuß in diese Tür zu bekommen. Deshalb waren – wenngleich auch geringe – Fondsbeteiligungen auch jeweils in den politischen Vorschlägen von Bernie Sanders während seiner Kandidatur und während des linken Aufschwungs in der britischen Labour Party unter Jeremy Corbyn enthalten. Diese hatten nicht den transformativen Anspruch wie der Meidner-Plan, weil sie mit maximal 10 beziehungsweise 20 Prozent Mitarbeiterbeteiligung auskommen wollten, aber sie gehen zumindest in eine Richtung, die wir seit Jahrzehnten nicht mehr eingeschlagen haben.

Der Dreh bei allen drei Stellschrauben – Vier-Tage-Woche, Jobgarantie, Wirtschaftsdemokratie – besteht darin, mit der Logik des Neoliberalismus zu brechen, die den Einzelnen mehr Arbeit in weniger Zeit und unter schlechteren Bedingungen aufgebürdet. Um diese Logik umzukehren, braucht es nicht nur Mehrheiten in Umfragen, sondern kollektive Mechanismen, Macht aufzubauen und in Politik umzusetzen. Und es setzt auch voraus, dass der Staat sich ein politisches Handlungsfeld zurückerobert, das er in den letzten Jahrzehnten an Unternehmen abgegeben hat.

Staatliche Regulierung und öffentliche Unternehmen können dabei helfen, Standards bei der Mitbestimmung zu setzen, doch in der Regel werden diese von den arbeitenden Menschen und ihren Gewerkschaften selbst erkämpft. Jeder Millimeter mehr an Mitbestimmung darüber, wie produziert, wie lange gearbeitet und wie der Profit aufgeteilt wird, ist ein enormer Zugewinn an gesellschaftlicher Macht, der die Kräfteverhältnisse insgesamt zugunsten der Arbeit verschiebt.

Keiner dieser Schritte an sich befreit schon die Arbeit vom Profitzwang. Aber sie bilden einen politischen Maßstab, der konkrete Verbesserungen für die arbeitende Bevölkerung mit strukturellen Veränderungen unserer Wirtschaftsweise verbindet. Dass sich die Linke um ein solches Programm versammelt, setzt aber voraus, dass sie nicht mehr die Arbeit an sich als die größte Unterdrückung sieht, sondern die Verhältnisse, in denen wir zu arbeiten gezwungen sind. Potenziell ist Arbeit etwas, in dem wir Menschen unseren Interessen nachgehen und unsere Fähigkeiten entfalten können, wenn wir nur mehr Freiheiten haben und die Arbeit nicht mehr unser ganzes Leben bestimmt.

Quellen

1 Voß, Günter G., und Pongratz, Hans Jürgen: »Der Arbeitskraftunternehmer. Eine neue Grundform der Ware Arbeitskraft?«, in: *Kölner Zeitschrift für Soziologie und Sozialpsychologie* (1), 1998, S.131-158.

2 Graeber, David: *Bullshit-Jobs. Vom wahren Sinn der Arbeit,* Klett-Cotta 2019.

3 »Studien zu Homeoffice und mobiler Arbeit«, Hans Böckler Stiftung, aktualisiert am 17. März 2023.

4 »Rekord-Krankenstand kostet Milliarden«, in: *Tagesschau,* 14. März 2023.

5 »Die Roboter nehmen uns die Jobs nicht weg«, Interview mit Héctor Tejero, *Jacobin* (5), Sommer 2021.

6 »Jede Woche verlängertes Wochenende«, Interview mit Aaron Benanav, in: *Jacobin,* 20. Juli 2021.

7 »Die 4-Tage-Woche in Island funktioniert – und könnte es hier auch«, Interview mit Guðmundur D. Haraldsson, in: *Jacobin,* 14. September 2021.

8 Lott, Yvonne, und Windscheid, Eike: »4-Tage-Woche. Vorteile für Beschäftigte und betriebliche Voraussetzungen für verkürzte Arbeitszeiten«, Policy Brief 79, Hans Böckler Stiftung, Mai 2023.

9 Eine Ausnahme ist die Übersetzung des Buches von Pavlina Tcherneva: *Plädoyer für eine Jobgarantie*, Lola Books 2021.

10 Zimmermann, Thomas: »Lauter kleine Diktaturen«, in: *Jacobin* (5), Sommer 2021.

Lukas Scholle
Jeder Milliardär ist einer zu viel

Lukas Scholle ist Ökonom
und Kolumnist bei JACOBIN

Es ist das Herzstück unseres Systems: das Kapital. So nennen wir Vermögen, das auf Gewinnerzielung ausgerichtet ist. Damit geht Macht einher: über Beschäftigte, über Investitionen, über Gewinne – aber auch über die Klimawende oder die Demokratie. Und über dieses Kapital und diese Macht verfügen Menschen.

Die Rede ist von einigen Superreichen, die fast unvorstellbare Reichtümer angehäuft haben. So besitzt Dieter Schwarz (LIDL und Kaufland) ein Vermögen im Wert von 43 Milliarden Euro, Susanne Klatten und Stefan Quandt (BMW) jeweils 27 Milliarden Euro, der Familienclan Albrecht (Aldi Nord und Aldi Süd) zusammen 30 Milliarden Euro oder der Strüngmann-Clan (Biontech) 23 Milliarden Euro.[1] Hinter diesen abstrakten Zahlen verbergen sich riesige Konzerne mit hunderttausenden Beschäftigten, etlichen Millionen Kundinnen und Kunden, dutzenden Milliarden Euro an Gewinnen und hunderten Milliarden Euro an Absatz. Die Ungleichheitsforscherin Martyna Linartas stellt fest, dass im Jahr 2021 zwei Familien mehr Vermögen besaßen als 41,5 Millionen Menschen in Deutschland.[2] Mit dieser eklatanten Ungleichheit geht auch eine enorm ungleiche Klimabelastung einher. So emittieren die reichsten 800 Deutschen jährlich pro Kopf 11.700 Tonnen CO_2, wovon rund 97 Prozent auf Investitionen der Vermögen und nur 3 Prozent auf den Konsum entfallen. Die ärmere Hälfte der Gesellschaft hingegen erzeugt jährlich 3 Tonnen pro Kopf. Ein einzelner Superreicher belastet das Klima also etwa so stark wie 4.000 Menschen der ärmeren Hälfte in Deutschland.[3]

Die genannten Namen sind nur die größten – sie führen die Reichenliste an. Mittlerweile gibt es aber fast 200

Milliardärinnen und Milliardäre in Deutschland.[4] Seit 2004 hat sich ihre Anzahl mehr als verdoppelt.[5] Multimillionärinnen gibt es Hunderttausende in Deutschland, Papiermillionäre über eine Millionen. Sie alle haben von der Deregulierung, Privatisierung und Entstaatlichung der neoliberalen Wende profitiert - vor allem aber die Milliardäre. Doch trotz ihres kaum ermesslichen Reichtums schaffen sie es nicht einmal unter die 25 reichsten Menschen der Welt.[6] Auf internationaler Ebene sind die Dimensionen nochmal andere: So besitzt die Familie von Bernard Arnault (Louis Vuitton, Moët & Chandon, Hennessy) ein Vermögen von 216 Dollar, Elon Musk (Tesla) eines von 191 Milliarden Dollar und Jeff Bezos (Amazon) ein Vermögen von 121 Milliarden Dollar. Insgesamt gibt es auf der Welt geschätzt 2.668 Menschen mit Milliardenvermögen. Sie hatten 1995 noch rund 8 Prozent des Gesamtvermögens aller Haushalte inne, 2021 aber schon 12 Prozent.[7] »Genug« ist für sie ein Fremdwort.

Doch nur den Reichtum an sich zu kritisieren, würde seiner gesellschaftlichen Relevanz nicht gerecht werden. Denn aus diesem Vermögen ergibt sich Macht über die unterschiedlichsten Bereiche des gesellschaftlichen Lebens. Wie groß diese Macht ist, hängt vor allem davon ab, wie hoch das Vermögen ist und wie es sich zusammensetzt. Das bedeutet, zu unterscheiden, was Kapital ist und was nicht. Und daraus lässt sich wiederum die Klassengrenze ableiten, entlang derer sich die großen Verteilungskämpfe in unserer Gesellschaft abspielen. In anderen Worten: Diese Analyse liefert die Grundlage, an der progressive Umverteilungspolitik ansetzen muss. Die Klasse der Kapitalisten ist nicht einfach vom Himmel gefallen. Wir müssen verstehen, wie sie zu ihrem

Superreichtum gelangte, um den Trend umzukehren, um anstelle einer Politik für die Wenigen eine Politik für die Vielen zu machen.

Es geht um Macht

Ob nun Elon Musk in den USA, Zhong Shanshan (der Chef des Getränkeherstellers Nongfu Spring) in China oder Dieter Schwarz in Deutschland - sie alle verfügen über dieselbe Art Macht. Dieter Schwarz hat mehr oder minder die Kontrolle über global rund 550.000 Beschäftigte in 13.300 Filialen.[8] In den Genuss solcher Macht kommen nur wenige tausend Menschen auf der Welt. Diese Macht potenziert sich zudem, wenn die Superreichen nicht nur Eigentümerinnen sind, sondern zugleich Geschäftsführer oder Aufsichtsratsmitglieder. So haben zum Beispiel bei Volkswagen die Erbendynastien Porsche und Piëch nicht nur die Mehrheitsbeteiligung am Großkonzern inne, sondern beherrschen obendrein die Aufsichtsräte von Haupt- und Tochterunternehmen wie Audi oder MAN,[9] ohne dass sie dafür irgendeine fachliche Kompetenz vorweisen müssen.

Ihre Entscheidungen haben für die vielen Menschen, die in den jeweiligen Unternehmen arbeiten, unmittelbare Folgen - mittelbar aber auch für die ganze Gesellschaft. Die Vermögenden befinden direkt über die wichtigsten betriebswirtschaftlichen Entscheidungen: von der Lohnhöhe oder der Anzahl der Urlaubstage über den Schwerpunkt der Investitionen bis hin zu den Preisen, die das Unternehmen verlangt, und der Frage, was mit dem Gewinn passiert. Bei großen Unternehmen hat das weiterreichende gesellschaftliche Konsequenzen: für die wirtschaftliche Lage eines Landes, die auch die Lohnhöhe weiterer Beschäftigter beeinflusst, die Mengen klimaschädlicher Investitionen oder das Ausmaß der sozialen Ungleichheit. Daraus ergibt sich wiederum eine enorme Macht auf die Politik: Superreiche können neoliberale Lobbyistinnen und Think-Tanks bezahlen oder auch Regierungen Zugeständnisse abverlangen, indem sie mit Standortverlagerung drohen. Dieses Machtungleichgewicht trübt zudem das Vertrauen der Bürgerinnen und Bürger in einen demokratischen Staat und politische Entscheidungen.

Mächtige und Halbmächtige

Dass alle Superreichen Macht haben, ist offensichtlich. Doch auch innerhalb dieser privilegierten Gruppe sind nicht alle gleich mächtig. Einerseits gibt es die in Deutschland hochgelobten Familienunternehmer – im Grunde kleine Monarchen wie die Albrechts (Aldi). Denn im Gegensatz zu börsennotierten Unternehmen befinden sich Familienunternehmen nicht im Eigentum von Tausenden, sondern manchmal nur ein paar Dutzend Menschen, oft einem Familienclan. Diese paar Dutzend haben bei den betriebswirtschaftlich wichtigen Entscheidungen die Hoheit. Sie entscheiden über die großen Investitionen, was mit dem Gewinn gemacht wird, welche Klimaschutzmaßnahmen getroffen werden und wie viel Gehalt die zehntausenden Beschäftigten erhalten. Diese Familienunternehmer haben also eine erhebliche Machttiefe ins Unternehmen hinein, da sie in aller Regel die Hoheit über die Stimmrechte besitzen. Andererseits gibt es Superreiche, die hinter börsennotierten Konzernen stehen, wie die BMW-Erben Quandt und Klatten. Ihre Macht reicht nicht so tief ins Unternehmen hinein, da sie dessen Aufsichtsrat nicht in demselben Ausmaß kontrollieren. Dafür ist ihr Kapital flexibler und sie nutzen es, um auch in anderen Sphären der politischen und öffentlichen Meinungsbildung aktiv zu sein. Somit ist ihre Machttiefe zwar geringer, ihre Machtbreite aber höher. Das sieht man besonders gut an Jeff Bezos, der sich nebenbei mit der Washington Post eine der größten US-amerikanischen Zeitungen leistete, und Elon Musk, der sich mit Twitter einen der größten sozialen Dienste gekauft hat. Dazu können sie durch die schiere Größe und die globale Ausrichtung ihres Kapitals die Staaten noch besser gegeneinander ausspielen, wenn es etwa um Subventionen für Produktionsanlagen geht.

Die Millionen von Angestellten haben trotz ihrer großen Zahl viel weniger Macht. Im gleichen Maße, in dem sie von der Arbeitgeberseite abhängen, sind sie auch deren Entscheidungsgewalt ausgeliefert. Sowohl ihre Mitsprache bei den Unternehmensentscheidungen, das heißt ihre Teilnahme, als auch ihr Anteil an dem Unternehmensergebnis, also ihre Teilhabe, sind sehr begrenzt. Diese Entfremdung von der eigenen Arbeit und ihren Früchten kann in verschiedenen Unternehmen unterschiedlich stark ausgeprägt sein. In börsennotierten Konzernen gibt es immerhin Mitarbeiterbeteiligungsprogramme. Damit sinkt der Entfremdungsgrad allerdings eher auf symbolischer Ebene. Denn die Teilhabe am Gewinn und die Teilnahme an Entscheidungen sind dadurch nur marginal verbessert. Anders ist es bei den Familienunternehmen, die nicht an der Börse notiert sind, sondern einem beständigen Gesellschafterkreis unterstehen. Dort führen die Besitzenden ihre Unternehmen wie kleine Königreiche.

Die Superreichen verfügen also über außerordentliche Macht – sowohl innerhalb ihrer Konzerne als auch in der Gesellschaft allgemein. Der Grund: die Konzentration des Kapitals liegt in den Händen einiger weniger.

Das Kapital

Kapital ist nicht einfach Geld. Was Kapital dann ist, darauf gibt es unterschiedlichste Antworten – von Karl Marx bis Thomas Piketty. Doch in jedem Fall ist es zunächst einmal eine Bestandsgröße. Das heißt, es handelt sich um eine zu einem bestimmten Zeitpunkt gemessene Größe, wie zum Beispiel die Größe eine Sees. Und so wie Flüsse in einen See münden und aus ihm entspringen, so gibt es auch beim Kapital Flussgrößen. Während die Erträge den Kapitalbestand mehren, kann eine Bestandssteuer ihn senken. Diese Klarheit über Flussgrößen und Bestandsgrößen muss die Grundlage jedes weiteren Gedankens über Umverteilung sein. Wollen wir die Macht der Superreichen beschränken, dann reicht es nämlich nicht, die Kapitalerträge zu besteuern, sondern man muss ans Kapital selbst ran.

Thomas Piketty definiert Kapital als alles Besitzbare und am Markt Tauschbare.[10] Damit gelten ihm auch Vermögenswerte, die nicht im Produktionsprozess eingesetzt werden, als Kapital:

zum Beispiel Gemälde, Luxusautos oder Yachten. Aus diesem Vermögen entsteht aber keine Rendite, wenn man die meist unwahrscheinliche Wertsteigerung einmal außer Acht lässt. Auch geht mit dem Handel von im Wert gestiegenen Luxusgütern in der Regel noch keine gesellschaftliche Macht einher – abseits der beträchtlichen Klimaschäden beispielsweise durch Superyachten. Auch eine Umverteilung von unten nach oben ist mit dieser Definition von Kapital kaum gegeben. Der Handel mit Luxusgütern ist bloß eine Umverteilung zwischen Vermögenden. Etwas anders ist es bei selbstgenutztem Wohnraum. Dabei ist nämlich nicht nur Wertsteigerung absehbar, sondern auch exklusive Verfügungsgewalt über Boden inbegriffen, womit enorme gesellschaftliche Macht einhergehen kann.

Bei Karl Marx hingegen ist Kapital nicht nur ein besitzbarer und handelbarer Vermögensbestand. Für ihn ist entscheidend, dass dieser Vermögensbestand den Zweck der Renditeerzielung hat. So schreibt er: »Geld, das in seiner Bewegung diese letztere Zirkulation [Geld – Ware – mehr Geld] beschreibt, verwandelt sich in Kapital, wird Kapital und ist schon seiner Bestimmung nach Kapital.« In diesem Punkt unterscheiden sich Marx und Piketty fundamental. Auch macht Marx' Definition von Kapital das Klassenverhältnis, das mit dem Besitz von Kapital einhergeht, viel deutlicher als Pikettys. Denn im Gegensatz zur Luxusuhr resultiert aus dem Aktienpaket erstens ein gesellschaftliches Machtverhältnis, zweitens eine Gewinnaussicht und drittens macht es auch einfach den Großteil des Vermögens aus. Doch auch dieses Kapital als Produktionsmittel kann man nochmal weiter unterscheiden. Zum Beispiel zählen nach der gängigen

Klassifizierung in Deutschland Kapitalbeteiligungen von unter 25 Prozent (wie das Vermögen einer Milliardärin, die lauter kleine Anteile besitzt) zum Privatvermögen und von über 25 Prozent (etwa das Familienunternehmen eines Milliardärs) zum Betriebsvermögen. Diese Klassifizierung trennt also die Mächtigen von den Halbmächtigen. Daher kommt ihr besondere Rolle zu, wenn es um Umverteilung geht. Denn Betriebsvermögen lässt sich anders umverteilen als Privatvermögen.

Das Problem mit der Konzentration

Im Zentrum des Kapitals steht nach Marx die Mehrwertaneignung. Den Prozess, bei dem der angeeignete Mehrwert in weiteres Kapital verwandelt wird, bezeichnet er als Akkumulation. Aus der Bestandsgröße folgt eine Flussgröße, die den Bestand mehrt, woraus eine noch größere Flussgröße resultieren kann. Marx schreibt: »Jede Akkumulation wird das Mittel neuer Akkumulation. Sie erweitert mit der vermehrten Masse des als Kapital funktionierenden Reichtums seine Konzentration in den Händen individueller Kapitalisten«.[11] Das bedeutet immer weitere Akkumulation, die nach Marx durch die Zentralisation – also dadurch, dass ein Kapitalist dem anderen Kapital abjagt – noch beschleunigt wird.

Beim Thema Akkumulation sind Marx und Piketty wieder nah beieinander. Piketty spricht dabei von *Hyperkonzentration*. Wenn die Kapitalrentabilität größer ist als das Wachstum des Nationaleinkommens, dann resultiert Vermögensungleichheit.[12]

Solche Hyperkonzentration liegt laut Piketty bis zum Ersten Weltkrieg vor, wird dann durch eine Periode geringer Kapitalrentabilität und hohen Wachstums unterbrochen, und wird nun im 21. Jahrhundert zweifellos wieder eingetreten.[13] Dabei kommt es maßgeblich auf die Rendite der Allerreichsten an. Während die Rendite der reichsten 0,01 Prozent der Welt in den Jahren von 1995 bis 2021 nur rund 3 Prozent betrug, lag die Rendite der 50 reichsten Menschen mit 9 Prozent weit darüber.[14] Die Rendite unterscheidet sich aber auch nach Assetklassen. So betrug die jährliche reale Rendite zwischen 1950 und 2016 in Deutschland bei Finanzanlagen 2,8 Prozent, bei Immobilien 5,3 Prozent und bei Betriebsvermögen 11,9 Prozent.[15]

Solch eine Vermögenskonzentration, bei der einige Wenige enorme Macht über die Gesellschaft ausüben, hat laut Piketty auch schwerwiegende Folgen für die weitere Entwicklung der Ungleichheit. Die meisten Superreichen selbst sehen aber kein Problem. So fragte das Handelsblatt den BWM-Großerben Stefan Quandt, ob es denn noch zeitgemäß sei, dass ein Unternehmen dieser Größenordnung, mit 100.000 Mitarbeitern und 35 Milliarden Euro Börsenwert, von drei einzelnen Menschen beherrscht wird? Darauf antwortete er ganz lapidar, es sei durchaus zeitgemäß, sie seien ja auch am Risiko beteiligt und sowieso sei das ein Ergebnis der Marktwirtschaft. Diese Antwort stimmt allerdings vorn und hinten nicht. Denn weder sind solche neofeudalen Zustände zeitgemäß, noch trägt er außerordentliches Risiko, noch ist dies ein Ergebnis der Marktwirtschaft. Denn Großunternehmen wie BMW haben eine so dominante Marktstellung – zudem in einem Markt mit sehr hohen Eintrittsbarieren, da man nicht einfach mal so ein Auto entwickelt – dass Risiko und Markt keine Argumente sein können. Dazu haben sie ihre Vermögen vollständig geerbt. Wer tatsächlich für Marktwirtschaft ist, muss eine deutlich höhere Besteuerung von Erbschaften fordern, wie die FDP in ihren Freiburger Thesen von 1971.

Ironischerweise sieht auch der neoliberale Großmeister Friedrich August von Hayek die Konzentration von Kapital kritisch. Allerdings nur, wenn es sich um eine Konzentration beim Staat handelt. Die realexistierende Konzentration des Kapitals bei Vermögenden hingegen relativiert er.[16]

Kapital ist nicht gleich Kapital

Diese Vermögenskonzentration basiert vor allem auf dem gemessenen Nettovermögen. Dabei werden Verbindlichkeiten, wie zum Beispiel Kredite, vom Bruttovermögen abgezogen. Wenn ein Aktienpaket von einem Bankkredit in gleicher Höhe aufgewogen wird, ist das Nettovermögen gleich Null. Die Macht ist aber nicht gleich Null. Denn die Macht des Kapitals ergibt sich maßgeblich aus der Bruttohöhe vor Abzug der Verbindlichkeiten. Auch wenn er kreditfinanziert ist, geht mit Aktienbesitz ein Anspruch auf Gewinnerzielung sowie auf Mitentscheidung über Unternehmensvorgänge einher. Diese Macht aus dem Bruttovermögen wird in der öffentlichen Debatte um Umverteilung kaum beachtet, da diese sich vor allem auf Nettovermögen bezieht. Dabei macht zum Beispiel der Twitter-Kauf von Elon Musk die Notwendigkeit der Betrachtung von Bruttovermögen offensichtlich. So hat Musk rund ein Viertel des Preises von Twitter über Kredite finanziert. Die Macht, die er über das Unternehmen und in der Gesellschaft ausübt, ist aber deshalb nicht geringer.

In der öffentlichen Debatte führen Liberalen eine weitere Unterscheidung gegen Umverteilungsforderungen ins Feld: die zwischen Anschaffungs- und Buchwert. Das meint den Unterschied des Werts einer Aktie beim Kauf und zu einem späteren Zeitpunkt vor dem Verkauf, also den unrealisierten Gewinn. Diese Spanne bezeichnet man als »Tobin's Q«. Daran lässt sich auch die Unter- oder Überwertung ablesen. Eine der Ursachen für den massiven Vermögensaufstieg der Superreichen in der Nachkriegszeit ist laut Piketty ein Anstieg dieses Tobin's Q[17] – also das eine massive Aufwertung bestehender Vermögen stattgefunden hat. Dasselbe bei Aktien: Wenn ein Aktienpaket zum Beispiel für eine Milliarde Euro gekauft wird und sich der Aktienkurs innerhalb einiger Jahre verdoppelt, dann beträgt der Buchwert das Doppelte vom Anschaffungswert. Der Buchgewinn liegt dann bei 100 Prozent. Wirtschaftsliberale tönen gerne groß, dass diese Buchgewinne keinesfalls besteuert werden sollten. Denn aus ihnen sei ja noch kein Geld geflossen. Das stimmt zwar, ist aber kein Argument gegen die Umverteilung. Denn auch mit Buchgewinnen geht Machtausweitung und Kapitalakkumulation einher. Der Wert einer Aktie und damit auch der Wert des Buchvermögens basiert abseits von dem normalen Auf und Ab an der Börse nämlich auf betriebswirtschaftlichen Größen – in der Regel dem erwarteten Gewinn in der Zukunft. Und wenn dieser steigt, steigt mit ihm in aller Regel auch die Macht.

Gegen das eine Prozent

Wo verläuft die Grenze zwischen arm und reich? Auch darauf gibt es etliche verschiedene Antworten, die in Fragen der Umverteilung schwer wiegen. Denn sie entscheiden darüber, wer reicher und wer ärmer gemacht werden soll. Wählen Progressive die falsche Berechnungsgrundlage, handeln sie sich berechtigterweise von konservativer Seite den Einwand ein, dass sie Politik gegen Omas kleines Häuschen oder den lokalen Handwerksbetrieb machen. Betrachtet man wie Piketty nur die Vermögenshöhe, dann bleibt einem der entscheidende Faktor der Vermögenszusammensetzung in der oberen Mitte verborgen. Und wird der ökonomische Unterschied zwischen selbstgenutztem Eigenheim und Aktienpaket nicht beachtet, können daraus merkwürdige politische Bewertungen oder Ratschläge folgen – auch von Akteuren, die sonst eine klassenpolitische Herangehensweise pflegen.

So bemisst die Soziologin Silke van Dyk die Radikalität einer Vermögensteuer fälschlicherweise nicht an ihren Auswirkungen für das oberste 1 Prozent, sondern für die 9 Prozent darunter.[18] Hier wird die Unterscheidung zwischen Kapital und Vermögen relevant. Denn natürlich sind diese 9 Prozent der Bevölkerung nicht arm. Aber ihr Vermögen besteht zum Großteil aus selbstgenutzten Immobilien, Autos und Altersvorsorge. Beim obersten 1 Prozent ist das anders. Hier machen die (selbstgenutzten) Immobilien einen viel geringeren Anteil am

Gesamtvermögen aus. In erster Linie besitzen diese Reichsten unter den Reichen Betriebsvermögen, also Kapital im Sinne von Marx. Auch sind die Unterschiede bei der Vermögenshöhe in diesem Bereich gewaltig: Bei der oberen 10-Prozent-Marke finden sich Nettovermögen von rund einer halben Million Euro, am unteren Ende des obersten 1 Prozents sind es rund 2 Millionen Euro, bei den obersten 0,1 Prozent aber schon rund 10 Millionen Euro. Diese größten Vermögen haben nicht nur einen höheren Kapitalanteil im Sinne von Marx, sondern auch die absolute Kapitalhöhe nimmt enorm zu. Genau deswegen fordert zum Beispiel Bernie Sanders in den USA keine Vermögenssteuer für die oberen 10 Prozent, sondern eine für die obersten 0,1 Prozent – das beträfe nur US-Bürgerinnen und -Bürger mit Nettovermögen oberhalb von 32 Millionen Dollar.

Die relevante Klassengrenze verläuft nicht zwischen den oberen 10 Prozent und dem Rest der Menschen, sondern innerhalb des obersten 1 Prozents. Somit vernebeln Darstellungen der Vermögensverteilung, die angeben, dass die oberen 10 Prozent rund zwei Drittel des Gesamtvermögens besitzen, den klassenpolitischen Blick. Nicht ohne Grund bezeichnet Piketty nur das oberste 1 Prozent als die »herrschende Schicht« und die darauffolgenden 9 Prozent nur als »wohlhabende Schicht«[19]. Die herrschende Schicht allein besaß in Deutschland nach neuesten Berechnungen im Jahr 2020 35,3 Prozent des gesamten Nettovermögens – also mehr als ein Drittel.[20] Dieser Indikator ist für die politische Kommunikation nützlich, aber zugleich ökonomisch irreführend. Denn Piketty betrachtet auch hier wieder alle Vermögen. Würde man veranschaulichen, welchen Anteil das oberste 1 Prozent an den Produktionsmitteln – dem Kapital nach Marx – besitzen, wäre der Anteil noch weitaus höher.

Man stelle sich vor, der Staat würde allen Menschen ein Grunderbe schenken, das für die Ausbildung oder für den Wohnungskauf verwendet werden kann. Dergleichen fordert zum Beispiel auch Thomas Piketty. Zwar wird dadurch die Ungleichheit verringert und auch die Freiheit der großen Mehrheit womöglich erhöht, doch die Ungleichheit im Eigentum an Produktionsmitteln bleibt unberührt. Nur wenn man sich mit diesem Grunderbe auch an Unternehmen beteiligen könnte, würde auch diese Ungleichheit reduziert. Ohne Zweifel wäre das ein Fortschritt, doch die Macht, die mit der nominalen Vermögenshöhe der Superreichen einhergeht, wird dadurch kaum eingeschränkt. Denn es gäbe ja weiterhin Milliardäre und Multimillionäre. Für die Umverteilung von Macht ist Politik nach dem Motto »Lift the poor« zwar von Bedeutung, jedoch bleibt das Motto »Tax the rich« entscheidend.

Milliardenvermögen, aber woher?

»Jeder kann sich doch Aktien kaufen« – so oder so ähnlich lautet eine der häufigsten Nebelkerzen der Wirtschaftsliberalen, wenn es um die großen Verteilungsfragen geht. Damit führen sie das Dogma der Chancengleichheit auf die irrsinnigste Ebene. Denn diese Aussage verkennt alle Realitäten, die mit dem Vermögen der Superreichen einhergehen. Die Superreichen haben sich nicht einfach mal ein paar Aktien gekauft. Auch mit einem sehr guten Lohn aus einem Angestelltenverhältnis wird man durch ein bisschen investieren am Rande niemals zur Milliardärin. Manche Liberale verstehen offenbar ihre eigene Welt nicht. Superreich wird man nur auf Kosten anderer. Denn ganz offensichtlich können solche Vermögen nicht durch die Arbeit der eigenen Hände entstehen, sondern nur durch die Arbeit tausender, manchmal hunderttausender Menschen.

Hier lohnt sich ein Blick in die Geschichte: Die Anfänge des kapitalistischen Vermögensaufbaus beschreibt Marx als »ursprüngliche Akkumulation«. Im 16. und 17. Jahrhundert wurden in England die Bauern von ihren selbstgenutzten Feldern verjagt und die Feudalherren eigneten sich den Boden als Produktionsmittel an. Durch die kapitalistische Nutzung dieses regionalen Monopols und die folgende Mehrwertaneignung durch die Ausbeutung von Arbeitskraft mehrte sich das Vermögen der besitzenden Klasse. Durch diese Enteignung der Bauernschaft entstand nach Marx der »doppelt freie Lohnarbeiter«: frei von Produktionsmitteln und frei, seine Arbeitskraft zu verkaufen. Darauf folgten Jahrhunderte der Mehrwertaneignung in Form von Bodenrente, Profit und Zins. In diesen Jahrhunderten lag die von Piketty errechnete Kapitalrendite (nach Steuern und Kapitaleinbußen) weit oberhalb der Wachstumsrate des Nationaleinkommens. Das heißt, dass die Besitzenden schneller reich wurden als der Wohlstand der Nationen zunahm.

Das so geschaffene Vermögen geht im Anschluss durch Erbschaften an neue Generationen von Superreichen über. Die BMW-Erbin Susanne Klatten äußerte ironischerweise: »Viele Menschen denken, das fliegt einem irgendwie zu.« Dass die

Erbschaft für die Erbenden tatsächlich leistungslos ist, bestreitet aber fast niemand. Dazu kommt noch, dass viele dieser Großerbschaften zum Teil auf finsteren Zeiten stammen. So gibt BMW selbst zu: »Ab 1941 kamen schließlich Zwangsarbeiter sowie Häftlinge aus den Konzentrationslagern Dachau und Buchenwald in der Flugmotorenproduktion zum Einsatz. Ihre Lebens- und Arbeitsbedingungen können nur als menschenunwürdig bezeichnet werden; viele starben an Hunger und Erschöpfung.«[21]

Die Rolle der Erbschaften bei der heutigen Vermögensverteilung zeigt Piketty am Beispiel Frankreichs. Während 1910 noch 90 Prozent des Gesamtvermögens aus ererbten Vermögen bestand, waren es 1970 nur noch 45 Prozent. Damit wurde in der Zeit des Nachkriegskonsenses Vermögen überwiegend zu Lebzeiten ihrer Besitzerinnen und Besitzer erwirtschaftet.[22] Allerdings prognostizierte Piketty (vor Corona und der Energiepreiskrise) bis 2060 einen erneuten Anstieg zurück auf 90 Prozent. In Deutschland sieht Piketty trotz einiger Sondereffekte eine ganz ähnlich Entwicklung kommen.[23] So dürfte derzeit über die Hälfte des Vermögens in Deutschland vererbt oder verschenkt worden sein.[24] Das bedeutet, dass Erbschaften für die Vermogensverteilung von morgen wieder relevanter werden – wenn kein Politikwechsel geschieht. Vor allem bei den in Deutschland so präsenten Familienunternehmen ist dies der Fall. So zeigt eine Reihe von Studien, dass über die Hälfte des heutigen Unternehmensvermögens auf Gründungen vor dem Ersten Weltkrieg zurückgehen.[25] Die restlichen Vermögen lassen sich zu je zu 25 Prozent auf Gründungen zwischen 1918 und 1950 sowie nach 1950 zurückführen.[26]

Erbschaft ist also der eine zentrale Weg, wie heutige Superreiche ihr Kapital erlangten. Die zweite Möglichkeit ist das Monopol. Das sieht man besonders deutlich etwa an Microsoft von Bill Gates oder Amazon von Jeff Bezos. Doch auch in Deutschland gibt es Beispiele dafür, wie die Familie Strüngmann. Die Strüngmanns waren kurzzeitig die reichste Familie Deutschlands, weil sich ihr Vermögen im Jahr 2021 innerhalb von fünf Monaten vervierfachte – von 10 auf 40 Milliarden Euro. Sie waren also schon vorher Milliardäre. Doch wie kommt eine solche Vervielfachung in einem kurzen Zeitraum zustande, wenn man nicht gerade geerbt hat? Der Wert eines Vermögenswerts muss massiv gestiegen sein. Sie waren nämlich Großaktionäre von Biontech, dessen Gewinnerwartungen mit der Entwicklung und Patentierung des Corona-Impfstoffs in exorbitante Höhen katapultiert wurden. Dabei basierte der Impfstoff maßgeblich auf öffentlichen Leistungen – von der Ausbildung der Forschenden über die Zuschüsse zur Skalierung der Produktion bis hin zu den massiven Abnahmegarantien des Staates. Diese Gewinnerwartungen haben sich zum Glück nicht vollumfänglich bewahrheitet. Sonst hätte sich einer der schnellsten Vermögensaufstiege der Geschichte ereignet.

Erbschaft und Marktmacht gehen oft auch Hand in Hand. Ein Beispiel ist der Albrecht-Clan (Aldi Süd und Aldi Nord). Die heutigen Superreichen haben ihr Vermögen ererbt und die Konzerne haben eine enorme Marktmacht. Denn auf dem Lebensmittelmarkt deckt eine Handvoll Konzerne fast den gesamten Markt ab. Sie teilen sich sowohl regional als auch nach der Kundenzusammensetzung auf. In der Folge sind für den jeweiligen

Markt die Eintrittshürden quasi unerklimmbar. So scheiterte selbst der riesige US-Lebensmittelkonzern Walmart am Markteintritt in Deutschland.

Die unterschiedlichen Wege zu verstehen, auf denen die heutigen Superreichen zu ihrem Reichtum kamen, ist maßgebend für die Umverteilung desselben. Denn es zeigt, dass eine Besteuerung bei der Erbschaft zwar zentral ist, aber nicht ausreicht, um eine gewaltige Machtkonzentration zu verhindern.

Neoliberalismus zugunsten des 1 Prozents

Wenn eins klar ist, dann, dass die Politik der letzten zwei Jahrzehnte die Ansammlung des Reichtums bei den Reichsten gefördert hat. Dabei spielte die rot-grüne Regierung zur Jahrtausendwende die wichtigste Rolle. Denn ihre Politik fußte auf der neuen Sozialdemokratie, deren Programm Gerhard Schröder und Tony Blair ausgaben. Im Zentrum stand dabei eine angebotsorientierte Politik, die durch Deregulierung, Privatisierung und Entstaatlichung die Ungleichheit befeuerte. Das dahinterliegende Mantra war, dass Niedriglohnpolitik und Steuersenkungen die Unternehmen dazu bewegen würden, mehr zu investieren und damit die Wirtschaft anzukurbeln. Dass die Superreichen am meisten davon profitieren, war den Regierenden in dieser Zeit mindestens egal, wenn nicht sogar sehr recht. Selbst wenn Superreiche ihre Gewinne reinvestieren, fließen die daraus resultierenden Gewinne nämlich wieder in die Taschen von einigen Wenigen. Der

Glaube, dass die Flut alle Boote hebt, hat sich nicht bewahrheitet.

Diese Politik bedeutete nämlich Kostensenkung für Unternehmen – die Löhne inbegriffen. Geringere Löhne auf der einen Seite heißen höhere Profite auf der anderen Seite. Dieser Lohndruck nach unten wurde vor allem durch Hartz IV und Arbeitsmigration befördert – Kernbestandteile des Neoliberalismus zugunsten der Konzerne und ihrer Eigentümer. Darunter litt aufgrund der Doppelfunktion der Löhne als Konsummittel zwar die Binnennachfrage, aber die fehlende Nachfrage suchte man durch das Exportgeschäft stattdessen im Ausland. Die deutschen Vermögen basieren also nicht nur auf Umverteilung von unten nach oben in Deutschland, sondern auch im internationalen Kontext. Freihandel sei Dank.

Dazu kam eine Steuerpolitik zu Gunsten der Superreichen. Die Vermögenssteuer liegt seit 1997 auf Eis – zur großen Freude der Vermögenden. Man könnte denken, dass sie nur ausgesetzt ist, sei immer noch besser als wenn sie ganz abgeschafft wäre – in Wirklichkeit ist aber das Gegenteil der Fall. Denn ihre bloße Aussetzung hindert seit einem Vierteljahrhundert auch die Bundesländer daran, eigens eine Vermögenssteuer einzuführen. Bedeutet: Bei der wichtigsten Steuer für die Umverteilung hat die Schröder-Regierung nichts getan, was im Interesse der Superreichen lag. Dabei hatte sie eine Zeit lang sogar die Mehrheit im Bundesrat, die notwendig gewesen wäre.[27]

Auch bei der Erbschaftsteuer gab es einen Rückschritt nach dem anderen. Denn sowohl 2008 als auch 2014 erklärte das Bundesverfassungsgericht die Erbschaftsteuer für verfassungswidrig. Der Grund: In beiden Fällen wurden Betriebsvermögen, also vor allem die Erbschaften der Superreichen, zu gering besteuert. So kosteten allein die Privilegien der Superreichen bei der Erbschaftsteuer rund 75 Milliarden Euro – Vermögen, das stattdessen an die nächste Generation von Vermögenden weitergereicht wurde. Beides ist aktiver Schutz der Superreichen.

Neben diesen Steuersenkungen beim Kapitalbestand wurden auch die Steuern auf die Kapitalerträge sowie die Spitzeneinkommen gesenkt. Beim Einkommen wurde der Spitzensteuersatz von 53 Prozent 1998 auf 42 Prozent 2005 gesenkt. Ähnlich ist es bei der Unternehmensbesteuerung, die von rund 57 Prozent auf rund 38 Prozent reduziert wurde. Dazu wurde auch noch die Abgeltungsteuer eingeführt, wodurch die Kapitalerträge nicht mehr teilweise progressiv, sondern pauschal besteuert werden. All das führte dazu, dass die Akkumulation noch mehr anziehen konnte. Die Erträge konnten das Vermögen noch direkter mehren. Vieles davon geschah wohlgemerkt unter einem sozialdemokratischen Kanzler (Schröder), unter sozialdemokratischen Finanzministern (Eichel, Steinbrück, Scholz) oder bei sozialdemokratischen Regierungsbeteiligungen.

Neben diesen ordnungspolitischen Reformen, die ganz klar auf die Bevorteilung der Reichen abzielen, sind auch Privatisierungen entscheidend. So schließt Piketty, dass der Wiederaufstieg des Privatvermögens zum Teil auf die Privatisierung des Staatsvermögens zurückgeht.[28] Das ist auch nur logisch, wenn relativ günstige Vermögenswerte erworben werden, die in den Folgejahren massiv an Wert zunehmen. Man denke nur an die Privatisierung der Berliner Wohnungsbestände oder die industriellen Produktionsmittel der neuen Bundesländer. Mit diesen

Privatisierungen wurden die Reichen nicht nur reicher, sondern auch mächtiger. Das sieht man mehr als deutlich an der Marktmacht einzelner Wohnkonzerne etwa in Berlin.
Doch die Neoliberalen verstanden offenbar ihre eigene Politik nicht. Denn es taten sich Widersprüche auf: Erstens brachen Steuereinnahmen weg, was durch die gleichzeitige Einführung der EU-Schuldenbremse problematisch wurde. Um das auszugleichen, wurde dann die Mehrwertsteuer erhöht, wodurch zweitens die Nachfrage nochmals zurückging. Tatsächlich wurde damals makroökonomisches Grundwissen ignoriert. Denn Löhne sind eben nicht nur Kosten für die Unternehmen. Sie sind auch Einkommen der Menschen. Bedeutet: Mit Lohnkürzungen erhöht man zwar kurzfristig die Gewinne einzelner Unternehmen, aber gesamtwirtschaftlich schwächelt die Nachfrage. Unternehmen haben zwar geringere Kosten, aber auch geringeren Umsatz. Dies ist der Grund für das geringe Wachstum der letzten zwei Jahrzehnte, das sich vor allem auf die Nachfrage im Ausland stützte. Dadurch war erstens das Wachstum geringer, als es hätte sein können, und zweitens ging es zu einem immer höheren Anteil an die Wenigen, was die Ungleichheit weiter erhöhte. Daneben liegt der Hauptgrund der steigenden Ungleichheit laut Piketty aber vor allem in der Aufwertung der Vermögenswerte – dem Tobin's Q, das seit der Nachkriegszeit gestiegen und damit die Unterbewertung reduziert haben dürfte. Ein weiterer im Endeffekt politischer Aspekt, der dazu kommt, sind die niedrigen Zinsen. Die Umschichtung von Renditen – von Sparvermögen zu Aktien und Immobilien – erhöhte die Nachfrage. Und dadurch stiegen auch die Anteile der Superreichen im Wert.

Dann kam die Energiepreiskrise. Auch sie hatte Einfluss auf die Vermögensverhältnisse – sowohl auf der finanzwirtschaftlichen als auch auf der realwirtschaftlichen Ebene. Denn durch den Preisschock sanken die Renditeerwartungen. Geld wurde aus dem Aktienmarkt abgezogen und in sicherere Märkte verschoben – wie Anleihen, Immobilien oder Rohstoffe. Das führte dazu, dass die Vermögenswerte der Superreichen kurzzeitig abnahmen. Allerdings wurden diese Kursverluste schnell wieder aufgeholt. Auf der realwirtschaftlichen Ebene hat das nur minimale Auswirkungen, denn die Macht im Konzern bleibt relativ gleich verteilt, ob der Kurs nun 10 Prozent höher oder niedriger ist.

Währenddessen hat die Energiekrise zu einer phänomenalen Umverteilung geführt, die in dieser Härte und Kürze ziemlich einmalig in der Geschichte sein dürfte. Dabei wurde von den Menschen und der Wirtschaft zu den Energiekonzernen umverteilt – ob nun erneuerbar oder fossil. Erstere Übergewinne landeten im Inland, letztere im Ausland. Beide wurden bei der Übergewinnbesteuerung der Ampel-Regierung geschont. Generell erhöhen Zeiten höherer Inflation die Ungleichheit, so Piketty. Denn die Vermögenswerte der Reichen haben eine deutlich höhere Rendite als die der großen Mehrheit. Dadurch bleibt die Realrendite, also die Rendite abzüglich der Inflation, für die Wenigen weiterhin positiv, während sie für die Vielen negativ wird.[29] Gleichzeitig legen die Unternehmen den Kostenschock auf die Preise um. Dabei schlagen sie allzu oft noch etwas extra auf, um unter dem Deckmantel der Inflation ihre Marge auszuweiten, wie etliche Auswertungen der Europäischen Zentralbank und des Ifo-Instituts zeigen. Da mit diesen Margen auch die Kapitalrentabilität steigt, während das Wachstum des Nationaleinkommens abnimmt, dürfte Pikettys Befürchtung, dass die Kapitalrentabilität die Wachstumsrate des Nationaleinkommens übertrifft, noch schneller eintreten als erwartet. Das alles zeigt: Die kürzere wie längere Geschichte hat die Superreichen nur noch reicher gemacht. Und wenn wir nicht umsteuern, wird die Ungleichheit noch weiter zunehmen.

Umverteilung, wann?

»Es gibt einen Klassenkampf, aber es ist meine Klasse der Reichen, die ihn führt, und wir gewinnen«, so sagte es die Investmentlegende Warren Buffet. Dass die Politik die Vermögenden bevorteilen und die Arbeitenden benachteiligen kann, haben wir gesehen, doch auch das Gegenteil ist möglich – wenn auch schwieriger zu erreichen. Denn während es auf der einen Seite nur ein paar Dutzend Vermögende braucht, die ihr Geld in Think-Tanks und Lobbyisten investieren, müssen sich auf der anderen Seite Millionen von Menschen koordinieren, um einen Politikwechsel zu bewirken.

Wir sollten uns keine Illusion machen: Die Superreichen werden mit beinahe allen Mitteln versuchen, ihre Macht und ihre Vorteile zu behalten. Wenn einzelne Reiche in der Öffentlichkeit höhere Steuern fordern, dann tun sie das in aller Regel nicht, um tatsächlich Macht und Vermögen umzuverteilen – sie tun es für den sozialen Frieden. Lieber eine Kleinigkeit abgeben als den Großteil, so der Gedanke. Das ändert an den grundlegenden

Verhältnissen aber relativ wenig. Das Ziel muss sein, den Gegensatz zwischen Kapital und Arbeit weitgehend aufzuheben. Ein erster Schritt dahin wäre eine radikale Umverteilung – auch wenn die BWM-Großerbin Klatte gerne mal behauptet: »Wir wissen, dass Umverteilung noch nie funktioniert hat.«

Für solch eine Umverteilung stehen uns vor allem zwei Mittel zur Verfügung: erstens die Verfügungsgewalt über das Vermögen einzuschränken und zweitens die Höhe des Vermögens zu senken. Beide Mittel sind unerlässlich. So lassen sich kurzfristig die politische, wirtschaftliche und ökologische Macht der Superreichen einschränken – etwa durch ordentliche Klimaschutzregeln, politische Beeinflussung des Lohnniveaus, vernünftige Gesetze gegen den Lobbyismus der Vermögenden oder mehr Mitbestimmung im Unternehmen. Auch die Steuerpolitik kann hier einen Beitrag leisten – vor allem durch die richtige Besteuerung von Kapitalerträgen oder Unternehmensgewinnen. All das hilft zwar, die Macht der Superreichen zu bändigen, doch die Aufhebung des Gegensatzes zwischen Kapital und Arbeit ist es noch nicht. Dafür muss man an den Kern der Macht: ans Kapital.

Umsteuern

Auch hierfür hält die Steuerpolitik Werkzeuge bereit. Die Besteuerung darf dabei aber nicht nur an Flussgrößen wie den Kapitalerträgen ansetzen, sondern muss am Bestand ansetzen – dem Kapital selbst. Schon Karl Marx und Friedrich Engels forderten im Kommunistischen Manifest eine starke Progressivsteuer und

Thomas Piketty in seinem Buch Das Kapital im 21. Jahrhundert eine radikale Kapitalsteuer. Allerdings setzen sowohl Marx im Elend der Philosophie[30] als auch Piketty auf ein irreführendes Verständnis von Staatsfinanzen. Denn beide Stellen zur Finanzierung von Staatsausgaben vor allem auf Steuern ab. Dabei kommt das Geld in Wirklichkeit erst über den Staat in die Wirtschaft und wird dann über Steuern wieder herausgezogen. Somit kann der Staat alle Ausgaben tätigen, die er tätigen will – solange die realen Ressourcen verfügbar sind und keine willkürlichen politischen Regeln wie Schuldenbremsen ihn daran hindern. Der Fiskalzweck rückt damit in den Hintergrund. Diese moderne Betrachtungsweise der Staatsfinanzen verdeutlicht den Verteilungszweck der Steuerpolitik: Wir erhöhen die Steuern für die einen und senken die Steuern für die anderen, nicht weil der Staat die Mittel braucht, sondern um die Ungleichheit zu bekämpfen und die mit ihr einhergehenden wirtschaftlichen und politischen Schäden zu beheben.

Um das Kapital zu besteuern, stehen uns drei große Stellschrauben zur Verfügung: Die einmalige Besteuerung bei der Vererbung durch die Erbschaftsteuer, die dauerhafte Besteuerung durch die Vermögensteuer und die einmalige Besteuerung durch die Vermögensabgabe. Alle drei haben ihre Vorteile. Und echte Umverteilung kann sich nicht – wie manche Linksliberale es suggerieren – auf eine Stellschraube allein beschränken. Einige konzentrieren sich etwa allein auf die Erbschaftsteuer. Ohne Zweifel muss diese reformiert werden, denn durch die Vorzüge beim Betriebsvermögen sinkt ironischerweise der effektive Steuersatz mit steigendem Vermögen. Erbschaften und Schenkungen von

über 20 Millionen Euro wurden effektiv mit 2,8 Prozent besteuert, Erbschaften und Schenkungen unter 20 Millionen Euro dagegen mit 9 Prozent.[31]
Diese Privilegien abzuschaffen ist richtig, führt aber nicht weit genug. Denn man erreicht auf diese Weise nur jene Vermögen, die an die Folgegeneration weitergeben geben. Der betroffene Personenkreis ist also relativ gering, dafür aber das Zusatzaufkommen im Sinne des Umverteilungsvolumens von 5 bis 14 Milliarden Euro durchaus beachtlich. Denn wenn man die Privilegien abgeschafft hat, greifen direkt Steuersätze von bis zu 50 Prozent für Superreiche. Das würde die Macht der superreichen Erben relativ schnell und erheblich einschränken – vorausgesetzt, eine solche Erbschaftssteuer würde keine Ausweichmechanismen zulassen.

Der Vorteil, dass einige Wenige hart besteuert werden, ist aber zugleich das Manko. Denn viele Reichtümer bleiben damit noch viele Jahre unangetastet. Wollen wir, dass Leute wie Elon Musk und Jeff Bezos, die nicht als Milliardäre geboren wurden, überhaupt so unfassbar reich und mächtig werden können? Das ist mit einer demokratischen Gesellschaft kaum vereinbar. Ein weiteres Problem ist, dass bei einer alleinigen Besteuerung der Erbschaft das Vermögen zu diesem einen Zeitpunkt gering sein kann, aber einige Jahre später aufgrund unerwarteter Renditesteigerungen oder Knappheiten deutlich höher. Es braucht also weitere Maßnahmen.

Wichtiger als die Erbschaftssteuer ist daher die Besteuerung von Vermögen durch eine Vermögensteuer oder eine Vermögensabgabe. Zwischen ihnen gibt es einige Unterschiede: Die

Steuer ist dauerhaft, die Abgabe dagegen einmalig, kann aber in der Regel über einen längeren Zeitraum abbezahlt werden. Die Steuer fließt den Ländern und die Abgabe dem Bund zu. Die Steuer hat engere, wenn auch zugleich unklare juristische Grenzen, die Abgabe hingegen weitere. Die ökonomische Wirkung beider Maßnahmen kann ziemlich ähnlich sein, wobei jedoch die Steuer jährlichen Bewertungsaufwand erzeugt und die Abgabe nur einmaligen. Diese Unterschiede fallen wenig ins Gewicht, andere sind aber schwerwiegender: Im Fall der Abgabe ist bei einem hohen Abgabesatz und einem kurzen Tilgungsraum kaum eine andere Möglichkeit gegeben als die Zahlung in Form von Unternehmensanteilen. Wenn dagegen eine jährliche Steuer mit geringem Steuersatz anfiele, entstünde ein starker Ausweichanreiz. Die Superreichen könnten ihre Unternehmen auf höhere Gewinnausschüttungen trimmen und aus diesen Mitteln die Steuerlast begleichen. Das ginge nicht nur im Zweifel auf Kosten der Löhne, sondern würde auch die Macht der Superreichen kaum einschränken.

Es gibt noch einen weitere mögliche Ausweichreaktion der Superreichen: Und zwar können sie einen Kredit aufnehmen, um die Steuerlast zu verringern. Dadurch würde zwar das Nettovermögen der Superreichen sinken – doch ihre Macht bliebe weitestgehend unberührt. Daher muss das Ziel ernstgemeinter Umverteilung sein, dass die Superreichen hinterher weniger Unternehmensanteile besitzen. Eine Möglichkeit, dies zu erreichen, besteht darin, sie zum Verkauf zu bewegen. Das bringt aber recht wenig, denn dann kauft die Anteile einfach ein anderer Superreicher. Das würde sicherlich die Machttiefe einiger Vermögender reduzieren, doch nur über mittlere Sicht und kaum in wesentlichem Umfang. Aussichtsreicher ist die zweite Möglichkeit, nämlich die Zahlung der auferlegen Steuerlast nicht in Euro, sondern mit Unternehmensanteilen. Damit würde die Macht der Wenigen eingeschränkt und die Macht der Vielen erhöht – ob nun die Anteile beim demokratisierten Staat verbleiben oder an die Angestellten übertragen werden. Dafür bräuchte es entsprechende Anreize: Negative Anreize, damit die Superreichen ihre Steuerschuld nicht einfach aus laufenden Erträgen begleichen können. Und positive Anreize, indem es zum Beispiel es einen Rabatt gibt, wenn die Steuern mit Unternehmensanteilen statt mit Geld bezahlt werden. Auf diese Feinheiten kommt es an, wenn wie eine Steuerpolitik wollen, die nicht einfach nur Geld, sondern vor allem Eigentum und Macht umverteilt.

Wir dürfen aber auch nicht die jeweilgen Chancen der Umsetzung ignorieren – und diese sind bei der Vermögensabgabe viel höher als bei der Steuer: Denn die Steuer könnte nicht einfach vom Bundestag beschlossen werden, sondern müsste auch noch als Zustimmungsgesetz durch den Bundesrat. Dass es im Bundesrat eine Mehrheit für wirkliche Umverteilung gibt, ist noch unwahrscheinlicher als schon im Bundestag. Die Vermögensabgabe hingegen könnte hingegen vom Bundestag allein beschlossen werden, solange der Bundesrat nicht von seinem Einspruchsrecht Gebrauch macht und die tatsächliche Umsetzung damit wahrscheinlicher ist. Daher ist die Vermögensabgabe kurzfristig – etwa in schweren Krisensituationen, wie wir sie seit der Pandemie und der Preiskrise durchleben – weitaus wichtiger, aber kein Ersatz für die Vermögensteuer auf mittelfristige Sicht. Die Vermögenssteuer hat eine höhere Umverteilungsbreite als die Erbschaftssteuer, da alle Vermögenden besteuert werden und nicht nur die Erbfälle. Dafür ist aber ihre Umverteilungstiefe geringer: Ihre Aufkommensmöglichkeiten liegen nur im mittleren zweistelligen Milliardenbereich. Auch hier müssen Ausfluchtsmöglichkeiten natürlich vermieden werden. So ist zum Beispiel auch eine hohe Exit-Tax denkbar, wenn eine Superreiche die Staatsbürgerschaft wechseln möchte, um der Steuer zu entgehen.

Wie hoch die Steuersätze konkret sein sollen, lässt sich nur demokratisch ermitteln – auf Basis guter Daten und im Zusammenhang mit der restlichen Steuerpolitik. Um zu vermeiden, dass der Anteil der höchsten Vermögen weiter zunimmt, bräuchte es allerdings Spitzensteuersätze von 5 Prozent. Um die Ungleichheit abzubauen, müssten sie für Milliardäre sogar 10 Prozent oder mehr betragen, sagt Piketty.[32] Die wichtigsten Variablen sind daher der Spitzensteuersatz sowie die Grenze, ab der dieser gilt.

Auch die makroökonomischen Folgeeffekte einer solch harten Besteuerung sind nicht zu ignorieren. Sie würde ohne Zweifel zu einer gewissen Dämpfung der wirtschaftlichen Auslastung führen – ob durch die eine oder andere Produktionsverlagerung ins Ausland oder Jobverluste durch härtere Gewinnoptimierung in den Unternehmen. Allerdings wäre der gesellschaftliche Nutzen einer solchen Politik – die gleichere Verteilung von Macht und der Verhinderung exzessiver Umweltverschmutzung – bedeutend größer. Zumal eine Regierung, die zu diesen Schritten bereit wäre, garantiert auch die neoliberale Sparpolitik beenden und dadurch neue Wachstumsimpulse bis hin zur Vollbeschäftigung erschließen würde.

Wohlwissend, dass die Besteuerung von Vermögen ein enormes Potenzial für die Umverteilung aufweist, ist sie für Wirtschaftsliberale der größte Feind. So gab zum Beispiel der Lobbyverband »Die Familienunternehmer«, der hauptsächlich Mini-Monarchen vertritt, eine PR-Kampagne gegen die Vermögensteuer in Auftrag. In geleakten Protokollen heißt es, dass die positive Konnotation des Worts »Vermögenssteuer« in der Bevölkerung mit einer »gezielten Umbenennung in ›Mittelstands-‹ oder ›Exportnations-Steuer‹« geschwächt werden soll.[33] Daran wird einmal mehr deutlich, dass der Neoliberalismus nicht nur ein ökonomisches Dogma, sondern auch Klassenkampf von oben ist.

Umverteilung ist mehr als Steuern

Ein weiteres – in manchen Fällen noch wichtigeres – Instrument zur Umverteilung ist die Vergesellschaftung von Unternehmen in entscheidenden Bereichen. Hier sind der rechtliche Rahmen sowie die ökonomischen Wirkungen noch weniger erprobt – der Artikel 15 des Grundgesetzes, der die Überführung in Gemeineigentum ermöglicht, ist in der gemeinsamen bundesdeutschen Geschichte noch nicht angewandt worden. Doch die Umverteilungstiefe könnte dabei weitaus höher sein. Der Vorteil der Vergesellschaftung gegenüber der Besteuerung ist, dass Eigentum direkt umverteilt wird, anstatt über den Umweg, dem Eigentümer eine Zahllast aufzuerlegen. Nachteile könnten aber zum Beispiel Komplikationen mit internationalen Verträgen oder die unklaren verfassungsrechtlichen Grenzen sein. Denn ob man auch die Produktionsmittel eines Superreichen, die sich im Ausland befinden, vergesellschaften kann, ist fraglich. Ebenso dürften bedeutende Teile des Finanzvermögens nicht vergesellschaftbar sein, was den Vermögenden enorme Ausweichmöglichkeiten ließe. Ob Aktienpakete, die weniger als 25 Prozent des Unternehmens ausmachen, zu den Produktionsmitteln zählen, dürfte ebenfalls fraglich sein.

Entscheidend für die Umverteilungstiefe ist zudem die Höhe der ebenfalls im Vergesellschaftungsparagraphen vorgeschriebenen Entschädigungen. Wäre diese Entschädigung gleich dem Marktwert des Vermögens, würde der Superreiche kein Vermögen verlieren. Die Umverteilungstiefe wäre dann gleich null, da sich der Superreiche einfach andere Vermögenswerte kaufen könnte. Der Nutzen bestünde dennoch darin, gezielt bestimmte Wirtschaftsbereiche in Gemeineigentum zu überführen. Das wäre in etlichen Bereichen von großem Vorteil für die Bevölkerung – darunter Sektoren wie Banken, Pflege, Energie und Wohnen. Für eine Entschädigung unterhalb des Marktwerts sprechen Präzedenzfälle des Bundesverfassungsgerichts sowie des Europäischen Gerichtshofs.[34] Auch die Expertenkommission zur Vergesellschaftung von Deutsche Wohnen und weiteren großen Immobilienkonzernen in Berlin kommt in ihrem Zwischenbericht zu dem Urteil, dass eine Vergesellschaftung auch unterhalb des Marktwertes möglich ist. Das zeigt die potenziell große Umverteilungstiefe dieser Methode. Genau deshalb mobilisiert das Kapital gegen diese Form der Umverteilung besonders stark.

Neben diesen Beispielen wäre im Rahmen des Vergesellschaftungsparagraphen aber auch denkbar, Unternehmensanteile in Mitarbeiterhand zu übergeben. Dies wäre zwar wünschenswert, ist jedoch noch weniger erprobt. Dennoch gibt es eine ganze Reihe an inspirierenden Modellen, wie zum Beispiel die Kapitalneutralisierung von Ota Šik in der ehemaligen Tschechoslowakei oder die Arbeiterfonds von Rudolf Meidner in Schweden. Beide wollten über eine Gewinnbeteiligung am Unternehmen das Vermögen der Arbeitenden aufbauen – Šik bei den Arbeitenden im Unternehmen selbst, Meidner über den Umweg der Gewerkschaften. Auch der mehrmalige Präsidentschaftskandidat Bernie Sanders in den USA und der ehemalige Labour-Vorsitzende Jeremy Corbyn in Großbritannien planten ähnliche Modelle der Vergesellschaftung. Nach ihren Programmen sollten jährlich 1–2 Prozent der Anteile an die Mitarbeiter übertragen werden.

All das sind Möglichkeiten und Wege der Umverteilung von den Wenigen zu den Vielen. Doch all das – von sanfter bis zu harter Umverteilung – setzt organisierte Menschen voraus. Menschen in Gewerkschaften und Parteien, die tatsächliche Macht ausüben können. Menschen, die sagen: Jeder Milliardär ist einer zu viel. Genug von der Mehrwertaneignung, der Umweltverschmutzung und der Macht der Superreichen.

Quellen

1 »Die 25 reichsten Deutschen im Jahr 2023 nach Vermögen«, *Statista,* April 2023.

2 Linartas, Martyna B.: »Fighting inequality – could we problematize meritocracy, please?«, *SCRIPTS Cluster of Excellence,* 30. September 2021.

3 Sander, Lalon: »Zu viel Knete killt das Klima«, *tageszeitung,* 25. März 2023.

4 »Statistiken zum Thema Reichtum – Millionäre und Milliardäre«, Statista, 5. Mai 2023.

5 »Die 300 reichsten Deutschen«, in: *Manager Magazin,* Oktober 2004.

6 »Die 25 reichsten Menschen weltweit im Jahr 2023«, Statista, 2. Mai 2023.

7 Chancel, Lukas: Bericht zur weltweiten Ungleichheit 2022, S. 10. *World Inequality Lab*, 6. Dezember 2021.

8 Webseite Gruppe Schwarz, 2023.

9 Ziesemer, Bernd: »Familienunternehmen und ihre Erblasten«, *Capital,* 16. Mai 2019.

10 Piketty, Thomas: *Das Kapital im 21. Jahrhundert*, C.H. Beck 2016, S.70–72.

11 Marx, Karl: *Das Kapital. Erster Band: Der Produktionsprozess des Kapitals,* Dietz 1965, S. 654.

12 Ebd., S. 466.

13 Ebd. S. 474.

14 Chancel, Lukas: »Bericht zur weltweiten Ungleichheit 2022«, *World Inequality Lab*, 6. Dezember 2021, S. 70–72.

15 Schularick, Moritz; Bartels, Charlotte; Albers, Thilo N. H.: The Distribution of Wealth in Germany 1895- 2018, *ECONtribute*, Juni 2020, S. 52.

16 Hayek, Friedrich A.: Der Weg zur Knechtschaft (1945), *Olzog 2009*, S. 106–107.

17 Piketty, Thomas: *Das Kapital im 21. Jahrhundert*, C.H. Beck 2021, S. 251.

18 van Dyk, Silke: »(Ent-)Privatisierung und Kollektiveigentum«, in: *Kurswechsel*, Heft 3/2022.

19 Piketty, Thomas: *Das Kapital im 21. Jahrhundert*, C.H. Beck 2016, S. 327.

20 Grabka, Markus M. u.a.: »MillionärInnen unter dem Mikroskop: Datenlücke bei sehr hohen Vermögen geschlossen – Konzentration höher als bisher ausgewiesen«, *DIW Wochenbericht*, 2020.

21 »Ein Ort der Erinnerung«: Ausstellung im BMW Museum widmet sich der Zwangsarbeit während der NS-Zeit, Pressemeldung BMW 3. Juni 2020.

22 Piketty, Thomas: *Das Kapital im 21. Jahrhundert*, C.H. Beck 2016, S. 534.

23 Ebd.

24 Piketty, Thomas; Bertrand, Garbinti, Alvaredo, Facundo: »On the Share of Inheritance in Aggregate Wealth: Europe and the USA, 1900–2010«, *Economica*, 27. März 2017.

25 Ischinsky, Emma und Tisch, Daria: »Top Wealth and Its Historical Origins«, Max-Planck-Institut für Gesellschaftsforschung 2023.

26 Schularick, Moritz; Bartels, Charlotte; Albers, Thilo N. H.: »The Distribution of Wealth in Germany 1895-2018«, *ECONtribute*, Juni 2020, S. 53.

27 Troost, Axel und Ötsch, Rainald: *Reichtum rückverteilen*, RLS-Paper, Rosa-Luxemburg-Stiftung 04/2020 S. 5.

28 Piketty, Thomas: *Das Kapital im 21. Jahrhundert*, C.H. Beck 2016, S. 243.

29 Ebd.

30 Marx, Karl: *Das Elend der Philosophie*, Marx-Engels-Werke 4, Dietz 1972, S. 164.

31 Netzwerk Steuergerechtigkeit. Die Daten beziehen sich auf den Zeitraum 2011-2020.

32 Piketty, Thomas: *Das Kapital im 21. Jahrhundert*, C.H. Beck 2016, S. 721.

33 Die Lobbymacht der »Familienunternehmer«, Abgeordnetenwatch, 4. April 2023.

34 Drohsel, Franziska, und Thiel, Fabian: »Die Enteignung von Deutsche Wohnen & Co. ist günstiger als behauptet«, *Jacobin*, 30. April 2021.

Sarah-Lee
Heinrich

Das System Armut

Sarah-Lee Heinrich ist
Bundessprecherin der Grünen Jugend

Du bist auf dem Weg zur Arbeit. An der Ampel begegnet dir eine Schulklasse. Sie machen einen Ausflug in den Zoo. Jedes fünfte Kind von ihnen lebt in Armut[1]. Fünf Mütter haben ihren Wocheneinkauf unter dem Arm und unterhalten sich über ihre Kinder, zwei von ihnen leben in Armut. Auf der Terrasse des Bürgerzentrums sitzen Rentnerinnen und Rentner und spielen Karten an Sechsertischen. An jedem Tisch sitzt eine Person in Armut. Dein Weg führt dich am Uni-Campus vorbei. Jeder dritte Studierende, der gestresst an dir vorbeiläuft, um zum nächsten Hörsaal zu rennen, lebt in Armut.

Wenn du in Neukölln lebst, lebt jede vierte Person, die du siehst, in Armut. Wenn du in Ostdeutschland lebst, ist es jede fünfte. In Deutschland leben 13 Millionen Menschen in Armut – davon fast drei Millionen Kinder. Das ist jede sechste Person. Deutlich mehr Frauen sind von Armut betroffen als Männer. Und es sind mehr Menschen mit Migrationsgeschichte als ohne.

Armut hat viele Gesichter. Und sie betrifft viel mehr Menschen, als man denkt.Es sind nicht nur arbeitslose Menschen. Armut betrifft beispielsweise viele Alleinerziehende, die in Teilzeit arbeiten, um in der restlichen Zeit für ihre Kinder zu sorgen. Eigentlich arbeiten sie also so viele Stunden wie andere in Vollzeit – oder mehr. Wer würde bestreiten, was für ein harter und wichtiger Job es ist, Kinder großzuziehen? Armut betrifft viele Kinder und Jugendliche. Kein Kind kann sich aussuchen, in welche ökonomische Situation es hineingeboren wird. Für die hohe Armut unter Jugendlichen und jungen Erwachsenen sind häufig die viel zu geringen Ausbildungsvergütungen und zu geringen BAföG-Sätze verantwortlich, gepaart mit hohen Mieten in Städten. Rentnerinnen und Rentner leben immer häufiger in Armut, hier trifft es fast jede fünfte oder jeden fünften.

Agenda 2010: Armut per Gesetz

Obwohl Armutsbiografien vielfältig sind, lassen sich die Gründe immer wieder auf dieselben Zusammenhänge zurückführen. Armut hat System und Armut hat Profiteure. Dieses System wurde politisch in den letzten Jahrzehnten immer weiter verfestigt. Kaum ein Projekt steht so sehr dafür wie die Agenda 2010.

Die Agenda 2010 war eine der großen neoliberalen Reformprogramme in der deutschen Politik. Eingeführt wurde sie von Rot-Grün im Zeitraum zwischen 2003 und 2005. Hinter dem Programm steckt vor allem ein massives Lohndumping-Projekt, um Konzerngewinne aufzustocken. In der Bevölkerung führte die Agenda zu Vertrauensverlust und Politikverdrossenheit und bereitete den Nährboden für die gesellschaftliche Spaltung und das Erstarken der Rechten.

Die Agenda-Reformen hatten das Ziel, die Wettbewerbsfähigkeit Deutschlands zu steigern. Es sollten sich mehr Unternehmen in Deutschland ansiedeln, hier produzieren und so zum Wirtschaftswachstum beitragen. Die Strategie dafür war vor allem die Schaffung günstiger Arbeit – natürlich günstig für die Arbeitgeber. Die Unternehmen sparen Lohnkosten und haben auf der anderen Seite höhere Profitmargen. Das macht den Standort Deutschland attraktiver. Einfache Rechnung! Keiner fasst es besser zusammen als Gerhard Schröder selbst, als er das

Resumeé zog: »Wir haben einen der besten Niedriglohnsektoren aufgebaut, den es in Europa gibt.«[2]

Um diesen Niedriglohnsektor aufzubauen, bedurfte es etlicher Reformen der rot-grünen Regierung unter Gerhard Schröder. Besonders wichtig ist hier die Reform des Arbeitslosengeldes, welche die Menschen dazu drängte, sich auf noch so schlecht bezahlte oder ungeeignete Stellen zu bewerben. Hier sind vier Reformen relevant:

Erstens: Die Bezugsdauer des ursprünglichen Arbeitslosengeldes, das sich auf 60 Prozent des vorherigen Lohnes belaufen hatte, wurde von 32 Monaten auf maximal zwölf Monate gesenkt. Das Arbeitslosengeld ist ein wichtiges Sicherheitsnetz. Dadurch, dass man sich am Lohn orientiert, fällt man bei Arbeitslosigkeit nicht direkt ins Bodenlose. Die Verkürzung der Dauer war ein herber Einschnitt. Damit steigt der Druck, sich auf die nächste freie Stelle zu bewerben, auch wenn sie womöglich gar nicht zu den eigenen Qualifikationen oder Lebensumständen passt.

Zweitens: Die Sozialhilfe, die arbeitssuchende und arbeitsunfähige Menschen nach Ablauf des Anspruchs auf Arbeitslosengeld unterstützt hatte, wurde abgeschafft. Sie orientierte sich auch am vorherigen Gehalt mit 50 Prozent des letzten Nettoeinkommens. An die Stelle der Sozialhilfe kam das allseits bekannte Arbeitslosengeld II, auch bekannt als: »Hartz IV«. Hartz IV wurde einkommensunabhängig für alle Bezieherinnen und Bezieher zu einem gleichen Betrag ausgezahlt und betrug 345 Euro im Jahr 2005 und 448 Euro im Jahr 2021 für eine erwachsene Person. Zusätzlich wurden die Wohnkosten übernommen. Zusammengenommen bilden sie das sogenannte »Existenzminimum«. Mit

Hartz IV folgt nach den harten Einschnitten, die schon mit dem Arbeitslosengeld verbunden sind, der Fall ins Bodenlose. Fun Fact: Friedrich Merz hielt im Jahre 2008 einen Regelsatz von monatlich 132 Euro pro Person für eine angemessene Idee – unser Held der kleinen Leute.[3]

Drittens: Um sicherzustellen, dass Menschen die schlecht bezahlten Jobs annehmen, sind Sanktionen durch das Jobcenter das Mittel der Wahl. Wenn die Leistungsempfängerinnen und -empfänger sich nicht an die ihnen auferlegten Vorgaben hielten, wurden sie mit zehn, 30, 60 oder bis zu 100 Prozent sanktioniert. So durften unter 25-Jährige, die zum ersten Termin im Jobcenter nicht erschienen sind, direkt um 100 Prozent für drei Monate gekürzt werden. Entschärft wurden diese Sanktionsmaßnahmen nicht etwa durch die Politik, sondern durch das Bundesverfassungsgericht. 2019 hat es entschieden, dass alle Sanktionen über 30 Prozent verfassungswidrig sind, weil sie die Menschenwürde zu stark beschneiden. Dass zwar nur rund 3 Prozent der Hartz-IV-Beziehenden sanktioniert werden, stimmt. Doch die Sanktionen hängen über den Bedürftigen wie das Schwert des Damokles: Schon ihre Androhung wirkt. Aus Angst vor der Sanktion sollen Menschen sich den Maßnahmen fügen.

Viertens wurden die Zumutbarkeitsregelungen verschärft. Es gab quasi keine Ausrede mehr, einen vom Jobcenter vorgeschlagenen Job abzulehnen. Auch wenn es ein 1-Euro-Job war, der gar nicht zu einem passte oder wenn nur befristet war. Das führt zu einem Drehtür-Effekt: Menschen kommen aus Hartz IV heraus, indem sie in schlechten Jobs landen, und geraten direkt danach wieder in Hartz IV.

Neben den Kürzungen bei der Arbeitslosenversicherung wurde der Arbeitsmarkt weiter dereguliert. Der Kündigungsschutz wurde gelockert und unsichere Arbeitsmodelle wie Leih- und Zeitarbeit einfacher ermöglicht. Außerdem wurden Minijobs ausgeweitet, indem ihre monatliche Lohnobergrenze von 325 auf 400 Euro angehoben wurde. Minijob-Stellen sind attraktiv für Arbeitgeber, weil sie nicht sozialversicherungspflichtig und damit insgesamt deutlich günstiger sind. Für Arbeitnehmer jedoch bedeutet das, keine Rentenpunkte zu sammeln und außerdem, sich weiterhin keinen Anspruch auf Arbeitslosengeld 1 zu verdienen.

Die Konsequenz dieser Reformen ist, dass immer mehr Menschen trotz Arbeit arm sind – ungefähr 20 Prozent der Arbeiterinnen und Arbeiter landen im Niedriglohnsektor. Sie akzeptieren diese Bedingungen und bleiben darin gefangen, weil ihre Angst vor Arbeitslosigkeit zu hoch ist. Diejenigen ohne Arbeit landen ganz unten. Ein Viertel der Menschen, die Hartz IV – jetzt Bürgergeld – beziehen, sind »Aufstocker«. Sie arbeiten zusätzlich in niedrig bezahlten Jobs, aber das Einkommen reicht trotzdem nicht zum Leben. Deswegen beziehen sie zusätzlich Leistungen. Alles, was sie über 100 Euro im Monat dazu verdienen, wird zu 80 Prozent angerechnet. Die Arbeitgeber freuen sich, weil damit ihre niedrigen Löhne subventioniert werden.

Hinter all diesen Reformen stecken neoliberale Ziele. Denn damit der Markt »gut« funktioniert, soll er von Eingriffen befreit werden. Nach diesem Verständnis sind eine ordentliche Arbeitslosenversicherung, starke Gewerkschaften und ein solider Kündigungsschutz schlechte Markteingriffe. Es muss daher nicht wundern, dass im Zuge neoliberaler Politik sowohl der Arbeitsmarkt dereguliert als auch die Daseinsvorsorge zurechtgestutzt wurde. Denn auch davon profitieren die Konzerne. Neben den Beschäftigten und Erwerbslosen sind zwei weitere Gruppen in der Bevölkerung von den Reformen betroffen: Die Jüngsten und die Ältesten.

Reiches Land, arme Kinder

Jedes fünfte Kind in Deutschland lebt in Armut. Das sind fast 3 Millionen Kinder. Kinder machen fast ein Viertel aller Menschen in Hartz IV aus – 2019 waren das fast 1,9 Millionen Kinder[4]. Ein jeher beliebtes Thema für jede Partei zur Bundestagswahl. Kinderarmut ist vor allem Eltern- und Familienarmut. Die Agenda-Reformen sorgten dafür, dass mehr Menschen und damit eben auch mehr Eltern in den Niedriglohnsektor hineingerutscht sind. Damit verschlechterte sich auch die Situation für ihre Kinder. Insbesondere die Kinder von Alleinerziehenden sind gefährdet. In Armut zu leben bedeutet für Kinder, dass ihnen ein normales Aufwachsen verwehrt bleibt. Armut bedeutet weniger Unternehmungen mit Freunden, weniger Hobbies, keine Urlaube mit den Eltern. Sie wachsen unter ständigen Sorgen auf, worunter auch ihre Bildungsbiografien leiden. Kinder in Armut machen seltener Abitur.

Pro Kind wird ein kleingerechneter Regelsatz ausgezahlt. Im sogenannten »Bildungs- und Teilhabepaket« sind für sie seit 2019 dann nochmal 15 Euro, davor 10 Euro für Freizeitaktivitäten wie Sportvereine vorgesehen. Dabei ist allen, die das zu verantworten haben, klar, dass selbst der günstigste Vereinssport teurer ist. Besonders absurd: Es gibt je nach Alter etwas mehr als einen Euro im Monat für Bildung. Das reicht nach einem Jahr mit etwas Glück für ein Buch.

Kindergelderhöhungen sowie Unterhaltszahlungen bei Kindern von Alleinerziehenden bringen ihnen auch nichts, denn diese werden auf die Regelsätze angerechnet. Sobald Kinder in Hartz IV 15 Jahre alt werden, gelten sie prinzipiell als erwerbsfähig und sind damit als Kundin oder Kunde des Jobcenters. Sie können auch sanktioniert werden, wenn sie zum Beispiel Termine im Jobcenter nicht wahrnehmen. 2017 erweckte ein Fall Aufmerksamkeit, in dem zwei Brüder immer wieder zum Jobcenter eingeladen wurden. Der Unterton der Gespräche: »Sind eure Noten wirklich gut genug fürs das Abitur oder wollt ihr nicht lieber einen Job annehmen?«[5]

Vor der neuen Bürgergeld-Reform mussten sie außerdem bei Löhnen über 100 Euro monatlich bis zu 80 Prozent der Zuverdienste abgeben. Das galt auch für kurzzeitige Jobs wie bezahlte Praktika, weshalb Kinder in Hartz-IV-Haushalten kaum Möglichkeiten hatten, sich Geld dazuzuverdienen. So kam für tausende Jugendliche die absurde Situation zustande, dass sie eine Ausbildung begonnen haben, die Vergütung aber ans Amt abführen müssen.

Respekt vor Lebensleistung? Von wegen!

In Deutschland ist fast jeder sechste Rentner von Armut betroffen. Ob Rentnerinnen und Rentner in Deutschland in Armut leben oder nicht, hängt stark vom vorigen Lohnniveau ab. Wie viel haben sie zu Erwerbszeiten verdient, wie viel Rentenanspruch haben sie sich »erarbeitet«? Besonders Frauen sind von Altersarmut betroffen. Das liegt vor allem an der Zunahme von irregulärer Beschäftigung wie eben den oben genannten Minijobs. Die Schaffung des riesigen Niedriglohnsektors durch die Agenda-Reformen bringt insgesamt eine enorme Beeinträchtigung des Rentenniveaus mit sich und auch jüngere Generationen dürfen sich auf geringere Ansprüche auf die gesetzliche Rente einstellen.

Die Agenda 2010 hat zu einem massiven Vertrauensverlust geführt. Viele Erwerbstätige sind durch die Reformen im Niedriglohnsektor gelandet und haben nicht wieder herausgefunden. Viele Menschen sind in die Langzeitarbeitslosigkeit abgeglitten, obwohl sie das nicht wollen. Einige befinden sich gerade noch in guten Jobs, sind aber nur eine Kündigung vom Existenzminimum entfernt. Das liegt an Maßnahmen wie dem Abbau des Kündigungsschutzes oder der Kürzung der Bezugsdauer des Arbeitslosengeldes. Wenn eine vermeintlich linke Regierung aus Grünen und Sozialdemokraten den größten Sozialabbau seit Jahrzehnten umsetzt, weshalb sollten Menschen denken, es könnte jemals eine Regierung geben, die ihre Interessen vertritt?

Ständig wird über die gesellschaftliche Spaltung gesprochen: Hartz IV und die Agenda-Politik haben diese vertieft. Weil

Erwerbslose schnell in Hartz IV abrutschen (seit Januar 2023 das sogenannte »Bürgergeld«), haben sie berechtigterweise Angst vor einem Abstieg. Und Abstiegsängste machen es besonders leicht, Ressentiments zu schüren und damit Menschen Angebote zu machen, sich nach unten abzugrenzen, um sich selbst aufzuwerten. So wird soziale Ungleichheit vor allem zu einem Nährboden für Rechte. »Die Ausländer nehmen dir deine Jobs weg«, ist eine Parole, die vor allem bei denen Gehör finden kann, die Angst um ihre Existenzsicherung haben müssen.

Zwar sind etwa unter Wählern und Wählerinnen rechter Parteien wie der Alternative für Deutschland (AfD) erhebliche Anteile gar nicht von Armut betroffen. Doch dass sie von Abstiegsängsten in der Bevölkerung profitieren, ist nicht von der Hand zu weisen. Man kann fast froh sein, dass die AfD bislang keinen konsequenten Sozialkurs verfolgt hat, doch müssen wir damit rechnen, dass dies nicht so bleiben wird. Wir haben rund um die Debatte der Gasumlage erlebt, wie schnell es gehen kann: 2022 holte die AfD in Niedersachsen zur Landtagswahl aus dem Stand 14 Prozent.

Die Agenda 2010 mag der deutschen Wirtschaft zuträglich gewesen sein, aber nicht alles, was gut für die Wirtschaft ist, ist gut für die Menschen. Wenn Menschen nach Phasen der Erwerbslosigkeit danach nur in sehr schlecht bezahlte und schlecht abgesicherte Jobs geraten, mit denen sie trotz Erwerbstätigkeit in Armut leben, dann müssen sich die Regierenden den Vorwurf gefallen lassen, dass die Armut dieser Beschäftigten politisch gewollt ist. Das Ziel muss sein, Menschen aus der Arbeitslosigkeit eine Arbeit zu ermöglichen, die sie gerne machen und vor der sie und ihre Familien wirklich leben können. Genau das hat die Agenda nicht geschafft.

Interessanterweise befanden sich die Grünen schon zur Einführung der Reform in der Rolle, in der sie sich auch jetzt in der Ampel befinden: Zwar haben sie sich nicht für die härtesten Reformen eingesetzt, aber sie dachten, dass es besser sei, sich Schröders Kabinett anzuschließen, als sich gegen die Pläne der SPD einzubringen. Sie wollten über Verhandlungen sanftere Regeln durchsetzen, sind damit aber gescheitert. Verbesserungen zugunsten der Arbeitnehmenden wurden, wie auch aktuell in den Verhandlungen ums Bürgergeld, von der CDU im Bundesrat kassiert. Wer hätte das geahnt?

Die Ampel kann es nicht

Seit Dezember 2021 regiert in Deutschland die Ampel. Heute, zwanzig Jahre später, gibt es wieder Rot-Grün in der Regierung. Nun ist aber die FDP mit dabei. Was dabei wohl schiefgehen könnte?

Mit der Bundestagswahl 2021 war die Hoffnung auf einen Aufbruch verbunden. Die SPD gewann die Wahl unter anderem damit, auf eine Kampagne mit einem starken sozialpolitischen Fokus zu setzen. Es soll jetzt mehr Respekt für die Menschen geben, Hartz IV abgeschafft und stattdessen ein Bürgergeld eingeführt werden, ein höherer Mindestlohn soll her, günstigere Mieten, stabile Renten, gute Arbeit. Das klingt nach einem Programm, das für viele Millionen Menschen profitieren würden.

Die Grünen haben sich programmatisch viel aufs Klima fokussiert, aber auch sie warben mit Plakaten gegen Kinderarmut, etwa mit der Parole »Reichtum ist, wenn alle Kinder frei von Armut sind« und dem Anspruch, Hartz IV zu überwinden. Ein neues Rot-Grün-Revival bahnte sich an und vielleicht die große Chance, Fehler der Vergangenheit zu korrigieren.

Nichts da. Dass diese Hoffnungen enttäuscht werden würden, wird noch am Wahlabend klar: In einer Koalition mit der FDP wird diesmal die Konzernlobby direkt mit am Verhandlungstisch sitzen. Während der Verhandlungen entstehen zwar coole Selfies und das Bild einer »Fortschrittsregierung« wurde entworfen. In sozialen Belangen bleiben die Gemeinsamkeiten aber erwartbar gering. Bedauerlicherweise lassen sich SPD und Grüne bei den Koalitionsgesprächen darauf ein, jegliche progressive Finanzierungsmöglichkeiten für diese wünschenswerten Maßnahmen, egal ob weitgehende Reformen der Schuldenbremse oder eine stärkere Besteuerung der Reichen von vornherein auszuschließen, um die FDP mit ins Boot zu holen.

Ohnehin haben es nur wenige soziale Reformprojekte in den Koalitionsvertrag geschafft:

Der Mindestlohn soll auf 12 Euro steigen, was zwar richtig, aber lange überfällig ist. Gerade für viele Menschen in Ostdeutschland ist dieser Lohnsprung gewaltig. Doch armutsfest waren die 12 Euro schon 2021 nicht mehr und mittlerweile hat die Inflation den Großteil der Lohnverbesserungen schon wieder aufgefressen. Ob die nächste Anhebung hoch genug sein wird, um die Inflation auszugleichen, ist fraglich. Denn diese wird auch in nächster Zeit wieder von derselben Mindestlohnkommission vorgeschlagen, die schon Jahre zuvor viel zu geringe Anpassungen festgelegt haben.

Das neue »Bürgergeld«, welches Hartz IV ersetzen soll, wird sich leider als Mogelpackung herausstellen. Eine Kindergrundsicherung soll ab 2025 eingeführt werden und Leistungen wie Kindergeld, Kinderfreibeträge und andere Leistungen nach dem Sozialgesetzbuch bündeln. Dabei handelt es sich zwar um ein sinnvolles Vorhaben, es fehlt ihm jedoch derzeit noch die finanzielle Grundlage. Die Ampel streitet seit Wochen um die dafür benötigten 12 Milliarden Euro, die die Familienministerin dafür veranschlagt. Klar, immerhin hat die Ampel schon in den Koalitionsverhandlungen jeglichen Finanzspielräumen eine Absage erteilt.

Diese Bundesregierung hat sich nie ernsthaft vorgenommen, Armut zu bekämpfen und der sozialen Spaltung etwas entgegenzusetzen. Stattdessen setzten sie auf auf eine moderne Gesellschafts- und Antidiskriminierungspolitik gepaart mit Klima Versprechungen (die sich noch als leer herausstellen werden) als inhaltliche Grundlage für die kommende Regierung.

Illusorisch war die Vorstellung, man könnte irgendeine Art von gesellschaftlichem Fortschritt ohne die Schaffung von sozialer Sicherheit umsetzen. Wenn Klimaschutz bedeutet, dass Menschen ärmer werden, dann werden wir dafür keine Mehrheiten mehr finden. Und auf keinem besseren Nährboden kann die politische Rechte leichter ihre rückschrittlichen und menschenfeindlichen Vorstellungen verbreiten und frustrierte Bürgerinnen und Bürger für sich gewinnen.

Der Koalitionsvertrag hat sich als Drehbuch für das entpuppt, was Nancy Fraser »progressiven Neoliberalismus«[6] nennt.

Die Philosophin beschreibt damit das Phänomen, dass progressive Anliegen wie Feminismus, queere Rechte, Antirassismus oder die Bekämpfung des Klimawandels von sozialen Kämpfen isoliert werden. Der Fokus liegt auf Frauen in Führungsposition statt auf der besseren Bezahlung von Frauen in Pflegeberufen. Unternehmen wie H&M malen ihr Logo pünktlich zum Christopher Street Day in Regenbogenfarben an, während sie in anderen Ländern Menschen zum Hungerlohn arbeiten lassen. Dreckige fossile Konzerne waschen ihr Image rein und geben sich als Klimaschützer, obwohl sie unsere Lebensgrundlage weiter zerstören.

Doch was bringt meiner arbeitslosen Mutter ein gegenderter Bürgergeld-Bescheid? Wie kann zugelassen werden, dass der Sprit teurer wird, aber der ÖPNV teuer bleibt und Bus und Bahn nicht häufiger fahren? Will man sich von rechts wirklich vorwerfen lassen, dass man sich zwar für identitätspolitische Fragen einsetzt, aber materielle Verteilungsfragen außer Acht lässt? »Die in Berlin interessieren sich nur für Diversity, aber nicht für die Probleme der Menschen« ist eine konservative Erzählung, die schnell verfängt.

Die Ampel hat sich auf wichtige Projekte wie die Abschaffung des Paragraphen 219a oder die Einführung eines Selbstbestimmungsgesetzes verständigt. Diese Projekte sind lange überfällig und ohne den Druck starker Bewegungen nie möglich geworden. Doch die Ampel verspielt diese gesellschaftlichen Mehrheiten für einen progressiven gesellschaftspolitischen Wandel, wenn weite Teile der Bevölkerung sozial abgehängt werden und macht eben diese Erfolge damit angreifbar. Das Gegenmodell zu einem progressiven Neoliberalismus wäre eine Klassenpolitik, die gesellschaftspolitische Themen mit sozialen Fragen zusammenbringt. Genau das leistet diese Regierung nicht.

Es ist schwer vorstellbar, dass SPD und Grüne dieses Risiko damals nicht vorhersehen konnten. Wahrscheinlich hatten sie gehofft, dass es doch nicht so schlimm werden würde. Wahrscheinlich haben sie keine Alternative zu den Kompromissen mit der FDP gesehen. Die Soziale Frage auszuklammern, war letztlich die zentrale Strategie, um die Koalitionsverhandlungen zu einem Erfolg zu bringen. Auf jeden Fall kann niemand behaupten, dass die Konflikte dieser Regierung nicht erwartbar gewesen sind. Für Menschen in Armut war mit Abschluss des Koalitionsvertrags klar: Viel mehr als von einer GroKo können sie hier nicht erwarten.

Auch in der Krise wird nur gekleckert

Die Hoffnung der Ampel, soziale Fragen unter den Teppich kehren zu können, wurde von der Realität durchkreuzt. Schon im Januar 2022 fingen die Preise an zu steigen und der Blick auf die Inflation sollte das ganze Jahr prägen. Im April kann jede siebte Person in Deutschland ihre Lebenshaltungskosten nicht mehr wirklich decken.[7] Im Juni gaben 16 Prozent der Bevölkerung an, auf Mahlzeiten zu verzichten, um Geld zu sparen.[8] Im Juli vermeldeten die Tafeln in Sachsen, dass zum Zeitpunkt zehn Prozent der Bevölkerung in Sachsen mit Lebensmitteln versorgen werden müssen.[9] Im November macht sich fast die Hälfte der Menschen Sorgen wegen der eigenen finanziellen Lage.

Der Handlungsdruck für die Ampel ist groß. Es wurden insgesamt drei Entlastungspakete beschlossen. Kaum war das erste durch, wurde das zweite diskutiert, weil jedes erneut unzureichend sein würde. Schauen wir sie uns einmal an:

Entlastungspaket 1

Das erste Entlastungspaket wurde kurz vor Beginn des Ukraine-Krieges angekündigt in Höhe von 13 Millionen Euro.

Welche Entlastungen waren darin vorgesehen? Das Paket führte zur Abschaffung der sogenannten EEG-Umlage und sollte Stromkunden entlasten. Es enthielt außerdem eine Erhöhung der Pendlerpauschale sowie eine Erhöhung des monatlichen Kinderzuschlags für Eltern mit kleinen Einkommen um 20 Euro, davon ausgenommen waren jedoch Bezieher von Hartz IV. Auch enthalten war ein Einmalzuschuss von 100 Euro für Sozialleistungsempfänger von Leistungen wie Hartz IV, Grundsicherung oder Asylgeld. Das reicht aber nicht einmal, um für einen Monat über das Existenzminimum zu kommen. Eine wirksame Maßnahme war die Erhöhung des Heizkostenzuschusses, auch wenn davon nicht alle profitieren konnten, da er an Wohngeld und BAföG geknüpft ist. Das Paket wirkt wie ein Trostpflaster, um politische Handlungsfähigkeit zu simulieren und die vielen Millionen Menschen zu besänftigen, die um ihre Existenz fürchten. Die Entlastungen sind natürlich zu niedrig ausgefallen, obwohl die Schuldenbremse dafür ausgesetzt wurde.

Entlastungspaket 2

Das zweite Entlastungspaket wurde im Mai 2022 in einer Höhe von rund 17 Milliarden Euro beschlossen. Als wichtigste Entlastungsmaßnahme enthielt es eine einmalige Energiepreispauschale von 300 Euro für alle einkommensteuerpflichtigen Erwerbstätigen. Damit hätten für viele Menschen die erhöhten Energiekosten bis Mai ausgeglichen werden können. Ausgezahlt wurde sie aber erst im September.

Der einmalige Kinderbonus von 100 Euro pro Kind für Familien ist zu niedrig, immerhin wurde er auch Familien in Hartz-IV-Bedarfsgemeinschaften ausgezahlt. Zusätzlich gab es für Empfängerinnen und Empfänger von Sozialleistungen wie Hartz IV oder der Renten-Grundsicherung einmalig 200 Euro statt den geplanten 100 Euro, Empfängerinnen und Empfänger von Arbeitslosengeld 1 erhielten 100 Euro. Entlastungen in dieser Höhe wären für Bezieherinnen und Bezieher von Sozialleistungen aber eigentlich jeden Monat nötig. Schon vor der Inflation lag der Hartz-IV-Regelsatz von rund 450 Euro etwa 200 Euro unter dem Existenzminimum.

Der Tankrabatt hat für viele Menschen, die auf ihr Auto angewiesen sind, eine Entlastung dargestellt. Fragwürdig dabei ist, dass durch solche Gießkannen-Maßnahmen auch Reiche entlastet werden, die es nicht nötig hätten. Und alle Menschen ohne PKW haben von so einer Maßnahme natürlich überhaupt nichts. Eine Mobilitätsprämie für alle wäre besser gewesen, hätte aber ein Bürokratiemonster geschaffen. Ein wirklicher Durchbruch war hingegen das 9-Euro-Ticket, das im Zeitraum von Juni bis

August deutschlandweite Fahrten mit dem ÖPNV ermöglichte. Vielen Menschen in Deutschland wurde damit ein Grad von Mobilität ermöglicht, den sie sich sonst nicht leisten können. Sie konnten Freunde und Verwandte besuchen, Ausflüge unternehmen und wurden durch die geringen Ticketkosten entlastet. Für alle, bei denen Bus und Bahn oft genug fahren, war das 9-Euro-Ticket fast zu gut, um wahr zu sein. Und wohl so gut, dass es nicht weiter verlängert werden konnte.

Diese Entlastungen haben mehr Substanz und waren für größere Teile der von Armut betroffenen Bürgerinnen und Bürger eine Unterstützung, die Höhe der Entlastungen war aber insgesamt trotzdem zu gering und wurden viel zu spät ausgezahlt. Darüber hinaus hat keine der Entlastungen für die anstehenden Monate vorgesorgt, sondern sie konnten nur rückwirkend erhöhte Kosten abfedern. Strukturelle Reformen, die auch kommende Preisschocks abfedern könnten und – im Falle des 9-Euro-Tickets – etwa klimapolitische Ziele abdecken, werden nicht auf den Weg gebracht.

Entlastungspaket 3

Im September 2022 wurde das dritte Entlastungspaket angekündigt, der Zeitpunkt der Auszahlung aber bis ins neue Jahr hinausgezögert. Diesmal umfasst das Paket deutlich mehr Maßnahmen als die vorigen und ist noch deutlich teurer. Beschlossen wurde eine Strompreisbremse, für deren Finanzierung zufällige Gewinne von Stromproduzenten teilweise abgeschöpft werden sollen. Die für Anfang 2023 geplante Erhöhung des CO_2-Preises für fossile Brennstoffe wird außerdem um ein Jahr verschoben.

Familien sollen unterstützt werden, indem das Kindergeld um 18 Euro monatlich für das erste, zweite und dritte Kind erhöht wird. Bürgergeld-Empfängerinnen und -Empfänger sind davon jedoch ausgenommen. Wenigstens hat man diesmal auch an Studierende und Auszubildende gedacht, die eine Einmalzahlung in Höhe von 200 Euro erhalten sollen; die Auszahlung hat sich auch hier um mehrere Monate verzögert. Rentnerinnen und Rentner sollen zum 1. Dezember ebenfalls eine Einmalzahlung in Höhe von 300 Euro bekommen.

Auch am Wohngeld wird geschraubt: Es sollen nun mehr Geringverdienende einen Anspruch auf Wohngeld erhalten, welches künftig außerdem dauerhaft Klima- und Heizkostenzuschüsse enthalten soll.

Das 49-Euro-Ticket, das ab Mai 2023 als bundesweites Ticket im öffentlichen Nahverkehr gültig sein wird, bedeutet für viele Bürgerinnen und Bürger, vor allem jene, die mit Bus und Bahn zur Arbeit pendeln, eine enorme Entlastung. Für Menschen in Armut ist eine monatliche Zahlung in dieser Höhe aber oft einfach nicht leistbar.

Das neu eingeführte Bürgergeld, das zum 1. Januar 2023 das Arbeitslosengeld II und Sozialgeld abgelöst hat, soll künftig schneller auf das Inflationsgeschehen reagieren – ab Januar wird es aber lediglich um 50 Euro pro Monat, auf etwa 500 Euro, erhöht, was den erhöhten Kosten für viele Sozialleistungsempfänger nicht hinreichend begegnet. Die FDP nutzte die Debatte um soziale Entlastungen, um Steuern für Reiche zu senken und kam damit durch. Das Inflationsausgleichsgesetz kostet bis 2027 über 150 Milliarden Euro, um die Kalte Progression abzubauen. Also, dass die steigenden Löhne nicht durch einen steigenden Steuersatz und die Inflationsrate wieder zunichte gemacht werden. Um die kalte Progression abzubauen, wird die Einkommensteuer gesenkt. Circa 30 Prozent aller Erwerbstätigen verdienen so wenig, dass sie keine Einkommensteuer zahlen müssen. Circa ⅓ des Geldes geht an die obersten 10 Prozent.[10] Für mittlere Einkommen können solche Steuerentlastungen helfen, aber Superreiche derart zu entlasten ist nichts anderes als Klientelpolitik der FDP erklären. Von wegen es ist kein Geld da.

Wenn man die einzelnen Entlastungen gemeinsam in den Blick nimmt, entsteht der Eindruck eines riesigen Flickenteppichs. Es ist gut, dass endlich mehr finanzielle Mittel bereitgestellt wurden. Das beweist aber auch, dass das von Anfang an möglich gewesen wäre, wenn man gewollt hätte. Damit man dauerhaft Armut abschaffen kann und Existenzen absichert, werden aber dauerhafte finanzielle Spielräume benötigt statt einzelner Entlastungspakete.

Die Ampel hinkt hinterher

Dass eine Deckelung der Energiepreise eingeführt werden muss, war schon im Frühjahr klar. Aber parteitaktisches Hin und Her hat den Beschluss der größten Entlastungsmaßnahme bis zum September verzögert. Die Sorge um größere soziale Unruhen waren wohl der Anlass, dass sie überhaupt durchgesetzt werden konnte. Die Ampel ist in der Lage zu handeln, aber nicht aus eigenem Antrieb heraus.

Die Höhe des Entlastungspakets offenbart auch: 10, 25, 50 oder noch mehr Milliarden Euro Unterstützung für die Ärmsten bereitzustellen, hätte zu keinem Zeitpunkt im Jahr 2022 ein Problem dargestellt. Dass Menschen in Armut und Existenzangst leben müssen, bleibt eine politische Entscheidung der Regierenden. Der Moment wurde nicht genutzt, um größere strukturelle Reformen anzuschließen. Nie war der gesellschaftliche Druck für soziale Gerechtigkeit in den letzten Jahren so groß wie im Jahr 2022. Für linke Sozialdemokratinnen und Sozialdemokraten und Grüne hätte das ein Moment sein können, die FDP zu überstimmen und über den Koalitionsvertrag hinaus progressivere Maßnahmen durchzusetzen. Stattdessen bleiben Spielräume durch die heiliggesprochene Schuldenbremse und die Weigerung, Reiche stärker zu besteuern begrenzt. Das rächt sich jetzt. Der Finanzminister Christian Lindner setzt auf Sparkurs. Vor allem im Sozialbereich soll in den nächsten Jahren eingespart werden.[11] Die Konsequenz davon ist ein sozialer Kahlschlag. Dieser wird nicht so plötzlich wie ein Preisschock, aber langsam und sicher die soziale Krise verschärfen.

2022 hat offen gelegt, wie viele Menschen in Armut leben oder knapp an ihr vorbei schürfen. Entlastungspakete können keine strukturelle soziale Absicherung vor Armut ersetzen. Die Ampel hat sich 2 Sozialstaatsreformen vorgenommen, die dafür besonders relevant sind: Das Bürgergeld und die Kindergrundsicherung.

Bürgergeld: Twix und Raider

Nach der Ankündigung des dritten Entlastungspaketes folgte im Winter die Debatte um die Bürgergeld-Reform. Eine Arbeitslosengeld-II-Reform zugunsten der Bezieherinnen und Bezieher war immer auf große politische und gesellschaftliche Gegenwehr gestoßen. Die neoliberale Erzählung, dass Arbeitslose selbst schuld an ihrer prekären Situation sind, und das ständige Ausspielen von Menschen mit geringem Einkommen gegeneinander hat über die Jahre Wirkung gezeigt. 2022 war ein Jahr der sozialen Krisen. Vielen Menschen ist ihre eigene prekäre Lage im Lichte der Inflation bewusster geworden. Fast jeden Tag wurde über überfüllte Tafeln berichtet. In dieser Situation sind zwei entgegengesetzte Effekte eingetreten: Auf der einen Seite können Menschen mehr Mitgefühl für andere Menschen in Armut aufbringen. Auf der anderen Seite kann die eigene prekäre ökonomische Lage dazu führen, dass Ängste und Vorurteile leichter geschürt werden können. In der Bürgergeld- Debatte konnten wir beides beobachten. Die Ampel hoffte auf Solidarität in der Bevölkerung und wollte dieses Fenster der Solidarität nutzen, um die Reform durchzubringen.

Hubertus Heil, Bundesminister für Arbeit und Soziales, nannte die Reform die »Größte Sozialstaatsreform seit 20 Jahren«[12]. In Anbetracht der Ambitionslosigkeit aller Regierungen der vergangenen zwei Jahrzehnte für die Verbesserung der Sozialleistungen könnte das sogar stimmen. Bislang hat sich aber vor allem der Name geändert, Arbeitslosengeld II heißt nun »Bürgergeld« und transportiert ein Image weg von Almosen für

Arbeitsuchende und hin zu einer finanziellen Absicherung von Bürgerinnen und Bürgern. Der monatliche Regelsatz wurde aber kaum angehoben, nur um 50 Euro auf 502 Euro für Erwachsene. Damit wird nicht einmal ein Inflationsausgleich erreicht, was fatal ist, weil die Ärmsten am stärksten unter der Inflation leiden. Sie müssen einen Großteil ihres Einkommens für alltäglich Notwendiges wie Lebensmittel aufwenden und es bleiben kaum Spielräume für Ausgaben, auf die vielleicht verzichtet werden könnte. Die allerwenigsten dieser Menschen haben Rücklagen.

Das vereinbarte Sanktionsmoratorium (dass Kürzungen der Sozialleistungen völlig abgeschafft werden sollen) wurde verspätet und unvollständig umgesetzt. Darüber hinaus wurden die Sanktionen auch nicht sonderlich abgemildert, obwohl es hieß, dass man künftig eine vertrauensvolleren Umgang anstrebt. Kinder und Jugendliche in Bedarfsgemeinschaften dürfen ab jetzt ihr Einkommen bis zu 520 Euro pro Monat statt nur bis 100 Euro behalten – eine wirklich positive Veränderung.

Auch der sogenannte »Vermittlungsvorrang« soll künftig wegfallen. Dahinter verbirgt sich das Gebot der Jobcenter, die Leistungsbezieher möglichst an irgendeine verfügbare Arbeitsstelle zu vermitteln, unabhängig davon, ob die vermittelte Arbeitsstelle eine dauerhafte Integration in den Arbeitsmarkt gewährleisten kann. Inwiefern diese Reform auch dafür sorgen kann, dass die Vermittlung der sozialversicherungsfreien Ein-Euro-Jobs der Vergangenheit angehören, wird sich noch zeigen. Wenn ja, dann wäre das ein echter Erfolg!

Hat man mit dem Bürgergeld Hartz IV abgeschafft? Im Namen, ja. In der Substanz: nein. Denn wenn ich mich zwischen einem schlechten Job und einem Leben unter dem Existenzminimum entscheiden muss, werde ich weiterhin den schlechten Job wählen. Ein echtes Sicherheitsnetz sieht anders aus.

Dass die Sanktionen kaum entschärft wurden ist schlecht für die Leistungsempfängerinnen und -empfänger vom Bürgergeld und schlecht für uns alle, weil so das Schreckensgespenst weiter hochgehalten wird. Doch der größte Schaden ist durch die öffentliche Debatte entstanden. Die CDU holte die »Arbeit lohnt sich nicht mehr«-Masche raus (Für Lohnerhöhungen waren sie noch nie) und malten das Bild der Sozialschmarotzer, die auf Kosten des Staates leben und deswegen harte Sanktionen verdienen. Das ganze trugen sie dann in die Talkshows. Auf TikTok haben junge Menschen Videos aufgenommen, wie es sich für sie nicht mehr lohnen wird, arbeiten zu gehen. Nichts davon stimmt, aber die neoliberale Erzählung zieht. Wahrscheinlich funktioniert es auch deswegen, weil man den eigenen sozialen Status aufwertet, indem man sich einredet, dass man nicht »auf der faulen Haut liegen bleibt«. In Wirklichkeit verlieren dadurch alle außer die Arbeitgeber, die weiter vom Niedriglohnsektor profitieren.

Kindergrundsicherung

Das zweite sozialpolitische Projekt der Ampel ist die Kindergrundsicherung, die bis zum 1. Januar 2025 in Kraft treten soll. Im Jahr 2021 lebten 2,9 Millionen Kinder in Armut. Das ist jedes fünfte Kind.

Die Kindergrundsicherung hat das Ziel, alle Kinder armutsfest abzusichern. Dafür müssen zwei Probleme angegangen werden: Der Flickenteppich der familienpolitischen Leistungen soll vereinheitlicht werden. Unterschiedliche Maßnahmen sind unterschiedlich hoch und werden unterschiedlich gut abgerufen. So wird der Kinderzuschlag, eine Zusatzleistung für einkommensschwache Familien, nur von 30 Prozent aller Beziehenden abgerufen. Das Kindergeld wird auf Sozialleistungen wie das Bürgergeld angerechnet. Das führt dazu, dass die Ärmsten Familien von Erhöhungen nicht profitieren. Die reichsten Familien bekommen über den »Familienfreibetrag« am meisten Zuschlag pro Kind. Hinzu kommt, dass der Prozess der Antragstellung umständlich und zeitaufwendig ist. Es kommt einem so vor, als wäre das Kind schon fast wieder volljährig, bis man alle Dokumente fertig ausgefüllt hat. Neben der Vereinheitlichung der Maßnahmen brauchen gerade die ärmsten Familien zusätzliche Mittel. Zwei gutverdienende Eltern brauchen nicht so viel Unterstützung für ihr Kind wie eine alleinerziehende Mutter, die Teilzeit arbeitet.

Der Vorschlag des Familienministeriums will an beiden Problemen ansetzen: Geplant sind eine automatische Auszahlung und ein höherer Beitrag für Familien in Armut. Sie beziffern das Projekt mit 12 Milliarden Euro. Ob diese Gelder reichen werden, um das Projekt auszufinanzieren, ist höchst fraglich.

Natürlich passt das der FDP gar nicht. Sie blockieren die Reform weiterhin. Jede Woche ändern sie ihre Argumentation. In Woche eins behaupten sie, es sei kein Geld dafür da und kündigen im selben Atemzug 10 Milliarden für die Bundeswehr an. In Woche zwei kommen sie mit dem »Arbeit muss sich lohnen«-Hammer an. Aber damit meinen sie natürlich nicht, dass der Mindestlohn steigen muss. Und in Woche drei soll dann die Vereinfachung der Maßnahmen genügen, statt die Mittel für die Ärmsten zusätzlich zu erhöhen. Hier zeigt sich aber wieder das Problem der Ampel. Man kann Armut nicht durch Modernisierung und Bürokratieabbau bekämpfen. Gegen Armut hilft Geld!

Was tun?

Nicht alle von uns sind unmittelbar von Armut betroffen. Doch wir würden alle davon profitieren, wenn es sie nicht mehr gäbe.

Die soziale Spaltung, die Armut und die Sorge vor dem Abstieg bedrohen unser aller Existenz und den Zusammenhalt der gesamten Gesellschaft. Wenn wir es nicht schaffen, etwas daran zu ändern, dann werden Rechte weiter in der Lage sein, unsere Demokratie anzugreifen und auszuhöhlen. Dann werden alle großen Veränderungen, die notwendig sind, um die Klimakrise zu bewältigen, niemals umsetzen können und dann rasen wir insgesamt vollends in die Katastrophe. Klingt dramatisch, ist aber so.

Die Lage ist verzwickt, denn diejenigen, die von der sozialen Spaltung profitieren, haben über die letzten 20 Jahre sehr viel dafür getan, den Status Quo zu stabilisieren. Sie haben unter anderem mit der Agenda 2010, dem Durchlöchern des Sozialstaats und der Schaffung des Niedriglohnsektors für sich selbst vorteilhafte Bedingungen geschaffen. Etwas daran zu ändern, wird immer auf großen Widerstand ihrerseits stoßen. Das haben wir bei der Bürgergeld-Debatte erlebt; das erleben wir immer dann, wenn Gewerkschaften nur leichte Lohnsteigerungen einfordern.

Unsere Chance besteht darin, dass sich in der Bevölkerung solide Mehrheiten für mehr soziale Gerechtigkeit, für höhere Löhne, Steuern für Reiche oder niedrigere Mieten finden lassen. Denn die meisten, die 99 Prozent der Gesellschaft, würden davon profitieren. Wir leben, mit allen Differenzierungen, immer noch in einer Klassengesellschaft. Im Gegensatz zur FDP müssen wir niemanden hinters Licht führen, wenn wir für Veränderung werben. Eine große Mehrheit der Gesellschaft hat gemeinsame materielle Interessen. Und diese gilt es zu mobilisieren.

20 Jahre Armut – 20 Jahre keine Regierung, die ernsthaft dagegen vorgeht. Doch wenn wir realisieren, dass Armut politisch geduldet oder gar gewollt ist, heißt das auch, dass eine andere Politik möglich ist! Und für die Abschaffung von Armut muss auch dann gerungen werden, wenn sich die Reichsten und Mächtigsten dagegen stellen. Es folgen nun einige Vorschläge, wie eine Politik gegen Armut und für die 99 Prozent aussehen könnte.

Gute Arbeit

Meist geraten Menschen wegen schlechter Arbeitsverhältnisse in Armut. Menschen sind arm, weil sie zu schlecht bezahlt werden. Im Alter setzt sich diese Armut fort, weil sie vorher durch ihre schlechte Bezahlung nicht genug Rentenpunkte gesammelt haben. Besonders Frauen sind davon betroffen, weil sie durch ihre Fürsorgetätigkeiten häufig nur in Teilzeit arbeiten können.

Für die Bekämpfung von Armut wird oft reflexartig an Sozialleistungen gedacht, statt die Arbeitsmarktpolitik in den Blick zu nehmen. Arbeitgeberverbänden kommt das sicher gelegen, denn so können sie die Gewinne, die sie auf dem Rücken ihrer Beschäftigten erwirtschaften, weiter maximieren und werden nicht stärker in die Pflicht genommen, während die Verantwortung für soziale Sicherung zu großen Teilen an den Staat abgegeben wird. Dadurch ermöglicht man Arbeitgebern nicht nur, sich der Umverteilung zu entziehen, sondern eine Umverteilung von unten nach oben. Das lassen wir natürlich nicht zu!

Um daran zu rütteln, müssen wir dringend den Niedriglohnsektor austrocknen. Das würde Millionen von Menschen aus der Armut holen. 12 Euro Mindestlohn reichen bei weitem nicht. In einer Reform des Mindestlohngesetzes sollte das neue Kriterium »Armutsfest« aufgenommen werden. Dafür bräuchte es eine kräftige Erhöhung auf mindestens 15 Euro. Wer hier vielleicht Angst vor einer Lohn-Preis-Spirale bekommt – also der Behauptung, dass mit steigenden Löhnen naturgesetzartig auch die Preise von Lebensmitteln und anderen wichtigen Gütern ansteigen, mit der Arbeitgeber immer wieder vor »überzogenen« Lohnforderungen warnen: In der Realität erleben wir vor allem eine Profit-Preis-Spirale. Es sind maßlose Unternehmensgewinne, die die Preise in die Höhe steigen lassen.

Wir brauchen außerdem mehr gute Arbeitsplätze: Viele Erwerbslose sind unfreiwillig arbeitslos. Es gibt immer noch mehr arbeitslose Menschen als freie Stellen[13]. In der Rechnung ist noch nicht einmal berücksichtigt, ob die Qualifikationen und Bedürfnisse überhaupt zu den Stellen passen. Hier sollte der Staat aktiv werden durch eine staatliche Jobgarantie: Statt mieser 1-Euro-Jobs sollte der Staat gute öffentliche Jobs auf Mindestlohnniveau schaffen, die zum Gemeinwohl beitragen. Angelegt wären die Programme in den Kommunen. Vor Ort weiß man am besten, was gerade gebraucht wird: Ob bei der Unterstützung in Jugendzentren und Kitas, für Nachhilfeprogramme oder in Begrünungsprojekten – es gibt denkbar viele sinnvolle Tätigkeiten.

Soziales Sicherheitsnetz

Schlechte Arbeitsbedingungen und das mangelnde Angebot an passenden Jobs sind ausschlaggebend für die Armut vieler Menschen. In Armut geraten aber auch oft diejenigen, die sich um Angehörige kümmern müssen oder die ihre Kinder allein erziehen. In Armut leben viele Studierende, oft weit unter dem Existenzminimum, und viele Kinder in einkommensschwachen Haushalten. In Armut geraten Menschen auch aufgrund von Krankheiten, weil es ihre physische oder psychische Verfassung nicht zulässt, einer Arbeit nachzugehen oder sie deshalb nur wenige Arbeitsstunden bewältigen können. Für all diese Menschen braucht es eine starke, armutsfeste Grundsicherung. Diese macht sich aus durch:

- Eine armutsfeste Höhe der bezogenen Sozialleistungen: Laut dem Paritätischen Wohlfahrtsverband müssten für eine armutsfeste monatliche Absicherung für Erwachsene mindestens 725 Euro zur Verfügung gestellt werden.[14]

- Sanktionsfreiheit: Sanktionen beruhen auf der Annahme, dass sich erwerbslose Menschen auf die faule Haut legen. Das ist mehrfach widerlegt. Es gibt viele gute Gründe, in bestimmten Phasen des Lebens keiner Erwerbsarbeit nachgehen zu können. Eine Grundsicherung ohne Sanktionen baut Stigmatisierung ab und ist zugänglicher.
- Unterstützung und Begleitung: Im Jobcenter ist die Person, die dich unterstützen soll, auch diejenige, die dich bestrafen kann. Stattdessen sollten sich die Beschäftigten im Jobcenter auf die Unterstützung der Menschen konzentrieren können. Jobcenter sollten Orte sein, an denen sich Menschen sicher fühlen können, statt Gruselhäuser.
- Unbürokratische Auszahlung: Die Antragsverfahren müssen dringend vereinfacht und beschleunigt werden.

Für eine armutsfeste Grundsicherung sind noch viele weitere sinnvolle Maßnahmen denkbar. Beispielsweise sollte die Unterstützung, die Studierenden und Auszubildenden im Rahmen des BAföG zur Verfügung steht, elternunabhängig als Vollzuschuss neben dem Studium gewährt werden. Durch eine sanktionsfreie Grundsicherung könnte das eingelöst werden. Dasselbe gilt für eine stabile Mindestrente oder eine Kindergrundsicherung, die komplett automatisch an alle Familien mit Kindern ausgezahlt werden könnte.

Neben der Grundsicherung sollte die Dauer des Bezugs von Arbeitslosengeld 1 auch wieder verlängert werden, damit Menschen, die ihren Job verlieren, ihren Lebensstandard über die Zeit der Jobsuche (wenn auch dann schon mit Einschränkungen) halten können, statt direkt in die Grundsicherung zu fallen.

Soziale Infrastruktur

In den letzten Jahren wurden immer mehr Bereiche der sozialen Infrastruktur privatisiert. Der Staat hat sich nicht nur aus den direkten finanziellen Leistungen an Bedürftige immer weiter zurückgezogen, sondern auch aus dem Bereich der öffentlichen Daseinsvorsorge. Natürlich ist es wichtig, dass möglichst viele Menschen für sich selbst sorgen können, um das eigene Leben gut bestreiten zu können.

Für den Zusammenhalt in der Gesellschaft ist es aber auch wichtig, wichtige Bedürfnisse gemeinsam zu organisieren. Ich komme aus dem Ruhrgebiet. Bei uns sind alle Kommunen pleite. Oft wird genau der Wegfall der öffentlichen Infrastruktur für viele Menschen zum Armutsrisiko. Man denke etwa an eine OP, die nicht von der Krankenkasse übernommen wird; an den vielerorts mangelhaft ausgebauten öffentlichen Nahverkehr; an den Kita-Mangel und vieles mehr. All das wird aber dringend benötigt.

Das kann verschiedene Formen annehmen: Eine gute Gesundheitsversorgung für alle soll auf Stadt und Land für alle Menschen zur Verfügung stehen, ohne Personalmangel, mit genügend Zeit für die Patienten und Patientinnen Ein kostenloser, gut ausgebauter öffentlicher Nah- und Fernverkehr soll allen Menschen Mobilität ermöglichen. Schulen sollen mit guten Mensen und offenen Ganztagsschulen ausgestattet werden, in denen Kinder zur Hausaufgabenbetreuung oder zum Fußball gehen oder Instrumente lernen können. Schulbücher müssten allen Schülerinnen und Schülern von der Schule zur Verfügung gestellt werden. Die Kinderbetreuung in Kindergärten und Kitas muss kostenlos werden. Hausaufgabenbetreuung, Schwimmunterricht und andere Sportangebote – all das müsste stärker öffentlich gefördert werden . Davon profitieren nicht nur alle Menschen mit geringem Einkommen, sondern wir alle!

Zusammen kämpfen!

All das wären sinnvolle politische Maßnahmen gegen Armut. Doch die besten Maßnahmen bringen uns nichts, wenn wir sie nicht durchsetzen können. Es ist nicht so, dass die Regierungen der letzten 20 Jahre es nicht besser hätten wissen können. Es war bekannt, was zu tun nötig gewesen wäre. Sie wollten es nicht tun. Es war nicht in ihrem Interesse. Und das stellt uns vor die Herausforderung: Wie bringen wir eine Regierung dazu, ihren sozialpolitischen Kurs zu ändern? Unsere Stimmen müssen lauter werden und wir müssen es schaffen, so viel Druck aufzubauen, dass die Regierung auf uns hören muss.

Menschen in Armut sind demobilisiert – das heißt, sie organisieren sich nicht und werden nicht gemeinsam aktiv, um gegen ihre Lage mobil zu machen. Während wir zu Beginn der Agenda noch 500.000 Menschen gegen die Reformen auf der Straße hatten, war es selbst in der sozialen Krise im letzten Winter kaum möglich, Menschen zu mobilisieren. Das liegt keinesfalls daran, dass die Maßnahmen ausgereicht haben, die Situation der Menschen in Armut zu verbessern. Eigentlich wurden gerade die Ärmsten am schlechtesten abgedeckt und leiden immer noch extrem unter der Inflation. Doch die herrschende

Klasse hat erfolgreich daran gearbeitet, Armut nicht als politisches Problem, sondern als persönliches Problem darzustellen, getreu dem Motto: »Jeder ist seines eigenen Glückes Schmied und wer nicht schmieden kann, ist selbst schuld.« Ich melde ja nicht eine Demo gegen etwas an, das ich selbst verbockt habe.

Die Passivität der Menschen rührt aber auch daher, dass viele die Hoffnung auf Verbesserungen aufgegeben haben. Wer kann es ihnen übel nehmen? Die letzte Regierung, die das Leben für arme Menschen stark verschlechtert hat, war eine vermeintliche Mitte-Links-Regierung. Als politische Linke haben wir in den letzten Jahrzehnten nicht gerade Handlungsfähigkeit bewiesen. Wieso sollte man Energie für etwas aufwenden, wenn der Protest am Ende nicht wirksam ist? Das ist ein Teufelskreis. Den müssen wir durchbrechen.

Daran arbeiten verschiedene Initiativen wie lokalen Erwerbslosen- oder Alleinerziehendenvernetzungen und auch NGOs wie Sanktionsfrei seit Jahren. Im Jahr 2022 ist mit der Initiative »#IchBinArmutsbetroffen«, initiiert von Anni W. mit einem Tweet neuer Wind reingekommen.

»#IchBinArmutsbetroffen« startete als Hashtag auf Twitter, wo Menschen von ihren Erfahrungen berichteten, was es bedeutet, in Armut zu leben. Aus Hashtags wurden Chatgruppen, aus Chatgruppen wurden digitale Treffen und aus dem Digitalen wurden dezentrale Aktionen bei Demonstrationen in den großen Städten.

Sie haben auch während der Bürgergeld-Debatte einen Unterschied gemacht. Immer öfter haben sich mutige Betroffene an öffentlichen Diskussionen beteiligt und Armut, der gelebten Realität so vieler Betroffenen, ein Gesicht gegeben.

Durch ihren Zusammenschluss mit dem Sozialprotest-Bündnis »Genug ist Genug!« arbeiten sie ganz praktisch daran, die Spaltung zwischen Beschäftigten und Erwerbslosen aufzubrechen und stattdessen die Solidarität untereinander wachsen zu lassen.

Wir müssen wieder gemeinsame Orte schaffen, an denen sich von Armut betroffene Menschen gemeinsam organisieren können. Wir sollten uns nicht »für arme Menschen« einsetzen, weil sie uns leidtun. Wir sollten uns mit ihnen organisieren, weil wir gemeinsame Interessen teilen.

Spaltung der arbeitenden Klasse überwinden

Ein Teil der Menschen, die in Armut leben, arbeitet gerade – ein anderer Teil ist arbeitslos. Ganz nach dem Motto »Teile und beherrsche!« entdecken Konservative ihr Herz für die hart arbeitenden Menschen im Niedriglohnsektor genau in dem Moment, wenn die Situation erwerbsloser Menschen in Deutschland zu verbessern ist.

Doch nur gemeinsam sind wir stark! Gerade Beschäftigte mit geringen Löhnen profitieren davon, wenn erwerbslose Menschen besser abgesichert sind. Es stärkt ihre Handlungsmacht gegenüber den Arbeitgebern. Diese müssen dann mehr dafür bieten, dass Menschen die verfügbaren Stellen annehmen. Es ist einfacher, selbstbewusst für höhere Löhne einzustehen, wenn man nicht mit dem Drohszenario der Arbeitslosigkeit erpressbar ist.

Gewerkschaften kommen hier eine zentrale Rolle zu, gegen diese Spaltung zwischen akut erwerbslosen Arbeiterinnen und Arbeitern und solchen in Lohnarbeit anzukämpfen und gemeinsam den Konflikt zu denjenigen zu suchen, die von Niedriglöhnen profitieren.

Keine Regierung in den letzten 20 Jahren hat in dem Interesse gehandelt, Armut wirklich abzuschaffen. Egal, ob Rot-Grün oder Ampel, schaut man sich die sozialpolitischen Maßnahmen an, wird Armut offenbar politisch geduldet oder gar gewollt. Doch am Ende zeigt es uns auch: Armut ist wirklich kein Naturgesetz, sondern eine politische Entscheidung. Und politische Entscheidungen kann man ändern! Es braucht ein Ende von neoliberaler Politik – auch und vor allem im Sozialen und auf dem Arbeitsmarkt. Die Deregulierung und das Zusammenkürzen der Daseinsvorsorge waren grundverkehrt.

Aus Frust können auch neue Momente des gemeinsamen Zusammenhalts entstehen: Wenn wir verstehen, dass die Abschaffung von Armut in unser aller Interesse ist und wir den Mut fassen, uns miteinander zusammenzuschließen, dann können wir endlich dafür sorgen, dass eine Politik für die 99 Prozent zur Realität wird – als Kinder und Jugendliche, Beschäftigte und Erwerbslose, als Alleinerziehende, Rentnerinnen und Rentner.

Quellen

1 Schneider, Ulrich; Schröder, Wiebke, und Stilling, Gwendolyn: *Zwischen Pandemie und Inflation: Paritätischer Armutsbericht 2022,* Paritätischer Wohlfahrtsverband, 2023.

2 Rede von Bundeskanzler Gerhard Schröder am 28.1.2005, Deutscher Bundestag.

3 »Friedrich Merz hält 132 Euro Hartz IV für genug«, in: *Die Welt,* 23.11.2018.

4 siehe Armutsbericht 2022.

5 »Jobcenter setzt Schüler unter Druck«, in: *Der Spiegel,* 14.11.2013.

6 Fraser, Nancy: »Für eine neue Linke oder: Das Ende des progressiven Neoliberalismus«, in: *Blätter für deutsche und internationale Politik* (2/2017).

7 »Inflation: Steigende Kosten bringen laut Umfrage Menschen in Existenznot«, in: *Der Spiegel,* 2.4.2022.

8 Ebd.

9 »Tafeln in Sachsen versorgen zehn Prozent der Bevölkerung – Sorge vor katastrophalem Jahr 2023«, in: *Mitteldeutscher Rundfunk,* 9.7.2022.

10 »Einsparen von Milliarden: Lindner bereitet Ausgabenkürzung vor«, in: *ntv,* 14.4.2023.

11 »Lindner will 20 Milliarden sparen«, in: *Der Spiegel,* 14.4.2023.

12 »Das Bürgergeld ist die größte Sozialstaatsreform seit 20 Jahren«, Rede des Arbeitsministers vom 10.11.2022, Bundesministerium für Arbeit und Soziales.

13 »Mehr Arbeitslose als offene Stellen. Bundesregierung sieht keinen allgemeinen Fachkräftemangel«, in: *Tagesspiegel*, 1.2.2023.

14 »Bürgergeld zu niedrig: Paritätischer fordert armutsfesten Regelsatz von 725 Euro«, Pressemitteilung vom 9.11.2022.

Maurice Höfgen

Der zersparte Staat

Maurice Höfgen ist Ökonom
und Sachbuchautor

Wir müssen über Geld reden: darüber, wie deutsche Finanzminister mit Geld umgehen. Schließlich gibt es in der Politik kaum eine wichtigere Entscheidung als die, wofür wie viel Geld ausgegeben wird. Deutsche Finanzminister haben in den vergangenen zwei Jahrzehnten erstens zu wenig Geld ausgegeben und zweitens für die falschen Dinge. Seit 2003 investiert der deutsche Staat so wenig, dass die öffentliche Infrastruktur an Wert verliert. Die jährlichen Abschreibungen sind größer als die neuen Investitionen. Heute ist die Infrastruktur in Deutschland 105 Milliarden Euro weniger wert als 2003. Am drastischsten waren die Verluste unter Finanzminister Schäuble mit seiner schwarzen Null, aber auch unter der selbsternannten Fortschrittskoalition geht der Wertverfall weiter: minus 5 Milliarden Euro im Jahr 2022.

Das fällt uns im Alltag auf die Füße: Die Bahn ist unpünktlich, die Autobahn verstopft, das Klassenzimmer überfüllt, die Turnhalle marode, die Stadtbibliothek geschlossen, der Bolzplatz vergammelt, das Krankenhaus überlastet, die Pflegerin ausgebrannt, der Glasfaserausbau ist stockend, der Wohnraum knapp, die Gebäude schlecht isoliert, die Mieten schwindelerregend, die Ämter nicht erreichbar, die Energieversorgung schmutzig, die Energiepreise hoch, der Lebensmitteleinkauf teuer, der Bekannte arbeitslos und die Oma verarmt. Die Aufzählung lässt sich fortsetzen – von fehlenden Masken und überfüllten Intensivstationen während der Coronakrise, zu kleinen Abwasserkanälen und fehlenden Regenrückhaltebecken im Fall von Unwettern, an Russland verkauften Gasspeichern und fehlendem Ausbau von Wind- und Solaranlagen.

Die Finanzminister in Bund und Ländern zählen zu den mächtigsten Politikern des Landes. Zum Kopfschütteln ist deshalb, dass nahezu alle Amtsinhaber von unsinnigen Regeln und konservativer Sparideologie besessen sind, und zwar quer durch die Parteien. Die Tücke: Sparsamkeit ist ein guter Ratgeber für Oma Erna, nicht aber für einen Staat. Peer Steinbrück, Wolfgang Schäuble, Olaf Scholz und Christian Lindner, die letzten vier Bundesfinanzminister, rühmten sich allesamt mit Sparsamkeit. Als Olaf Scholz 2018 – kurz nach seinem Amtsantritt als Finanzminister – vom Journalisten Tilo Jung gefragt wurde, was ihn von seinem Vorgänger Wolfgang Schäuble unterscheide, hatte Scholz keine Antwort parat.[1] Und tatsächlich war die Finanzpolitik unter Scholz kaum von der Schäubles zu unterscheiden. Beide setzten zudem auf denselben Staatssekretär für Haushaltsfragen, den Juristen Werner Gatzer – ebenso wie Schäubles Vorgänger Steinbrück und Scholz' Nachfolger Lindner. Gatzer ist hinter den prominenten Ministern der wichtigste Mann für den Bundeshaushalt, seit 2005 auf seinem Posten und für beinharten Konservatismus in Sachen Finanzpolitik bekannt.

Ein anderes Beispiel: Berlins grüner Finanzsenator, Daniel Wesener, der Ende 2021 in einer rot-rot-grünen Regierung zum Mann des Geldes wurde. In einem seiner ersten Interviews nach Amtsantritt sagte er entlarvenderweise: »Wenn man sich mal anguckt, wie das so in der Finanzpolitik ist, wird man feststellen, da haben auch die Ministerinnen und Minister der unterschiedlichsten Parteifarben in der Regel ziemlich viel gemeinsam.«[2] Er hat recht, aber dieser Umstand ist fatal. Denn um die Missstände der Vergangenheit zu beseitigen, die Energiewende zu wuppen und Deutschland zu modernisieren, braucht es viel Geld, das zudem klug investiert werden muss. Dem stehen aber offenbar nicht nur unsinnige Regeln wie eine viel zu strenge Schuldenbremse im Weg, sondern noch viel mehr die konservative Sparideologie, die bis weit in die politische Linke hineinreicht.

Sparen ist eine Tugend – aber nicht für den Finanzminister

»Spare in der Zeit, dann hast du in der Not« lautet ein bekanntes Sprichwort, das sattelfest in vielen Köpfen zu sitzen scheint. Gemeint ist: Wer in guten Zeiten spart, kommt in schlechten Zeiten besser zurecht – dann, wenn das Auto eine teure Reparatur benötigt, wenn die Versicherung nicht für Zahnersatz aufkommt, wenn ein Corona-Lockdown zu Kurzarbeit oder Betriebsschließungen führt, oder wenn Tanken, Heizen und Kochen durch Mondpreise für Energie das Einkommen auffressen. Wohl dem, der Puffer hat, die sich anzapfen lassen.

Nebenbei bemerkt: Sich einen solchen Puffer aufzubauen, bleibt vielen in Deutschland verwehrt. 2022 musste mehr als die Hälfte der Menschen jeden Cent des Monatseinkommens verwenden, um den Alltag zu bewältigen. Sparen, um einen Puffer aufzubauen? Nicht mehr möglich. Jeder dritte Mensch in Deutschland hatte schon vor der Krise kaum nennenswerte Ersparnisse, jede zehnte erwachsene Person war sogar überschuldet, konnte also ihre laufenden Rechnungen nicht mehr begleichen. Mehr als eine Million Menschen hatten schon vor der Energiekrise sogenannte Energieschulden, konnten also ihre Strom- oder Heizrechnungen nicht bezahlen. Hunderttausenden Haushalten wurde der Strom abgeschaltet. Ein Stapel offener Rechnungen und Mahnungen, rote Zahlen auf dem Kontoauszug und dann im Dunkeln mit den Kindern Mathe lernen – eine Zumutung.

Auch wenn es nicht allen möglich ist, ist Sparen eine private Tugend. Diese Einstellung ist für Oma Erna, Busfahrer Heinz und Bäcker Lutze völlig vernünftig, um nicht zu sagen: einzelwirtschaftlich rational. Für einen Finanzminister aber nicht. Denn ein Finanzminister muss nicht nur die eigenen Finanzen im Blick haben, sondern die der ganzen Wirtschaft. Sprich: Er muss gesamtwirtschaftlich denken, nicht einzelwirtschaftlich.

Genau hier liegt das Problem. 40 Jahre Neoliberalismus haben einzelwirtschaftliches Denken in die Köpfe der Politik gezimmert und gesamtwirtschaftliches Denken gecancelt. Einfach ausgedrückt: Seit 40 Jahren heißt es »Ich, ich, ich« statt »wir«. Niemand hat das besser verkörpert als die britische Premierministerin Margaret Thatcher. Sie hat den Neoliberalismus – man muss es ihr zugestehen – in ein perfektes Framing gegossen und politisch durchgeprügelt.

Ein Beispiel aus einer ihrer bekanntesten Reden: »Wir sollten diese entscheidende Tatsache nie vergessen. Der Staat hat keine andere Geldquelle als das Geld, das die Menschen selbst verdienen. Wenn der Staat mehr Geld ausgeben will, kann er dies nur tun, indem er sich Ihre Ersparnisse leiht oder indem er Sie stärker besteuert. Es gibt kein staatliches Geld, es gibt nur das Steuerzahlergeld.«

Bis heute ist dieses Framing quer durch alle Parteien, Talkshows und Zeitungen als vermeintlicher Konsens verbreitet – von rechts bis links. Alle nutzen den Begriff »Steuergeld« oder »Steuerzahlergeld«, wenn sie über Staatsausgaben sprechen. Der Chaos-Bau des Berliner Flughafens wird von der AfD ebenso als Steuergeldverschwendung gebrandmarkt wie das 100-Milliarden-Sondervermögen für die Bundeswehr von der Linken.

Während wir kulturell immer sprachsensibler werden und Begriffe politisieren, canceln und abwandeln, sprechen die meisten von uns ökonomisch noch mit dem Zungenschlag der Margaret Thatcher. Denkt man einen Moment lang darüber nach, was ihre Sätze bedeuten, erkennt man, welchen Unterschied die scheinbar harmlose Wortwahl macht.

Der Staat habe kein eigenes Geld, nur das seiner Steuerzahler. Geld ist also knapp. Wenn der Staat mal mehr braucht, als er über Steuern einnimmt, muss er es sich von seinen Bürgern leihen, verschuldet sich also bei uns – sprich: Er schuldet uns also irgendwann eine Rückzahlung. Zu Ende gedacht heißt das: Macht der Staat Schulden, nimmt er den Bürgern zukünftig ihr hart erarbeitetes Geld weg; häuft er immer größere Schulden an, zahlt er den Bürgern das geliehene Geld also nicht einmal zurück. Als erfolgreicher Finanzminister gilt also einer, der seinen Bürgern möglichst wenig Steuern abnimmt und keine Schulden macht. Das wäre allerdings ein Finanzminister, der nicht viel zu regeln und entscheiden hat. Kein Zufall, schließlich ist der Kern neoliberaler Überzeugung ein Staat, der sich aus der Wirtschaft heraushält. Deregulierung, Privatisierung, Staatsrückbau: all das steht hinter dem Begriff Steuerzahlergeld.

Genauso verhält es sich mit dem Leistungsträgernarrativ. Nach Thatchers Logik ist der Staat ja von den Steuerzahlern abhängig, besonders von denen, die viele Steuern zahlen – und das sind nun mal die, die besonders viel verdienen, die »Leistungsträger«. Die will man als Regierung natürlich nicht verprellen oder verärgern. Im Gegenteil, ein Finanzminister hat sich gefälligst um deren Interessen zu kümmern. Dass neoliberale Politik also Arbeitgeberverbände, Unternehmen und Milliardäre hofiert, ist nur konsequent und ebenso kein Zufall. Es ist auch kein Zufall, dass in den letzten 40 Jahren die Steuern für Spitzenverdiener, Superreiche und Unternehmen gesenkt, aber Konsumsteuern wie die Mehrwertsteuer erhöht wurden. Ergebnis: Die Friseurin darf im Supermarkt mehr blechen, die BMW-Erbin Klatten wird verschont; das Export-Business von BMW floriert, die Traditionsbäckerei Lutze hat zu kämpfen.

Mythos Steuerzahlergeld

Bevor wir zu den Folgen der Sparideologie kommen, machen wir einen kurzen Ausflug in den Maschinenraum unseres Geldsystems. Woher kommt das Geld, das der Finanzminister ausgibt?

Leider werden Politiker, die von Steuerzahlergeld schwadronieren, nie gefragt, wie es eigentlich entstehen soll. Wenn der Steuerzahler das Geld von seinem Arbeitgeber als Lohn bekommt, woher hat es dann der Arbeitgeber? Von seinen Kunden? Und woher haben die es? Von ihrem Arbeitgeber? Und woher die? Von ihren Kunden? Schnell wird einem schwindelig, weil man sich in einem sogenannten Zirkelschluss befindet, der weder einen logischen Anfang noch ein logisches Ende kennt. Geld wächst nicht auf Steuerzahlern!

Ein einfaches Beispiel: Das Gesellschaftsspiel Monopoly. Jeder kennt es, viele hassen es, weil das geliebte Familienmitglied im Spiel zum eiskalten Erzkapitalisten wird. Man kann aber eine wichtige Lektion aus dem Spiel lernen. Am Anfang bekommt jeder Spieler 1.500 Euro Startgeld aus der Monopoly-Bank. Nehmen wir an, der erste Spieler würfelt gleich eine Vier und kommt auf das Feld, das eine Steuer von 200 Euro erhebt. Diese Steuer kann der Spieler nur begleichen, weil zu Beginn des Spiels Geld aus der Monopoly-Bank verteilt wurde. Ohne Startgeld hätte der Spieler gar nicht die notwendigen Mittel, wäre also gleich pleite. Die Monopoly-Bank ist im Spiel die Herausgeberin der Währung, der Souverän. Die Spieler brauchen das Geld der Bank, nicht die Bank das Geld der Spieler. Niemand käme auf die Idee zu behaupten, die 1.500 Euro Startgeld im Spiel seien von den Spielern erarbeitet oder erwirtschaftet worden. Warum dann aber in der echten Wirtschaft?

Da funktioniert es genauso. Die Steuerzahler können ihre Steuern nur in Euro zahlen, weil der Staat vorher Euros erzeugt hat. In der Eurozone ist es etwas komplizierter, weil sich viele Länder eine gemeinsame Währung teilen, aber jeder Euro, der an Steuern beim Finanzminister ankommt, muss vorher irgendwann von der Europäischen Zentralbank erzeugt worden sein. Sie ist quasi die Monopoly-Bank. Die Steuerzahler bezahlen mit staatlichem Geld, nicht der Staat mit Steuerzahlergeld – das Gegenteil dessen, was Thatcher als »fundamental truth« bezeichnet!

Ein Staat mit souveräner Währung agiert deshalb unter ganz anderen Voraussetzungen als Bäcker Lutze und Oma Erna. Lutze und Erna müssen erst Geld verdienen, bevor sie es ausgeben können; sie sind also finanziell eingeschränkt, ihre Mittel sind knapp. Da gilt das Gegenteil: Ein Staat muss erst sein eigenes Geld erzeugen und ausgeben, bevor Lutze und Erna es nutzen können, um ihre Steuern zu zahlen. Ein Staat ist finanziell nicht eingeschränkt, die Mittel sind unendlich. Geld ist nicht knapp. Güter und Arbeitskraft sind knapp, Geld aber nicht. Diese einfache Einsicht verdeckt das thatchersche Framing vom Steuerzahlergeld.

Und was ist, wenn der Staat mehr ausgibt, als er einnimmt – sprich Schulden macht? Dann entsteht neues Geld, das sich die Regierung über den Umweg von Staatsanleihen besorgt. Neues Geld, das dann in der Privatwirtschaft landet, auf den Konten von Bäcker Lutze und Oma Erna.

Anders als häufig angenommen, leiht sich der Staat also nicht das Geld seiner Bürger. Dafür schauen wir uns einmal an, wie die Staatsverschuldung in Deutschland genau abläuft. Leider ist das Verfahren unnötig kompliziert und den wenigsten bekannt. Um ein paar Absätze technischer Details kommen wir deshalb leider nicht umhin.

Fangen wir ganz vorne an: Der Bund führt sein Konto bei der Bundesbank. Das Konto wird »Zentralkonto des Bundes« genannt. Über dieses Konto tätigt der Finanzminister Ausgaben und empfängt Steuern. Die politische Regel: Wenn das Konto einmal überzogen wird, muss es spätestens am Folgetag wieder aufgefüllt werden. Wie füllt er das Konto auf? Nun, zum einen über Steuereinnahmen und zum anderen über den Verkauf von Staatsanleihen.

Staatsanleihen verkauft der Finanzminister über die Deutsche Finanzagentur – eine GmbH, die ihm zu 100 Prozent gehört. Das geschieht üblicherweise per Auktion an eine Gruppe von etwa 30 ausgewählten Geschäftsbanken – die sogenannte »Bietergruppe Bundesemission«. Nur diese von der Bundesbank ausgewählten Banken dürfen an der Auktion teilnehmen. Man kann sich das wie eine hochexklusive Ebay-Auktion vorstellen. Auch hier gilt: Der Höchstbietende gewinnt.

Die Bank, die die Auktion gewinnt, muss die Anleihe mit Guthaben bei der Zentralbank bezahlen. Die Regierung bekommt daraufhin neues Guthaben bei der Zentralbank, die Bank verliert ihres. Ein Konto geht hoch, ein anderes herunter. Dafür erhält die Bank im Gegenzug die Staatsanleihe und kassiert Jahr für Jahr Zinsen. Das Verfahren bestätigt auch ein Gutachten des Wissenschaftlichen Dienstes des Bundestags mit dem Titel »Verfahren und Wirkungen bei der Emission von Bundeswertpapieren« (Aktenzeichen WD 4 - 3000 - 129/20). Dort heißt es: »Die oben dargestellten Transaktionen wurden ausschließlich in Zentralbankgeld abgewickelt: Bundeswertpapiere wurden gegen Zentralbankgeld (Guthaben bei der Bundesbank) an die Mitglieder der Bietergruppe Bundesemissionen verkauft und dem Bund steht nach Abschluss des Verkaufs ein höherer Kontostand bei der Zentralbank zur Verfügung«.

Wichtig hierbei: Da nur Geschäftsbanken und der Staat Konten bei der Zentralbank führen, Privatpersonen aber nicht, können Privatpersonen an der Auktion nicht teilnehmen. Bäcker Lutze und Oma Erna dürfen und können also gar nicht mitbieten, selbst wenn sie wollten. Der Finanzminister leiht sich also nicht das Geld seiner Bürger – das ist technisch gar nicht möglich –, sondern beschafft sich neues Zentralbankguthaben über den Umweg der Banken. Woher bekommen die Banken die Guthaben vorher? Von der Zentralbank. Ähnlich wie bei Monopoly, wo alles Spielgeld von der Monopoly-Bank kommt.

Im Detail geht das so: Die Zentralbank versorgt die Banken zu einem von ihr festgelegten Zinssatz mit unbegrenzten Kreditlinien (die sogenannten »ständigen Fazilitäten«). Darüber hinaus kann die Zentralbank den Banken mit ihren sogenannten »Offenmarktgeschäften« Wertpapiere mit Zentralbankguthaben abkaufen. Durch den Versuch der EZB, die Wirtschaft zwischen 2012 und 2021 mit expansiver Geldpolitik und großangelegten Anleihekäufen anzukurbeln, schwimmen die Banken heute ohnehin in Zentralbankguthaben, brauchen also die Kreditlinien der Zentralbank kaum noch.

Hat die Regierung die Staatsanleihen erst einmal an die Bank verkauft, kann sie die Anleihen entweder selbst behalten, um die Zinsen einzustreichen, oder sie mit Preisaufschlag weiterverkaufen – zum Beispiel an Privatinvestoren (vielleicht auch an Bäcker Lutze oder Oma Erna), Rentenfonds, Versicherungen oder auch die EZB. Das ist für das Konto der Regierung aber egal, das ist längst gefüllt.

Wir lernen hieraus die Kernbotschaft: Das ganze Geld, das sich die Regierung über den Umweg der Staatsanleihen und Geschäftsbanken von der Zentralbank beschafft, entsteht aus dem Nichts, per Knopfdruck der Zentralbank. Noch dazu erzeugt es neue Einkommen im Privatsektor, wenn vom Staat ausgegeben wird. Hier gilt das alte ökonomische Gesetz: Die Ausgaben des einen sind die Einnahmen eines anderen. Wenn der Staat Geld ausgibt, dann erhält der Empfänger der Zahlung neues Geld auf seinem Bankkonto. Wenn der Staat Schulden macht, nimmt er also niemandem Geld weg, sondern bringt neues in den Umlauf!

Technisch läuft das so: Der Staat überweist das Zentralbankguthaben an die Bank des Zahlungsempfängers. Sagen wir mal: Oma Erna bekommt ihre Rente ausgezahlt. Da sie selbst kein Konto bei der Zentralbank hat, ist ihre Geschäftsbank, zum Beispiel die Sparkasse, zwischengeschaltet. Die bekommt Zentralbankguthaben vom Staat überwiesen und schafft für Oma Erna in gleicher Höhe neues Giralgeld, sprich: Bankguthaben. So schreibt es auch der Wissenschaftliche Dienst des Bundestags in seinem erwähnten Gutachten: »In dem Moment allerdings, in dem der Bund das Guthaben auf seinem Zentralbankkonto zur Finanzierung seiner Aufgaben verwendet, zum Beispiel Straßenbau, Sozialleistungen etc., fließen diese Mittel auf Geschäftsbankkonten. Durch diese Transaktionen entsteht neues Buch- beziehungsweise Giralgeld, wodurch sich die Geldmenge erhöht.«

Folgt man der Spur der Euros zurück, die die Regierung ausgibt, landet man letztlich immer bei der Zentralbank – nicht bei irgendwelchen Steuerzahlern oder Leistungsträgern. Geld wird geschöpft, nicht erwirtschaftet. Und, nein, Geld wächst auch nicht auf reichen Menschen.

Politische Zwangsjacken: Schuldenbremse & Co.

Anschließend an Thatchers Framing ließen sich dem Staat ganz bequem neue Zwangsjacken verpassen. In den EU-Verträgen wurden in den 90er Jahren strenge Schuldenregeln verankert. Was Thatcher in den 80ern in Großbritannien begann und den Geist der EU-Verträge dominierte, kopierte SPD-Kanzler Gerhard Schröder spätestens mit der Agenda 2010 und der Senkung des Spitzensteuersatzes für Deutschland. Wohlgemerkt in einer rot-grünen Regierung!

Die darauffolgende Große Koalition aus SPD und CDU SPD-Finanzminister Peer Steinbrück, das erste Kabinett unter Merkel, war es, die die Unternehmensteuer senkte und die Mehrwertsteuer anhob. Körperschaftsteuer sank von 25 auf 15 Prozent, die Gewerbesteuermesszahl von 5 auf 3,5 Prozent und Kapitalerträge wurden dank Einführung der Abgeltungssteuer nur noch pauschal mit 25 Prozent statt mit dem persönlichen Einkommensteuersatz von damals 42 Prozent. Die Mehrwertsteuer stieg von 16 auf 19 Prozent.

Der damalige Juso-Bundesvorsitzende Björn Böhning nannte das Gesetzespaket »einen schweren Schlag für das soziale Profil der SPD«. Böhnning weiter: » Die Ausfälle durch die Unternehmensteuerreform entsprechen etwa einem Mehrwertsteuerpunkt. Die Bürgerinnen und Bürger zahlen damit die weitere Entlastung großer Unternehmen.«[3] Über diese verheerende Steuerreform spricht heute niemand mehr. Allerdings nur, weil die sozialen Verwüstungen der Agenda 2010 bis heute alles überschatten – und ebenso das Profil der SPD prägen. Zurecht – sind ihre Architekten noch heute Teil der Regierung. Der heutige Kanzler Olaf Scholz drückte als Generalsekretär die Agenda 2010 durch die SPD, der heutige Arbeitsminister Hubertus Heil ein paar Jahre später die Steuerreform – auch als Generalsekretär damals!

Weil Steuersenkungen für Reiche, Bankenpleiten und der wirtschaftliche Einbruch der Finanzkrise 2008 den Staatsschuldenstand von knapp über 60 auf knapp über 80 Prozent erhöht hatten, wurde ein Jahr später die dümmste aller Regeln mit Zweidrittelmehrheit ins Grundgesetz gegossen: die Schuldenbremse. SPD-Finanzminister Peer Steinbrück war die treibende Kraft für den Bund, Horst Seehofer für die Länder. In seiner Rede im Bundestag nannte Steinbrück die Schuldenbremse eine »finanzpolitische Entscheidung von historischer Tragweite«.[4] Damit sollte er Recht behalten, aber feierlich ist daran nichts. Übrigens: die FDP enthielt sich damals, weil ihr die Schuldenbremse für die Länder noch nicht streng genug war. Finanzpolitik für die FDP machte damals der heutige Verkehrsminister Volker Wissing.

Als Begründung für die Schuldenbremse brachte Finanzminister Steinbrück hervor, dass Deutschland »in einem Schraubstock der Verschuldung« stecke. »Der steigende Schuldenstand und die steigende Zinslastquote verkarsten den Bundeshaushalt zusammen«. Um die Zinsen zu senken, müsse Deutschland das Vertrauen der Finanzmärkte zurückgewinnen. Im Wortlaut, der auch so heute von Christian Lindner gesprochen wird, klang das so: »Wir müssen auch den Finanzmärkten ein Signal geben, dass in Deutschland eine solide Haushaltspolitik betrieben wird«.[5]

Auch das gehört zum Playbook des Neoliberalismus: Staaten in die Abhängigkeit von internationalen Finanzmärkten zu reden und private Ratingagenturen die Kreditwürdigkeit von Staaten bilanzieren zu lassen. Steinbrück bemerkte: »Ein Resultat der von mir erwähnten weltweiten Finanzkrise ist es, dass plötzlich die Kreditwürdigkeit ganzer Staaten infrage gestellt ist.« »Wenn sich inzwischen selbst die Vereinigten Staaten von Amerika und das Vereinigte Königreich vergegenwärtigen müssen, dass sie heruntergerated werden können«, so Steinbrück, dann müsse Deutschland erst recht auf seine Bonität am internationalen Finanzmarkt achten.

Da wir jetzt ja wissen, wie das mit den Staatsanleihen funktioniert, können wir Steinbrück gleich widerlegen. Das Geld, das sich die Regierung besorgt, ist letztlich immer Geld der eigenen Zentralbank. Weder die USA noch Deutschland können pleitegehen, solange die amerikanische oder die europäische Zentralbank das nicht wollen. Theoretisch könnten die »internationalen Finanzmärkte« bei der Staatsfinanzierung komplett umgangen werden, indem der Staat seine Anleihen direkt an die Zentralbank verkauft – oder, noch einfacher, sein Konto bei der Zentralbank überziehen könnte. Die Auswirkungen auf die Wirtschaft wären dieselben wie vorher, nämlich dass Ausgaben in der Privatwirtschaft landen. Einzig die Banken würden keine Staatsanleihen bekommen und die internationalen Ratingagenturen hätten weniger Einfluss.

Ein interessantes Detail: Die Schuldenbremse des Bundes ist nicht so streng wie die der Bundesländer. Der Bund darf sich jedes Jahr um 0,35 Prozent verschulden (plus ein bisschen mehr, wenn die Wirtschaft mies läuft), die Bundesländer hingegen gar nicht – das sogenannte »strukturelle Defizit« liegt bei null Komma null. Damit sind die deutschen Schuldenregeln strenger als die EU-Regeln, die 0,5 Prozent Neuverschuldung erlauben. Wieso? Weil Horst Seehofer als Chefverhandler für die Bundesländer besonders streng und diszipliniert sein wollte. Steinbrück erklärte dazu in erwähnter Bundestagsrede, dass die Länder eigentlich ein Ziel von 0,15 Prozent auferlegt bekommen sollten, um in Summe auf die europäischen 0,5 zu kommen. Die »Landesfürsten« lehnten das aber, »zum Erstaunen der Bundesvertreter«, ab, so Steinbrück, der dazu ergänzte: »Ich sage etwas flapsig: Das ist doch deren Problem und nicht mein Problem. Dann sollen sie es regeln. Ich habe nichts dagegen, wenn sie diese Position im Bundesrat verändern.«[6]

Und tatsächlich wurde das zum Problem. Das Gros der öffentlichen Investitionen wird in Deutschland nämlich in den Ländern und Kommunen getätigt. Und die Länder wiederum sind für die finanzielle Ausstattung der Kommunen zuständig. Logischerweise gilt also: Je enger die finanzielle Zwangsjacke der Länder, desto schlechter die Finanzierung der Kommunen, desto gravierender die Auswirkungen auf die Investitionstätigkeit. Laut der deutschen Investitionsbank Kreditanstalt für Wiederaufbau (KfW) beträgt der kommunale Investitionsstau rund 160 Milliarden Euro.[7] Hinter dieser abstrakten Zahl stecken geschlossene Jugendzentren und Hallenbäder, marode

Straßen und Turnhallen, baufällige Verwaltungs- und Schulgebäude, verkommene Spiel- und Sportplätze, schlecht ausgestattete Krankenhäuser und Feuerwehrstationen und so weiter. Ein Armutszeugnis für die viertgrößte Volkswirtschaft der Welt.

Und das bezieht sich nur darauf, die bestehende Infrastruktur zu modernisieren. Zukunftsinvestitionen sind noch gar nicht einberechnet, ebenso wenig die staatlichen Personalausgaben. Im öffentlichen Dienst sind 300.000 Stellen unbesetzt. Gesundheitsämter, Planungsbehörden, Verkehrsbetriebe, Krankenhäuser, Pflegeheime, Kitas und Schulen sind strukturell unterbesetzt. Das Investitionsproblem wird dadurch verstärkt, weil zum Beispiel Genehmigungen länger dauern, die ärztliche Betreuung schlechter ausfällt und die junge Generation nicht die Bildung bekommt, die sie verdient. Das wiederum fällt sogar der Privatwirtschaft auf die Füße. Sie braucht gut gebildete Fachkräfte – erst recht, weil die Gesellschaft immer älter wird. Sie ist auf öffentliche Infrastruktur wie Schienen, Straßen und Brücken angewiesen, um Güter und Mitarbeiter zu transportieren. Tagtäglich verstopfen vollgeladene LKWs deutsche Autobahnen, statt über ein modernes und großzügig ausgebautes Schienennetz per Güterbahn transportiert zu werden. Die Privatwirtschaft braucht ausgebaute Stromnetze, stabile Energiepreise und erstklassiges Internet genauso wie staatliche Grundlagenforschung und Förderung. Aus diesen Bereichen hat sich der Staat vielfach zurückgezogen und sie privaten Quasi-Monopolen überlassen.

Kurz: Die Schuldenbremse ist in Wahrheit eine Investitionsbremse, die unterm Strich der ganzen Wirtschaft schadet.

Aber nicht nur das: Sie ist auch eine Sozialstaatsbremse. Denn genauso verhindert sie eine ordentliche Absicherung beim umkämpften Bürgergeld oder der Kindergrundsicherung. Sie ist die ins Grundgesetz gegossene Sparideologie. Allerdings führt das Sparen nicht dazu, dass wir unseren Wohlstand bewahren, sondern dazu, dass wir ihn aufs Spiel setzen.

Übrigens: Auch an der Energiekrise und dem Preisschock von 2022 hat die Schuldenbremse ihren Anteil. Hätte Deutschland, statt sich kaputtzusparen, längst eine Investitionsoffensive für bessere Stromnetze, energetisch sanierte Gebäude, einen Hochlauf von Wärmepumpen, mehr Windräder und Solaranlagen, Forschung an Speichertechnologien und einer wirklichen Verkehrswende gestartet, wären wir weder so abhängig von Putins Gas gewesen noch hätte der Preisschock so heftig eingeschlagen. Allein bei der Stromproduktion unabhängig vom Gas zu sein, hätte den massiven Anstieg der Strompreise verhindert und die Inflationsrate gedämpft. Anders als Finanzminister Lindner behauptet, ist die Schuldenbremse auch keine Inflationsbremse, sondern ein Inflationsbeschleuniger!

Die Not entlarvt die Tugend

Die Ideologie der Schuldenbremse ist damit also technisch widerlegt. Weder ist Geld knapp, noch ist das Framing vom Steuerzahlergeld haltbar, noch hängt ein souveräner Staat am Tropf internationaler Finanzmärkte, für die er sich mit einer solchen Regel disziplinieren und aufhübschen muss.

Aber auch das stumpfe Schwert der Wirklichkeit hat die Schuldenbremse längst eingeholt. Jahrelang wurden Investitionen aufgeschoben oder gestrichen, um bloß die selbstgewählten Regeln einzuhalten. Unter Wolfgang Schäuble (CDU) wurde gar die schwarze Null zum höheren Ziel auserkoren. Die stand nie im Grundgesetz, sondern war ein Marketing-Move der Union, um sich als solide und nachhaltig zu gerieren. Stolz waren sie, dass sie nicht einmal die 0,35 Prozent, die die Schuldenbremse an Neuverschuldung zulässt, ausnutzen mussten, – während die Infrastruktur verrottete. Auch Olaf Scholz machte dabei als Finanzminister mit. Auch er fuhr 2018 und 2019 noch Haushaltsüberschüsse ein. Exemplarisch für den finanzpolitischen Wahnsinn und den Marketinggedanken dahinter war ein Sharepic, das die CDU-Parteizentrale vor einigen Jahren auf Twitter teilte. Zu sehen war eine große schwarze Null mit einer Ledermütze; dazu der Text: »Wir stehen zu unserem Fetisch«. Dazu im Begleittext: »Solide Finanzen ohne neue Schulden!«. Das sei die beste Voraussetzung für Investitionen in die Zukunft. Angesichts zweier Jahrzehnte negativer Nettoinvestitionen, des massiven Wertverfalls öffentlicher Infrastruktur und eines Investitionsstaus von hunderten von Milliarden Euro kommt man sich verkohlt vor.

Spätestens die Pandemie und eine vom Krieg ausgelöste Energiekrise sollten aber die Sparideologie und das Gerede vom knappen Geld endgültig widerlegen. Die Schuldenbremse und auch die europäischen Schuldenregeln mussten ausgesetzt werden, um die Krisen durchzustehen – um Impfstoff zu finanzieren, um Firmen und Arbeitsplätze zu retten, um LNG-Terminals als Alternative zu Putin-Gas zu bauen und um die Menschen von den hohen Energiepreisen zu entlasten. Über den Daumen gepeilt: 400 Milliarden neue Schulden während der Pandemie und rund 300 Milliarden für Krieg und Energiekrise stehen für Deutschland zu Buche. Wenn es drauf ankommt, ist also offensichtlich Geld da. Und zwar problemlos. Geld war nie knapp, politischer Wille und finanzpolitische Vernunft aber schon.

Im Zweifel wird sogar das Grundgesetz umgangen. Die Ampel schob 60 Milliarden an Coronakrediten in den Klimafonds, um die Schuldenbremse auszutricksen. Die 100 Milliarden für die Bundeswehr wurden mit Zugeständnissen an die CDU zwecks Zweidrittelmehrheit neben die Schuldenbremse in das Grundgesetz gezwängt. Man kann darüber streiten, ob die 100 Milliarden für die Bundeswehr nötig sind oder nicht; aber eigentlich müssten selbst die konservativen Verfechter der schwarzen Null und der Schuldenbremse nach diesem Move eingestehen, dass die Schuldenbremse sogar die ureigenste Aufgabe eines Staates blockiert: die Fähigkeit zur Selbstverteidigung. Der 200 Milliarden »Doppelwumms« wurde über den Wirtschaftsstabilisierungsfonds an der Schuldenbremse vorbeigeschoben. Die 10 Milliarden für die Aktienrente, das Lieblingsprojekt der FDP, sind von der Schuldenbremse ausgenommen, weil sie eine Anlage und Ausgabe zugleich ist. Der Staat zahlt Geld, aber erwirbt etwas dafür. Sein Nettovermögen bleibt unverändert.

Eigentlich bräuchte es neben der ganzen Krisengelder in den nächsten Jahren auch Investitionen in Milliardenhöhe, um die Energiewende zu wuppen und Deutschland klimaneutral zu machen. Wie schon bei den Krisen vorher gilt für die Klimakrise noch mehr: Geiz ist nicht geil, sondern teuer. Vorausschauend zu investieren ist günstiger, als es zu unterlassen und am Ende im Angesicht der Not noch viele mehr Milliarden ausgeben zu müssen. Die Schuldenbremse ist blind gegenüber notwendiger Vorsorge, aber kann im Krisenfall zur Nachsorge ausgehebelt werden. Eine denkbar schlechte Lösung. Wenn man allerdings heute über massive Klimainvestitionen oder die Kindergrundsicherung spricht, dann ist Geld plötzlich wieder ganz knapp und die Schuldenbremse wieder ganz heilig. Die Ideologie der Schuldenbremse ist angeknackst, aber noch nicht entsorgt.

Diese Verrenkungen machen die Schuldenbremse auch zur Demokratiebremse. Juristische Umgehungen sind für Bäcker Lutze und Oma Erna nur schwer nachzuvollziehen. Die Wähler wissen nicht mehr, wofür Geld da ist und wofür nicht. Einerseits gibt es ein Framing, das manipulativ in die Irre führt, andererseits dumme Regeln, die dann noch selbst hintergangen werden. Wenn Politik unerklärlich wird, schadet das der Demokratie.

Aber auch ganz grundsätzlich muss man fragen, warum das Haushaltsrecht per Grundgesetz so stark beschnitten werden darf, dass eine gewählte Regierung finanziell massiv eingeschränkt ist. Vielleicht so stark, dass eine Regierung den Wählerwillen nicht umsetzen kann, weil politische Regeln es verhindern.

Neue Tugenden brauchen die Finanzminister

Genug mit der Ideologie der Schuldenbremse! Es braucht einen Kurswechsel, im Sinne der Demokratie, der Arbeiterklasse und der künftigen Generationen. Was also tun?

Vor allem braucht die politische Linke eine Gegenerzählung, ein neues Framing, um neue Mehrheiten zu erschließen und die politische Macht zu erlangen, die es für einen Kurswechsel braucht. Ohne Hegemonie in der politischen Debatte ließen sich keine Forderungen in die Realität umsetzen. Und in der Zwangsjacke des neoliberalen Framings ist kein Blumentopf zu gewinnen. Solange man Christian Lindner und Wolfgang Schäuble nach dem Mund redet, kann man nur verlieren. Der Begriff »Steuerzahlergeld« gehört aus dem Wortschatz gestrichen. Sicher ist es verlockend, wenn man ihn beispielsweise gebrauchen will, um damit populistisch die Geldverschwendung der Regierung zu kritisieren, aber auch dann wird er mehr langfristigen Schaden als kurzfristigen Nutzen stiften. Bei Kulturthemen hat man Sprache als Waffe längst begriffen, bei Wirtschaftsthemen ist dies überfällig.

Die Herausforderung ist sicherlich, dass »Schulden« ein negativ belegter Begriff ist, weil er in unserer Alltagserfahrung mit Risiko und Schuld verbunden wird. Deshalb müssen Linke, die etwas verändern wollen, sich erstens besser mit dem Geldsystem auskennen als die politische Konkurrenz und sich zweitens in Übersetzungen üben. Wenn Christian Lindner in der Talkshow behauptet, dass er im Sinne künftiger Generationen handelt, weil er im Haushalt sparsam sei, dann muss es vorbereitete Konter geben – Konter, die darauf aufbauen, dass marode Schulen und ein brennender Planet die wahre Belastung künftiger Generationen sind. Und dass Ausgabenkürzungen schlecht für die Wirtschaft sind. Wenn Christian Lindner weniger Geld ausgibt, dann wird woanders in der Wirtschaft weniger eingenommen. – Wem will Herr Lindner also Einkommen streichen? Wen will er ärmer machen? – Das müssten die Gegenfragen sein. So wird nämlich Lindners positives Framing ins Negative gewendet und gegen ihn verwendet.

Linke, die sich damit nicht auseinandersetzen und stattdessen immer wieder die neoliberalen Märchen reproduzieren, verraten die Klasse, die sie eigentlich vertreten wollen – wenn auch unbewusst. Nie war der Ruf der staatlichen Sparsamkeit und der Schuldenbremse so schlecht wie nach diesen Krisen. Das ist eine historische Chance.

Ein neues Framing muss aber nicht nur Wörter durch andere ersetzen, das wäre naiv, sondern auch den Haushalt eines Finanzministers als Mittel zum Zweck und nicht als Selbstzweck begreifen. Die Schuldenbremse macht aus den Zahlen im Haushalt einen Selbstzweck. Wichtiger als Buchhaltungsergebnisse sind aber reale Ziele: Beschäftigung, Lohnniveau, Armutsquote, Inflation, Sanierungsquote, Emissionen, Energieeffizienz, Nettoinvestitionen, Schulperformance und so weiter. Die Forderung nach politischen Maßnahmen sollte immer darauf ausgerichtet sein. Der Haushalt eines Finanzministers kann helfen, diese Ziele zu erreichen, und sollte niemals ein Grund sein, sie zu verfehlen.

Verschwendung sollte in materiellem Sinne verstanden werden, nicht als Ausgabe von Haushaltsmitteln. Wenn staatliche Baumaßnahmen ineffizient ausgeführt werden, ist das in erster Linie eine Verschwendung von Zeit und Arbeitskraft, nicht unbedingt von Geld. Handwerker, Ingenieure und deren Arbeitszeit sind nämlich knapp. Je häufiger und effizienter sie eingesetzt wird, desto größer unser Wohlstand. Wäre der Berliner Flughafen kein Chaosprojekt geworden, hätten die Baufirmen in der Zeit längst noch mehr Projekte umsetzen können. Verschwendung ist es außerdem auch, wenn produzierter Windstrom nicht gespeichert oder transportiert werden kann. Oder wenn Jugendliche ohne Abschluss die Schule verlassen. Oder wenn Menschen einen Job suchen, aber keinen finden. Verschwendet werden Ressourcen und Talente – sie verschwenden wir in Deutschland haufenweise. Solide Haushaltspolitik wäre eine solche, die Ressourcen nicht verschwendet, sondern bestmöglich für die eben genannten Ziele einsetzt. Darauf müsste die Debatte gelenkt werden, dann würden neoliberale Finanzminister mit ihrer Sparideologie alt aussehen.

Gemeinsam mit einem neuen Framing braucht es aber auch konkrete Reformvorschläge. Die Regeln, nach denen Europa, Bund, Länder und Gemeinden Geld ausgeben, müssen neu justiert werden. Gerade die Gemeinden brauchen mehr Handlungsspielräume, weil sie den Großteil der Investitionen wuppen. Stellschrauben gibt es auf allen Ebenen viele.

Die Schuldenbremse etwa lässt sich umgehen, aussetzen oder reformieren. Die Ampel ist längst selbst Umgehungsprofi geworden. Die 100 Milliarden für die Bundeswehr laufen in einem Sondervermögen, das extra mit einer Zweidrittelmehrheit in die Verfassung geschrieben wurde, an der Schuldenbremse vorbei. Weil beides Verfassungsrang hat, wirkt die Schuldenbremse nicht auf das Sondervermögen. Ebenso umgangen wird die Schuldenbremse auch bei der Aktienrente um ganze zehn Milliarden, weil das als finanzielle Transaktion gilt. Gleiches ließe sich zum Beispiel bei der Bahn für Investitionen nutzen. Wenn der Bund bei der Deutschen Bahn AG Eigenkapital zuschießt, gilt das als finanzielle Transaktion und wird bei der Schuldenbremse ausgeklammert. Oder der Bund gründet eine Investitionsgesellschaft, stattet die mit kräftig Eigenkapital aus und lässt sie in den Bau von Sozialwohnungen und die energetische Sanierung öffentlicher Gebäude investieren.

Ein interessantes Lehrstück ist der Ampel auch beim 200-Milliarden-»Doppelwumms« gelungen. Weil die Schuldenbremse 2022 kriegsbedingt ausgesetzt war, durften solche Ausgaben, die wegen des Krieges notwendig wurden, an der Schuldenbremse vorbeilaufen. Deshalb hat die Ampel ein weiteres Sondervermögen, den sogenannten Wirtschaftsstabilisierungsfonds, im Jahr 2022 mit 200 Milliarden gefüllt und gibt dieses Geld bis 2024 für Investitionen in LNG-Terminals, Energiepreisbremsen und andere Hilfen aus. Zwar griffe 2023 schon wieder die Schuldenbremse, da die Schulden aber 2022 verbucht und im Sondervermögen geparkt wurden, sind so Milliarden an der Schuldenbremse vorbeigeschleust worden. Gleiches wurde 2021 mit dem Klimafonds gemacht, in den 60 Milliarden an Schulden geparkt wurden, die mit der pandemiebedingten Aussetzung der Schuldenbremse legitimiert wurden. Diese beiden Vorgehen brauchten nur die einfache 50-Prozent-Mehrheit der Regierung, anders als die Gelder für die Bundeswehr.

Denkbar wäre auch, die Schuldenbremse mit der Begründung »Klimanotstand« auszusetzen, um so Milliarden für die Energiewende und Umweltschutz ausgeben zu können. Bundesländer wie Bremen und das Saarland machten das 2023 bereits. Wo ein Wille, da ein Weg, wie man jetzt schon erkennt.

Schließlich könnte man die Schuldenbremse noch reformieren – mit kleinen und großen Hebeln. Ein kleiner, technischer Hebel wäre eine Reform der sogenannten Konjunkturkomponente. Diese Komponente ist Teil der Berechnung, wie viele Milliarden die Regierung schuldenbremsenkonform ausgeben darf. Die Idee dahinter ist, dass der Staat weniger Schulden machen darf, wenn die Wirtschaft voll ausgelastet ist und zu überhitzen droht; und dass er mehr Schulden machen darf, wenn die Wirtschaft in der Krise ist. Das ergibt grundsätzlich Sinn, aber die konkrete Formel dahinter ist leider zu konservativ. Doch sie ließe sich mit einfacher Mehrheit so ändern, dass die Regierung selbst unter der geltenden Schuldenbremse ein paar Milliarden mehr Beinfreiheit bekäme – erst recht, wenn die Wirtschaft drei Jahre hintereinander schlecht gelaufen ist.

Eine grundsätzliche Reform bedürfte einer Zweidrittelmehrheit. Die Gewerkschaften plädieren beispielsweise für die sogenannte goldene Regel. Demnach wären die Nettoinvestitionen von der Schuldenbremse ausgeklammert. Immerhin. Das Ganze hat aber zwei Haken. Erstens: Ausgaben für Soziales oder für Personal wären weiterhin stark eingeschränkt. Auf Bundesebene machen Investitionen allerdings nur circa zehn

Prozent aller Ausgaben aus. Diese Reform brächte also eine Verbesserung zum Status quo, aber keinen wirklichen Durchbruch. Zweitens: Selbst die alte Gesetzesfassung aus 2009 wäre fortschrittlicher als die goldene Regel. Denn danach waren Schulden in Höhe der Bruttoinvestitionen erlaubt, sprich: ohne Abzug der Abschreibungen. Zwischen Brutto und Netto liegen einige Milliarden, die man dringend gebrauchen könnte. Natürlich könnte man die Schuldenbremse für den Bund auch vollständig streichen und der Regierung all die Ausgaben ermöglichen, die sie für richtig hält. Gibt sie das Geld schlecht aus, wird sie eben abgewählt. Das wäre nicht nur die fortschrittlichste, sondern auch die demokratischste Variante – leider aber auch die unrealistischste.

Was Investitionen in Schulen, Kitas und Stromnetze angeht, sind zudem die Finanzen der Kommunen der wichtige Hebel. Rund ein Drittel aller Kommunen sind heute überschuldet und kürzen an Investitionen und Personal. Das Grundproblem der Kommunen ist folgendes: Die Einnahmen schwanken parallel mit der Konjunktur; die Ausgaben aber sind größtenteils unabhängig von ihr, ein Teil verhält sich sogar gegenläufig.

Der Großteil der Einnahmen geht auf Steuern zurück, am zweitwichtigsten sind Zuweisungen von Bund und Ländern. Die wichtigsten Steuern für die Kommunen sind die Einkommensteuer, die Gewerbesteuer und die Umsatzsteuer. Die Krux: Alle drei boomen bei guter Konjunktur. Und alle drei fallen, wenn die Wirtschaft lahmt. Genau so geschehen ist es während der Pandemie, als der Bund den Kommunen die ausfallenden Gewerbesteuereinnahmen erstattet hat.

Obendrauf kommt: Ob die Wirtschaft gut oder schlecht läuft, kann die einzelne Kommune kaum beeinflussen. Dafür ist ihr eigenes Gewicht viel zu klein. Die Länder und der Bund haben mit ihrer Politik einen viel größeren Einfluss – oder eben externe Schocks wie Krieg und Pandemie. Besonders absurd: die Gewerbesteuerumlage. Die Kommunen geben 15 Prozent ihrer Gewerbesteuereinnahmen noch nach oben an den Bund ab.

Zu den Ausgaben der Kommunen wiederum zählen vor allem Personalkosten: Von der sozialen Daseinsvorsorge aus Pflege und Erziehung bis zum Betrieb der öffentlichen Infrastruktur bei Bahnen, Verwaltung oder Müllentsorgung. All jene müssen arbeiten und bezahlt werden, unabhängig vom Zustand der Konjunktur. Ebenso sind Investitionen in Kitas, Straßen, Schulen, Bäder und Kanäle unabhängig davon, ob die Wirtschaft boomt oder kriselt. Oder die Kosten zur Unterbringung von Geflüchteten. Die großen Kostenblöcke haben gar nichts mit der Konjunktur zu tun, sind aber schwankenden Einnahmen ausgesetzt. Wer kommt auf eine solche Idee?

Noch schlimmer ist es bei den Sozialausgaben. Die laufen nämlich gegenläufig zur Konjunktur. Wenn die Wirtschaft schlecht läuft, gibt es mehr Arbeitslose und entsprechend mehr Ansprüche auf Arbeitslosengeld, die Sozialausgaben steigen. Denn die Kommunen kommen für einen Teil der Unterkunftskosten auf. Immerhin: Seit Corona tragen Kommunen nur noch zu 25 Prozent die Kosten der Unterkunft, vorher war es noch die Hälfte.

Das Ergebnis: Kriselt die Wirtschaft, fallen die Einnahmen, während die Ausgaben steigen. Städte wie Duisburg oder

Regionen wie die Lausitz, die vom Strukturwandel hart getroffen werden, landen so in einem Teufelskreislauf. Die steigenden Sozialausgaben für die vielen Arbeitslosen rauben die Spielräume für Personal und Investitionen. In der Folge verschlechtern sich Infrastruktur und öffentliche Daseinsvorsorge. Schulen und Straßen werden marode, Kitaplätze fehlen, Jugendzentren und Bäder schließen. Die Städte, die Geld am meisten bräuchten, haben also am wenigsten davon - und rauben den Kindern, die in ihnen aufwachsen, die Chancen. Die Struktur der Kommunalfinanzen erzeugt soziale Brennpunkte.

Eine Entschuldung würde kurz Last von den Schultern nehmen, aber das strukturelle Problem nicht lösen. Dafür müssten die Kommunen von den erdrückenden Sozialausgaben befreit werden und statt der Steueranteile mehr Zuweisungen bekommen. Mit steigender Anzahl von Firmen und Einwohnerinnen und Einwohnern pro Quadratkilometer in der Kommune müssten auch die Zuweisungen steigen. Nur permanente Zuweisungen passen schließlich zu den permanenten Ausgaben, niemals aber schwankende Einnahmen, die größtenteils sogar außerhalb des Einflusses der Kommune liegen. Der Status quo ist ein Rezept für Desaster!

Schnell wird klar: In Sachen Staatsfinanzen besteht großer Handlungsbedarf. Neue Regeln für die Staatsfinanzierung sollten sich aber pragmatischerweise daran orientieren, dass neues Geld solange ausgegeben werden kann, wie für Projekte noch genug Firmen und Arbeitskräfte vorhanden sind und solange, wie das Ziel einer niedrigen Inflationsrate nicht dadurch gefährdet wird. Die Grenzen der Staatsausgaben sollten Vollbeschäftigung und Inflation sein, keine willkürlichen Buchhaltungsergebnisse wie heute bei der Schuldenbremse.

Unser Geldsystem kann uns all die Dinge ermöglichen, zu deren Produktion wir in der Lage sind. Es kann alle Reformen Wirklichkeit werden lassen, welche der breiten Bevölkerungsmehrheit – der Malochern –, den Kindern und der Erhaltung unserer Lebensgrundlagen nützen. Schluss mit Verschwendung von Talent, Chancen, Zeit, Energie und politischer Vernunft. Schluss mit der Ideologie der Schuldenbremse. Genug ist Genug!

Quellen

1 Bundespressekonferenz vom 6. Juli 2018.

2 »Grüner Finanzminister will Sparpolitik in Berlin!«, Geld für die Welt, YouTube, 29. Januar 2022.

3 Ebd.

4 Rede des Bundesministers der Finanzen Peer Steinbrück, 29. Mai 2009.

5 Ebd.

6 Ebd.

7 Köhler-Geib, Fritzi: *Corona-Pandemie, Flutkatastrophen und Ukraine-Krieg: die Krise als Dauerzustand?*, KfW-Kommunalpanel 2022, 16. Mai 2022.

Şeyda Kurt
Kultur ist kein Luxus

Şeyda Kurt ist Journalist*in
und Sachbuchautor*in

Eine Krone – eine riesige, vergoldete Krone. Zwei mal zwei Meter groß thront sie auf einer acht mal acht Meter großen Kartusche vor einer barocken Schlossfassade. In den Fernsehnachrichten beobachte ich, wie die Kartusche mit ihrem vergoldeten Wappen vor grau-blauem Himmel an einem Kran emporgezogen wird. Gold über Gold, so glänzt es nun am Eingang des Humboldt-Forums in Berlin, damit auch die letzte Schlossbesucherin versteht: Reaktionäre Kulturpolitik scheut keinen Kitsch. Und keine Kosten.

Das Humboldt-Forum mit seinen unterschiedlichen ethnologischen Museen befindet sich nicht in irgendeinem Schloss: Es ist die Rekonstruktion der Fassaden, der Kuppel und zweier Höfe des kaiserlichen Originals aus dem 15. Jahrhundert – und zwar dort, wo vor fünfzehn Jahren unter Protest der Palast der Republik, ein DDR-Prachtbau und Kulturzentrum, abgerissen wurde. Die Architektur des Berliner Stadtzentrums soll das neue bundesdeutsche Selbstverständnis widerspiegeln, auch im Umgang mit der eigenen Geschichte – Kultur(politik) dient als Instrument, um nationale Identität zu stiften. Sozialismus und DDR: Hat's nie gegeben. Preußen, Kaiserzeit und koloniale Raubkunst: Nice, braucht ein Comeback. Das ist ein Kulturkampf von rechts, der seit Jahren von Dresden über Potsdam bis nach Berlin mit allen Mitteln geführt wird – vor allem mit viel Geld..

Die zwei Millionen Euro teure Kartusche sei aus privaten Spenden finanziert worden, lese ich später,[1] und 30.000 Stunden Arbeit steckten darin. Ich will 30.000 Stunden lang schreien. Ich erinnere mich daran, wie ich schon einmal mit Blick auf diese berüchtigte Schlossfassade vor Wut schreien wollte.

Damals, im Dezember 2020, feierte das Humboldt-Forum in der Pandemie seine (digitale) Eröffnung. Die notwendigen Hygiene- und Schutzmaßnahmen für die planmäßige Fortführung der Baumaßnahmen ließen laut Bundesinnenministerium die Gesamtkalkulation von 644 Millionen auf 677 Millionen Euro steigen. Ich schrieb daraufhin ein Essay, in dem ich mich fragte, mit welcher Rechtfertigung die politisch Zuständigen weitere 33 Millionen Euro für die Eröffnung eines sowieso umstrittenen Bauprojektes aus dem Ärmel schüttelten – in einer Zeit, in der Kunstschaffende ihre Existenzgrundlage verloren und mit halbgaren staatlichen Hilfen abgespeist wurden.

Heute, im April 2023, thront eine vergoldete Krone auf diesem Schloss. In einer Zeit, in der sich immer weniger Menschen überhaupt einen Museumsbesuch leisten können. Und, was mir noch ungeheuerlicher scheint: Es gibt Menschen, die so viel Geld besitzen, dass sie 2 Millionen Euro für ihre vergoldete Preußenromantik mit Zacken locker haben. Das Humboldt-Forum ist der (leider wieder) lebende und funkelnde Beweis dafür, dass auch in der deutschen Kultur, die seit Jahrzehnten mit Kürzungen und Krisen Schlagzeilen macht, nicht das Fehlen finanzieller Mittel das Problem ist – sondern in wessen Händen sie liegen und wer mit welchen Prioritäten über ihren Einsatz entscheidet.

Das erinnert mich an eine weitere Geschichte, die die Autorin und geschätzte Kollegin Mareice Kaiser kürzlich auf Instagram teilte: Im Oktober veröffentlichte sie ihr Buch *Wie viel*, in dem sie von der Bedeutung, dem Fehlen und der ungleichen Verteilung von Geld erzählt. Ganz in diesem

Sinne stellt sie bei ihren Lesungen einen Umverteilungstopf auf. Das Publikum wird gebeten, dort Spenden zu hinterlassen, um anderen Menschen mit weniger Geld ein kostenloses Exemplar von *Wie viel* zu ermöglichen – eine schöne Geste praktischer Solidarität.

Und doch löst die Idee bei mir Unbehagen aus. Denn hier wird im Grunde das bestätigt und als ausweglos betrachtet, was doch eigentlich kritisiert wird: die ungleiche Verteilung von Ressourcen, die Zugang zu kulturellen Gütern verschaffen. Daher muss der gute Wille einzelner Menschen herhalten – und dieser ist ebenfalls alles andere als gleich verteilt: Auf Instagram berichtete Mareice Kaiser, dass bei einer ihrer Lesungen ein Multimillionär anwesend gewesen sei. Und der Umverteilungstopf hinterher war so leer wie zuvor. Das Beispiel zeigt: Umverteilung alleine reicht nicht, um soziale Ungleichheit auszuhebeln – und schon gar nicht freiwillige Umverteilung.

Kultur zieht immer den Kürzeren

Geld für Bücher umzuverteilen, scheint kein abwegiger Gedanke, schaut man sich die aktuellen Entwicklungen auf dem Büchermarkt an. Denn im Inflationsjahr 2022 sind die Umsätze durch Bücherkäufe um 2,1 Prozent zurückgegangen. Auch der Buchhandel steckt in der Krise. Die Kundschaft würde auch beim Buch »jeden Euro zweimal umdrehen«, erklärte Karin Schmidt-Friderichs, die Vorsteherin des Börsenvereins des Deutschen Buchhandels im Januar 2023.[2]

Der Preis für ein Buch kann je nach Art und Verlag variieren. Im Allgemeinen liegen die Preise für Taschenbücher zwischen 8 und 15 Euro, während gebundene Bücher in der Regel zwischen 20 und 30 Euro kosten. Fach- oder Lehrbücher können jedoch deutlich teurer sein. Bücher zu kaufen, ist bereits für Menschen mit mittlerem Einkommen eine kostspielige Angelegenheit – für Menschen, die Hartz IV beziehungsweise das sogenannte Bürgergeld beziehen, hingegen ein Luxus. Der Regelsatz für Freizeit, Unterhaltung und Kultur liegt hier nämlich bei monatlich 48,98 Euro. Das reicht, wenn überhaupt, für zwei Bücher. Und wer will schon sein ganzes Geld für Bücher ausgeben?

Wenn die Grundbedürfnisse des Überlebens – Essen, Heizen oder Wohnen – mit kulturellen Bedürfnissen konkurrieren müssen, ziehen letztere nachvollziehbarerweise den Kürzeren. Ohne den Theaterbesuch lässt es sich besser aushalten als mit einem knurrenden Magen. Und das war schon vor den explodierenden Preisen für viele arme Menschen in diesem Land Realität, insbesondere für Kinder und Jugendliche: In repräsentativen Umfragen geben bis zu 90 Prozent armer Familien an, aus Kostengründen nicht mit ihren Kindern an kulturellen Angeboten teilnehmen zu können.[3] Eine Bertelsmann-Studie aus 2018 kommt zu folgenden Ergebnissen[4]:

Arme Kinder und Jugendliche haben weniger Zugang zu kulturellen Angeboten als Gleichaltrige aus nicht-armen Familien. So besuchen beispielsweise nur 30 Prozent der ersteren kulturelle Einrichtungen wie Museen oder Theater, während es bei den letzteren 60 Prozent sind. Auch beim Musik- und Kunstunterricht gibt es Unterschiede. Während 48 Prozent der nicht-armen Kinder und Jugendlichen Musik- oder Kunstunterricht besuchen, sind es bei den armen nur 20 Prozent. Arme Kinder und Jugendliche haben seltener ein eigenes Zimmer und weniger Platz zum Lernen und Spielen. Auch das kann sich negativ auf ihre kulturelle Teilhabe auswirken. Die Kosten sind ein wichtiger Faktor für den Zugang zu kulturellen Angeboten. Viele arme Familien können sich keine teuren Konzert- oder Theaterkarten leisten und haben oft auch kein Geld für Anfahrts- oder Verpflegungskosten.

Profit vor Vielfalt

Zurück zu den Büchern: Denn während ich diesen Text schreibe, höre ich die Stimme einer Freundin in meinem Kopf, die einwenden würde: Wozu überhaupt Bücher kaufen? Insbesondere meine Bekannten aus dem Ausland schwärmen von den vielen öffentlichen Bibliotheken in Deutschland und den geringen Nutzungsgebühren. Laut dem Deutschen Bibliotheksverband gibt es insgesamt rund 9.800 öffentliche Bibliotheken. 59 Prozent der Bevölkerung ab vierzehn Jahren haben im Jahr 2017 eine Bibliothek besucht. Die Bibliotheken müssen oftmals als Argument herhalten, wenn es darum geht, die Ehre deutscher Kulturpolitik zu retten.

Der Haken: Bibliotheken sind auf kommunaler Ebene organisiert und werden in der Regel von den Städten und Gemeinden finanziert, aber auch zum Teil durch Fördermittel des Bundes sowie private Spenden. Das bedeutet, dass die Finanzierung öffentlicher Bibliotheken je nach Region und Träger unterschiedlich ausfällt. Gerade auf dem Land stehen Menschen nicht selten vor verschlossenen Bibliothekstüren.[5]

Und auch Bibliotheken sind in den vergangenen Jahren von den Kürzungen in den Kulturetats der Länder und Kommunen betroffen: In einer aktuellen Mitgliederumfrage des Deutschen Bibliotheksverbands berichtet mehr als jede zehnte Bibliothek von Kürzungen. Mehr als 5 Prozent geben an, dass sie unter Druck stehen, ihre Einnahmen zu steigern.

Abgesehen davon: Was würde tatsächlich passieren, wenn nun alle Menschen ihre Bücher in Bibliotheken ausleihen würden? Wenn niemand mehr Bücher kaufen würde? Wäre die Krise dann abgewendet? Ich wünsche mir wirklich eine Welt, in der niemand mehr Bücher kaufen *müsste*, sondern alle Menschen freien Zugang zu ihnen hätten. In der Gegenwart hieße das jedoch leider, dass schlicht keine Bücher mehr geschrieben würden. Zumindest für den größten Teil der Bücher auf dem Markt wäre das so. Denn Bücher werden nicht nur gelesen, sondern zuallererst geschrieben. Und die, die schreiben, arbeiten nicht selten prekär und in finanzieller Abhängigkeit von Verlagen, die gute Verkaufszahlen auf einem brutalen Büchermarkt zur Bedingung machen.

In Zeiten von knappen Budgets, Papierkrise und Konsumflaute würden auch die Verlage eher auf sichere Titel setzen, so Schmidt-Friderichs vom Börsenverein des Deutschen Buchhandels. Das Abseitige, Mutige, Innovative komme dann manchmal zu kurz. Dabei haben es linke, feministische, antirassistische Inhalte auf dem elitären Buchmarkt sowieso schwer. In der Konsequenz bedeutet das: Wenn der Handel in der Krise ist, werden die Inhalte homogener. Die in Parlamentsreden und bei Museumeröffnungen symbolisch beschworene kulturelle Vielfalt im Land wird dann zu einem Störfaktor, der dem stabilen Profit auf einem umkämpften Literaturmarkt im Wege steht.

Davon sind die öffentlichen Bibliotheken nicht ausgenommen. Auch hier ist der Neoliberalismus zu spüren. So setzt die Politik in den vergangenen Jahren verstärkt auf Privatisierung und den Anschluss an den freien Markt. Kritische Stimmen befürchten, dass sich diese Entwicklung auf die Inhalte auswirken könnte. 2016 begann die Berliner Zentral- und Landesbibliothek (ZLB) etwa damit, ihre eigene Medienbeschaffung outzusourcen. Für den Bestandsaufbau waren zuvor fast ausschließlich Fachkräfte der ZLB zuständig. 2018 übernahm ein Tochterunternehmen der Buchhandelskette Hugendubel einen Großteil der Arbeit. Die Gewerkschaft Verdi wie auch unterschiedliche betroffene Berufsverbände schlugen Alarm: Sie befürchten einen unangemessenen Einfluss auf die Medienauswahl, der mehr dem Unternehmen dient als dem öffentlichen Bildungsauftrag.

Kultur für die Eliten

Die teilweise Privatisierung der öffentlichen Bibliotheken fügt sich nahtlos in die Neoliberalisierungs- und Sparpolitiken im Kulturbetrieb seit den 1990er Jahren. Kulturpolitik wird immer mehr zu Elitenverwaltung. In Berlin wurde seit den 1990er Jahren bis heute bei den meisten Theatern massiv gekürzt, während die Mittel an anderen Stellen konzentriert wurden:

bei den drei Opernhäusern, dem Deutschen Theater und der Volksbühne – die »Prestige-Objekte«[6] der jungen Kulturhauptstadt. 1993 entfielen noch gut die Hälfte der Zuschüsse auf diese Häuser, rund zehn Jahre später waren es bereits zwei Drittel. Das »Hoch« in Hochkultur steht bekanntermaßen nicht nur für hoch angesehen – sondern vor allem für hoch subventioniert.

Gleichzeitig beschloss der Berliner Senat im September 2002 den Verkauf des Theater des Westens an einen niederländischen Musical-Konzern. Werden öffentliche Einrichtungen privatisiert und staatliche Ausgaben reduziert, wird in der Regel als nächstes der Zugang zu kulturellen Angeboten eingeschränkt, vor allem für Arme. Denn die öffentliche Kontrolle über die kulturellen Einrichtungen nimmt ab und private Interessen rücken in den Vordergrund. Und diese können, wie im Falle des Humboldt-Forums, goldene Kronen für wichtiger erachten als bezahlbare Eintrittspreise. Es folgt eine Vermarktlichung von Kultur, denn die Frage nach der Profitabilität macht Menschen, die Kultur nutzen, zu Konsumierenden. Und diese können wirtschaftlich gesehen attraktive Zielgruppen sein oder eben nicht. Kulturelle Teilhabe und Mitgestaltung für alle – das schreibt sich die bundesdeutsche Kulturpolitik seit den 1970er Jahren auf die Fahne – bleibt dann zweitrangig.

Kultur als Arbeit

Die Zahl der Kunst- und Kulturschaffenden in Deutschland hat sich zwischen 1993 und 2011 verdoppelt. Heute umfasst der

Kultur- und Kreativsektor rund 1,8 Millionen Erwerbstätige, davon über 258.000 Menschen, die freiberuflich und selbstständig arbeiten. Hinzu kommen 260.000 Unternehmen.

Seit dem Jahr 2000 ist in diesem Zusammenhang zunehmend von »Kreativwirtschaft« die Rede. Und mit ihr steigt schon damals ein anderer Begriff in den Ring: das »kreative Prekariat«, das nun mit einem Maximum an Selbstausbeutung und Flexibilität um sein Überleben auf dem Kulturmarkt kämpft – Menschen, die Kunstwerke schaffen, Musik produzieren, Bücher schreiben, Designs erstellen oder die Seiten der Zeitungen und Zeitschriften füllen.

Deren Prekarität wird gerade in urbanen Räumen wie Berlin zu einem hippen Markenzeichen. »Der Distinktionsgewinn der Teilhabe am symbolischen Kapital der Stadt als ›aufregendste Kulturmetropole‹ bildet die soziale Legitimation für die ökonomische Ausbeutung«, so Marc Grandmontagne, ehemaliger Geschäftsführer der Kulturpolitischen Gesellschaft. Der US-amerikanische Ökonom Richard Florida argumentiert in seinem Buch *The Rise of The Creative Class*, dass diese neue kreative Klasse eine wichtige Rolle bei der wirtschaftlichen und sozialen Entwicklung von Städten und Regionen spielt: Ihre Mitglieder schaffen sich ihre eigenen Arbeitsplätze, ziehen andere Kreative und Unternehmen an. Profitabel ist das vor allem für Großstädte, die mit der Selbstvermarktung als angesagte, kreative, tolerante Stadt Kapital anlocken.

In den vergangenen Jahren habe ich immer wieder eine Frage diskutiert – meist nach ein, zwei Gläsern Schnaps: Sind wir Kreativen eigentlich Teil der arbeitenden Klasse? Irgendwie lebe er ja schon prekär, antwortete mir ein Freund im Sommer auf einer Kneipenbank. Er ist Videojournalist und in der Redaktion einer Produktionsfirma angestellt, nach langen Jahren der Unsicherheit und Selbstständigkeit. Sein Gehalt sei nicht hoch, von dem Lebensstandard seiner Eltern könne er nur träumen. Aber eigentlich sei er doch eher ein Kapitalist, fügte er verschämt hinzu, immerhin verfüge er durch seinen Job über ein großes kulturelles Kapital, anders als seine klassisch arbeitsmigrantischen Eltern. »Junge, Kreativität und kulturelles Kapital hin oder her – du hast einen Chef, der dich ausbeutet. Du bist ganz bestimmt kein Kapitalist«, entgegnete ich und verfluchte innerlich Pierre Bourdieu, der als Soziologe den Begriff des kulturellen Kapitals prägte. Mein Freund schien nicht wirklich überzeugt.

Ja, vermutlich schmeichelt eher das Selbstbild, ein kultureller Kapitalist zu sein anstatt eines prekären, kreativen Arbeiters der im Namen des großen Berliner Lifestyle-Versprechens ausgesaugt wird. Dabei müsste spätestens die Corona-Pandemie den letzten Beweis erbracht haben, dass man gerade in Krisenzeiten dieses kulturelle Kapital weder investieren, noch sich davon etwas kaufen kann – geschweige denn die Miete zahlen.

Gerade für viele freie Kulturschaffende, die oftmals sowieso am Existenzminimum arbeiten und leben, war die Pandemie eine existenzielle Bedrohung. Viele sind in den letzten Jahren als günstige Arbeitskräfte auf den freien Markt ausgewichen, um das Geld für die Miete reinzuholen, weil sie weder Rücklagen hatten, noch von den Soforthilfen des Bundes überleben konnten. Und mehrfachmarginalisierte Kulturschaffende waren auch in der Corona-Krise mehrfachbelastet. Geflüchtete oder behinderte Menschen unter ihnen fielen ebenso häufig aus dem Raster solcher Zuschüsse und Soforthilfen heraus, wie ihre Arbeit bereits von der Künstlersozialkasse nicht anerkannt wird.

Die Soforthilfen wurden einigen Kunstschaffenden im Nachhinein sogar zum Verhängnis: Statt Geld gab es Anzeigen. Weil die Soforthilfen für Selbstständige aus Mitteln des Bundes und des Landes nicht für private Lebenshaltungskosten vorgesehen waren – wo sie jedoch dringend gebraucht wurden –, sondern nur für betriebliche Zahlungsverpflichtungen, bekamen Dutzende von ihnen Vorladungen zur Polizei. Der Vorwurf: Subventionsbetrug. Selbst in der Pandemie hing die deutsche Bürokratie den Prekären an der Gurgel. Von kulturellem Kapital lässt sich leider auch keine Anwältin bezahlen.

Gleichzeitig explodierten Teile des globalen Kunstmarkts: Start-ups wie Singulart, die als Online-Galerien Kunstwerke anbieten, verdreifachten in den Monaten des ersten Lockdowns ihre Verkäufe.[7] Und in Deutschland freuten sich viele Institutionen zumindest in den ersten Pandemiemonaten über einen nie dagewesenen Geldregen aus den Fördertöpfen: Digitalisierung, hybride Konzepte, experimentelle Formate – dank Neustart Kultur, dem Kultur-Rettungsprogramm des Bundes, gab es plötzlich Geld für alles.

»In der Pandemie geht es uns gut«, erzählte mir 2021 ein befreundeter Filmfestivalleiter, »wir haben Angst vor dem Danach«. Dieses Danach bahnte sich schon damals an: Wöchentlich war von geplanten Kürzungen in Kulturetats zu lesen. Im Frühjahr

2022 kündigten die Frankfurter Museen etwa drastische Verkürzungen der Öffnungszeiten an – bis zu neun Stunden in der Woche. Grund sei, so Kulturdezernentin Ina Hartwig (SPD), das Loch, das die Corona-Pandemie in den städtischen Haushalt gerissen habe.[8]

Im Juli 2022 kündigte die Haushaltsaufstellung des Bundeskabinetts an, Fördermittel für die Freien Darstellenden Künste zu streichen. Der Fonds Darstellender Künste kommentierte, dies bedeute perspektivisch, wichtige Förderprogramme einzustellen und im Vergleich zu den Jahren 2020 bis 2022 95 Prozent einzusparen. »Die angesichts der Corona-Pandemie und im Rahmen des Förderprogramms NEUSTART KULTUR angestoßenen reformierten Programmlinien können mit den vorgesehenen Mitteln nicht im Ansatz fortgeführt werden.«[9]

Also wieder zurück zur prekären Normalität: Theater, insbesondere der freien Szene, und Kunstschaffende hangeln sich nun wieder von Förderantrag zu Förderantrag durch – ohne stabile Existenzgrundlage, ohne Planungssicherheit. Die staatliche Kulturförderung, die ihnen eigentlich eine Existenzalternative jenseits des freien Marktes bieten soll, funktioniert selbst nach eben jenen Mechanismen der (ideologischen) Aussortierung und des Wettbewerbs. Wer keine Förderung bekommt, kann auf dem Markt nicht überleben. Ich denke an ein Werk des rumänischen Künstlers Vlad Brăteanu. Auf einem rechteckigen, rosafarbenen gespannten Stoff steht in Großbuchstaben geschrieben: »An artist who gets no funding is no artist«.

Kultur braucht mehr als Teilhabe

Die Corona-Krise hätte tatsächlich der Moment eines radikalen Umdenkens in der Kulturpolitik sein müssen – mehr noch: Sie war der Beweis dafür, dass Kulturpolitik immer auch Sozial-, Arbeits- und Wohnpolitik bedeutet. Kulturschaffende, die nicht wissen, wie sie ihre Heizkosten bezahlen sollen, können keine Kultur schaffen. Kunstschaffende, die etwa in großen Städten wie in Berlin keine Ateliers finden, weil das eine Prozent die Städte aufkauft, können keine Kunst schaffen.

Die Prekarität der Arbeitenden im Kulturbetrieb und die kulturelle Armut der Menschen in dieser Gesellschaft sind zwei Seiten derselben Medaille: eines Systems in ständiger Krise, in der Kultur und Kreativität nur ein weiterer Absatzmarkt von vielen sind. In der Pandemie regte sich unter Kulturschaffenden Widerstand – der Tenor lautete: Wir wollen in der nächsten Krise nicht wieder um unsere Existenz bangen. Plötzlich diskutierten Leute, die sich zuvor nie mit Wirtschaftsfragen beschäftigt hatten, über Mindest- und Ausfalllöhne in der Kultur, über Gewerkschaften und bedingungslose Grundeinkommen, über demokratische Förderverfahren und die Unverzichtbarkeit einer freien Kulturszene, die nicht von den Spenden und Investitionen der Reichen abhängig und damit ihren Launen ausgeliefert ist.

Und die bundesdeutsche Kulturpolitik? Die hatte damals schon andere Prioritäten. Das Kompetenzzentrum der Kultur- und Kreativwirtschaft des Bundes schwärmte bereits 2021, Corona könnte neue »Wachstumsmärkte«[10] ermöglichen – in der

Kultur, im Bildungs- und im Gesundheitssektor. Die verheerenden Ergebnisse der Spar- und Privatisierungsmaßnahmen der vergangenen Jahre in diesen Bereichen sind allgemein bekannt.

Die beschworenen »Wachstumsmärkte« wollen keine Demokratie. Märkte wollen keinen breiten, gesellschaftlichen Diskurs über die Fragen: Wofür eigentlich Kultur? Von wem für wen? Und was gilt überhaupt als Kultur? Märkten sind alternative Kulturformen der freien Szene egal, die die herrschende Normalität, gesellschaftliche Hierarchien und nationale Selbstverständnisse angreifen. Märkte ersetzen keine Kulturpolitik, die eine breite Palette kultureller Praktiken und Initiativen fördert und unterstützt, die die Bedürfnisse und Interessen der breiten Bevölkerung widerspiegeln – und nicht die des einen Prozents in den hoch subventionierten Opernhäusern.

Nicht zuletzt bedeutet Kultur mehr, als ein Theater besuchen oder ein Buch lesen zu können. Kultur ist mehr als privater Konsum. Kultur benötigt materielle wie ideelle Orte und Zeiten, in denen Menschen Wissen und Erfahrungen teilen, eine Verbindung zur eigenen Geschichte und der anderer Menschen herstellen, zu ihrem Schaffen, ihrer Arbeit, ihrer Bewegung. Orte und Zeiten, in denen sie aus der Isolation, Vereinzelung und Ohnmacht heraustreten, die viele Menschen im Alltag plagt. Orte, an denen Menschen sich als handlungsfähig und schöpferisch erfahren. Gemeinsam.

Das braucht Ressourcen, Mobilität, ökonomische Sicherheit und viel Zeit. Dieses Kulturverständnis setzt bei den materiellen Grundbedürfnissen aller Menschen an: Seien es höhere Löhne oder die Einführung des 9-Euro-Tickets, das in den drei Monaten seiner kurzen Existenz die kulturelle und soziale Teilhabe der Menschen nachweislich erhöhte.[11]

Zugleich braucht es eine Kulturpolitik, die den unsäglichen Begriff der Teilhabe hinter sich lässt. Kultur darf und sollte nicht etwas sein, woran Menschen teilhaben können, sondern ein Bindeglied unseres sozialen Miteinanders. Kultur darf kein Kapital sein und keine Ausrede für Selbstausbeutung. Kultur darf kein Eigentum, kein Prestige und kein Absatzmarkt sein. Die Kulturschaffenden selbst müssen über die Infrastrukturen, Zugänge und Gelder für Kultur entscheiden – sowohl die, die mit dem Kopf arbeiten, als auch die, die mit den Händen arbeiten. Das hieße eine Kultur für alle, von allen gemacht und für alle. Dafür müssen sich diejenigen, die in der Kultur arbeiten, organisieren. Einige von ihnen sind bereits organisiert und tragen die Arbeitskämpfe in die Kultur: Seien es die Bühnengewerkschaft GDBA oder auch die Menschen, die solidarisch für die öffentlichen Theater und Bibliotheken in ihren Städten und Kommunen sowie gegen Verdrängung, steigende Preise und niedrige Löhne kämpfen. Das sind Menschen, die wissen, dass für eine vielfältige, visionäre Kultur noch einige Throne zu stürzen sind – und einige vergoldete Kronen.

Quellen

1 Peitz, Christiane: »Schloss-Eingang mit Krone: Am Humboldt Forum wurde vergoldeter Portalschmuck installiert«, *Tagesspiegel*, 5. April 2023.

2 Schulte, Christina: »So hat der Buchhandel das Jahr 2022 abgeschlossen«, *Börsenblatt*, 5. Januar 2023.

3 Glaser, Uli: »Mythos Kultur für Alle? Kulturelle Teilhabe als unerfülltes Programm«, *kubi-online: Wissenstransfer für Kulturelle Bildung*, 2014.

4 Tophoven, Silke; Lietzmann, Torsten; Reiter, Sabrina und Wenzig, Claudia: Aufwachsen in Armutslagen. *Institut für Arbeitsmarkt- und Berufsforschung (IAB)*, Juni 2018.

5 »Bibliotheken sind kein Luxus«, *ver.di*, 5. Mai 2022.

6 Kultur: Studie: »Theater-Privatisierung hilft nicht beim Sparen«, *Tagesspiegel*, 23. Mai 2002.

7 »Die Auswirkungen der Pandemie auf den Kunstmarkt«, *Frankfurter Allgemeine Zeitung*, 10. November 2020.

8 »Sehr schmerzhafter Schritt«: Frankfurter Museen kürzen Öffnungszeiten. *Hessenschau*, 8. März 2022.

9 »Fonds DaKü sieht Förderung der Freien Szene gefährdet«, *Nachtkritik*, 6. Juli 2022.

10 »Betroffenheit der Kultur- und Kreativwirtschaft von der Corona-Pandemie«, *Kompetenzzentrum Kultur- und Kreativwirtschaft des Bundes*, 19. Februar 2021.

11 »Studie belegt: 9-Euro-Ticket stärkte die soziale Teilhabe von Menschen mit geringem Einkommen«, *idw - Informationsdienst Wissenschaft*, 24. Oktober 2022.

Andrej Holm

Im Griff der Immobilienkonzerne

Andrej Holm ist Sozialwissenschaftler
und forscht zu Fragen der Wohnungspolitik

Rekordverdächtige Mietpreise, steigende Mietbelastungsquoten und ein schrumpfender Sozialwohnungsbestand. Überbelegung, Zwangsräumungen und bundesweit über 260.000 Menschen in Wohnungslosigkeit. Kurz gesagt: Die Wohnungskrise ist vor allem das Versagen der sozialen Wohnversorgung.

Dabei greift es jedoch zu kurz, die Ursachen dafür in kurzatmigen Krisenanalysen – Finanzkrise, Energiekrise, Ukraine-Krieg – zu suchen. Durch die neoliberale Ära aus Deregulierung, Privatisierung und Entstaatlichung nochmal verschärft, ist die Wohnungsfrage vielmehr ein ständiger Begleiter der kapitalistischen Stadtentwicklung. So beschrieb Friedrich Engels schon vor 150 Jahren in *Der Wohnungsfrage* Wohnungssituationen, die wie aktuelle Zeitdiagnosen klingen: »... eine kolossale Steigerung der Mietspreise, eine noch verstärkte Zusammendrängung der Bewohner in den einzelnen Häusern, für einige die Unmöglichkeit, überhaupt ein Unterkommen zu finden.« Wenn die Schwierigkeiten der sozialen Wohnversorgung regelmäßig wiederkehren, müssen daher neben den tagesaktuellen Konstellationen vor allem die systematischen und strukturellen Ursachen in den Blick genommen werden.

So sehen die Wohnungsforscher Peter Marcuse und David Madden in ihrer Analyse von über 100 Jahren Wohnungspolitik in Europa und den USA eine »dauerhafte Spannung zwischen dem Wohnen als Zuhause und dem Wohnen als Immobilie«.[1] Gerade weil Wohnen ein unverzichtbares Grundbedürfnis ist, gerät es regelmäßig mit der marktförmigen Organisation des Wohnungswesens in Konflikt. In der Logik des Kapitals streben

Investitionen immer nach der mindestens durchschnittlichen Verzinsung des Eigenkapitals und spekulieren oft auf Höchsterträge. Das verhindert systematisch eine Versorgung von Haushalten, die weniger Einkommen haben und deshalb auf unterdurchschnittliche Mietpreise angewiesen sind. Solange es dem Markt überlassen wird, Wohnungen herzustellen, zu verteilen und zu bewirtschaften, wird es schlicht keine soziale Wohnversorgung geben. Somit kann sich ein echter Kurswechsel nicht auf kleinteilige Reformen beschränken, sondern braucht die weitgehende Vergesellschaftung des Wohnungssektors.

Die neoliberale Wohnungspolitik

In der Praxis entfaltet sich der »schlichte Widerspruch«[2] zwischen Kapitallogik und sozialer Wohnversorgung in einem komplexen Wechselverhältnis zwischen Marktakteuren und Politik. Zum einen scheitert die bedarfsgerechte Bereitstellung von Wohnungen regelmäßig, weil wesentliche Bedingungen von idealtypischen Märkten im Wohnungsbereich nicht zutreffen. Wohnungen unterscheiden sich von anderen Waren durch die hohen Herstellungskosten, die lange Zeit der Produktion, die Intransparenz der Angebotslage durch eine Aufspaltung in vielfältige Wohnungsmarktsegmente, die Bedeutung von persönlichen Präferenzen und – vor allem – die Immobilität der Angebote.

Anders als andere Warenmärkte sind Wohnungsmärkte immer lokal gebunden und hebeln dadurch die idealtypischen Vorstellungen von einem Ausgleich zwischen Angebot und

Nachfrage. So helfen leerstehende Wohnungen in peripheren Mittelstädten eben nicht, die Wohnversorgung in den stark wachsenden Städten zu sichern. Und der Bau von Eigentumswohnungen im Luxussegment hilft denen nicht, die eine möglichst günstige und leistbare Mietwohnung suchen. Doch selbst wenn Wohnungsmärkte idealtypische Marktbedingungen erfüllen würden, bliebe der Widerspruch zwischen den Ertragserwartungen und den unterschiedlichen Zahlungsfähigkeiten aufgrund von Einkommensungleichheiten bestehen. Und es gibt wenig Grund zur Annahme, dass private Vermieter und Vermieterinnen Wohnungen unterhalb der Durchschnittspreise anbieten. Auch funktionierende Märkte richten ihr Angebot ausschließlich auf eine fundierte Nachfrage. Wo nicht genügend Einkommen zur Verfügung steht, stellt der Markt auch keine Wohnungen bereit. Wir können also von einem doppelten Marktversagen des Wohnungswesens sprechen: zum einen die Nichterfüllung der idealtypischen Marktkriterien, zum anderen die systematische Nichtversorgung von Wohnungssuchenden mit geringem Einkommen.

Da die Marktlogik regelmäßig und notwendigerweise an einer umfassenden Wohnversorgung scheitert, haben sich in der Geschichte weitgehende Eingriffe des Staates etabliert, die in Form von mietrechtlichen Regulierungen, Förderprogrammen und planungsrechtlichen Auflagen versuchten, eine Grundversorgung mit Wohnungen zu sichern.

Sowohl in den 1920er Jahren als auch in den ersten Jahrzehnten der Bundesrepublik war das Wohnen ein fester Teil eines fordistischen Wohlfahrtsregimes. Um das industrielle Wirtschaftswachstum zu sichern, übernahm der Staat mit

Programmen des sozialen Wohnungsbaus die Verantwortung für eine Wohnversorgung für »breite Schichten der Bevölkerung«. Ab Mitte der 1920er wurden nach der Einführung der ersten steuerfinanzierten Förderprogramme im Schnitt über 125.000 geförderte Mietwohnungen pro Jahr gebaut – das entsprach 44 Prozent aller Neubauten in diesem Zeitraum.[3] In den 1950er bis 1970er Jahren wurden pro Jahr mit durchschnittlich fast 110.000 geförderten Wohnungen im Jahr viele Sozialwohnungen errichtet – der Anteil am gesamten Neubaugeschehen lag in diesem Zeitraum immer noch bei 21 Prozent. Spätestens in den 1980er Jahren war das goldene Zeitalter des sozialen Wohnungsbaus jedoch Geschichte und die Anzahl neuer Sozialwohnungen fiel in den 1980er und 1990er Jahren auf durchschnittlich unter 25.000 Wohnungen pro Jahr – ein Anteil von nur noch 5 Prozent aller neugebauten Wohnungen. Seit der Jahrtausendwende ging der Anteil der geförderten Wohnungen noch weiter zurück und lag schließlich bei nur noch 4 Prozent. In den 2000er und 2010er Jahren wurden jährlich nur noch weniger als 15.000 Sozialwohnungen gebaut.

Zurzeit werden mit 80 Prozent die meisten Mietwohnungen in Deutschland von privaten Vermieterinnen und Unternehmen bewirtschaftet. Nur etwa 20 Prozent der Mietwohnungen werden von öffentlichen Wohnungsunternehmen, Genossenschaften und gemeinnützigen Trägern verwaltet. Dem war nicht immer so. Bis Anfang der 1990er Jahre unterlagen über 3,3 Millionen Wohnungen in Westdeutschland der Gemeinnützigkeit, während in Ostdeutschland 3,9 Millionen Wohnungen von kommunalen Wohnungsunternehmen und Genossenschaften verwaltet wurden. Damit wurden zum Zeitpunkt der

Vereinigung insgesamt 7,2 Millionen Wohnungen fast 40 Prozent aller Mietwohnungen nicht von privaten Eigentümern und kommerziellen Unternehmen verwaltet. Durch die Auflösung der Gemeinnützigkeit und die massiven Privatisierungen der 1990er und 2000er Jahre hat sich dieser Bestand auf gerade einmal 4,3 Millionen Wohnungen reduziert.[4]

Ein Teil der Privatisierungen geht auf revanchistische Bestrebungen des Vereinigungsprozesses zurück, die alten Verhältnisse der marktwirtschaftlichen Eigentumsordnung im Osten wiederherzustellen. Über 1,2 Millionen kommunale, genossenschaftliche und betriebszugehörige Wohnungen wurden im Zuge von Restitutionsverfahren, Altschuldenhilfereglungen und Treuhandabwicklungen privatisiert[5]. Ab 1997 folgte im Kontext wirtschaftlicher Austerität die Privatisierung von weiteren 700.000 Wohnungen von Bund, Ländern und Kommunen. Begründet wurden diese Verkäufe mit der vorgeblichen Entlastung der öffentlichen Haushalte.[6] Sowohl die Verkäufe im Rahmen des Altschuldenhilfe-Gesetzes als auch die Austeritätsprivatisierungen erfolgten in den meisten Fällen als Paketverkäufe, bei denen größere Bestände oder ganze Wohnungsbaugesellschaften auf einen Schlag verkauft wurden. Zu den größten Privatisierungspaketen gehörten: der Verkauf von 114.000 Eisenbahnerwohnungen durch die Deutsche Bahn an die Deutsche Annington; die Veräußerung der Landesentwicklungsgesellschaft (LEG) in NRW mit 93.000 Wohnungen an den Finanzinvestor Goldman Sachs; der Verkauf der Wohnungsbaugesellschaft der ehemaligen Bundesversicherungsanstalt für Angestellte (GAGFAH) mit 82.000 Wohnungen an die Fortress Investment Group; die

Privatisierung der Dresdner Wohnungsbaugesellschaft WOBA mit 48.000 Wohnungen ebenfalls an Fortress[7]; sowie der Verkauf der Berliner Gemeinnützigen Siedlungs- und Wohnungsbaugesellschaft (GSW) mit 66.000 Wohnungen an ein Konsortium von Cerberus und Goldman Sachs.

Dieser deutsche Sonderweg der En-Bloc-Privatisierung ermöglichte es Finanzinvestoren und Privat-Equity-Fonds erstmals in Europa in größerem Umfang Mietwohnungsbestände zu erwerben. Die Strategien dieser ersten Phase der sogenannten Finanzialisierung lagen im Handel mit den meist unter Wert erworbenen Beständen, so dass innerhalb weniger Jahre ein Verkauf der Wohnbestände erfolgte. So konzentriert sich mit fast 650.000 Wohnungen der größte Teil der ehemals öffentlichen Wohnungsbestände inzwischen bei den börsennotierten Konzernen Deutsche Wohnen (155.000) und Vonovia (485.000). Im Jahr 2021 erfolgte dann sogar die Übernahme von Deutsche Wohnen durch Vonovia. Die börsennotierten Wohnungskonzerne haben sich seitdem von ihrem Fokus auf den Wohnungshandel verabschiedet und setzen auf eine längerfristige Wohnungsbewirtschaftung. Dieser Strategiewechsel wird in der internationalen Wohnforschung als Übergang zur Finanzialisierung 2.0 beschrieben.[8] Dieser Wechsel geht mit der Ausdifferenzierung der Managementstrategien einher, die je nach Lage und Bestand auf unterschiedlichen Wegen versuchen, ihren Profit zu maximieren.

Dabei haben sich fünf grundsätzliche Strategien herauskristallisiert. So gibt es, erstens, die Bewertungsgewinne, bei denen der potentielle Marktwert der Unternehmen durch eine höhere bilanzielle Bewertung in den Geschäftsberichten gesteigert wird,[9] b) Effizienzgewinne, indem sie die Skaleneffekte ihrer Größe nutzen und durch Standardisierung, Automatisierung und Digitalisierung ihre Kosten senken. Dies geht in der Regel zu Lasten des Service. So sind börsennotierte Wohnungsunternehmen schon oft wegen vernachlässigter Reparaturen, mangelnder Erreichbarkeit und fehlerhafter Abrechnungen in die Presse geraten. Eng verbunden damit ist, drittens, die Strategie des Insourcing, bei dem eine Reihe von über die Betriebskosten abrechenbare Dienstleistungen wie Gartenpflege, Heizungswartung oder Reinigung an eigene Tochterunternehmen ausgelagert werden, um neue Geschäftsfelder und hohe Zusatzgewinne zu generieren.[10] Viertens lassen sich Modernisierungen durch die durchgeführten Maßnahmen als Modernisierungsumlage für Mieterhöhungen nutzen, wobei zugleich die Investitionen den bilanziellen Wert des Wohnungsbestandes in die Höhe treiben. Fünftens setzten die börsennotierten Wohnungskonzerne – wie viele andere Vermieterinnen und Vermieter – auf Mieterhöhungen und schöpfen die rechtlich gesetzten Möglichkeiten weitgehend aus. Vor allem in Städten mit Leerstand und in peripheren Lagen hat sich dabei ein regelrechtes Hartz-IV-Vermietungsmodell entwickelt. Dabei wird gezielt an Wohnungssuchende im Transferbezug vermietet, um die Mietpreise exakt auf der Höhe der jeweiligen Bemessungsgrenzen für die Kosten der Unterkunft festzusetzen.[11]

Parallel zur Privatisierung und Finanzialisierung der Wohnversorgung wurden die Förderinstrumente der öffentlichen Hand von der Objektförderung zur Subjektförderung umgeschichtet. Anstelle von Förderprogrammen für den Bau von Wohnungen (Objektförderung) setzt der Staat nun verstärkt auf die Zahlung von Zuschüssen – z.B. Wohngeld – für individuelle Mietzahlungen (Subjektförderung). Das kommt letztendlich einer Förderung von Vermietern gleich, die so auch von Mieterinnen mit geringem Einkommen eine durchschnittliche Mieteinnahme erhalten können. Insgesamt gab der Bund in den letzten Jahren etwa 15 Milliarden Euro pro Jahr für solche Zahlungen aus. Zum Vergleich: Der mittlere Umfang der Wohnraumförderung in den letzten Jahren lag dagegen nur bei 1,5 Milliarden Euro. Der Bund gibt also zehnmal mehr Geld für die Sicherung von höheren Mieterträgen aus als für den Bau von günstigen Mietwohnungen.

Diese Ausrichtung der staatlichen Instrumente an den Interessen von Vermietern wird vom Politikwissenschaftler Björn Egner treffend als Wandel von einer »Wohnungspolitik zur Wohnungsmarktpolitik«[12] beschrieben und steht für die Vermarktlichung des öffentlichen Handelns im Feld der Wohnversorgung.

Hausgemachte Krise

Jahrzehnte des Neoliberalismus haben ihre Spuren hinterlassen. Die Aufhebung der Gemeinnützigkeit, die Privatisierung und die Vermarktlichung der Wohnungspolitik bewirken vor allem in den Städten mit steigender Nachfrage eine Eskalation der Mietpreise, eine Krise der sozialen Wohnversorgung und ein Marktversagen bei der sinnvollen und gerechten Verteilung der vorhandenen Wohnungsbestände.

Vor allem in den großen Städten werden die Mieten seit vielen Jahren regelmäßig erhöht. In einem WohnBarometer veröffentlicht ImmobilienScout24 regelmäßig eine Auswertung von Wohnungsangeboten auf ihrem Internetportal. Demnach erreichten die Mietpreise der dort annoncierten Wohnungen Anfang 2023 einen neuen Höchststand. In München lag der durchschnittliche Mietpreis bei 18,44 Euro/m (nettokalt) für Wiedervermietungen – in Neubauten wurden im Schnitt sogar 22,30 Euro/m gefordert. Doch auch in Berlin (12,56 Euro/m), Frankfurt am Main (13,24 Euro/m), Hamburg (12,98 Euro/m) und Köln (12,55 Euro/m) erreichten die Mieten neue Höchstwerte. Für Neubauten liegen die Preise noch deutlich über diesen Werten.

Die hohen Neuvermietungsmieten korrespondieren mit den ebenfalls stark angestiegenen Kauf- und Grundstückspreisen. In Berlin hat sich der Umsatz von Immobilientransaktionen von 12,7 Milliarden Euro im Jahr 2012 auf über 23 Milliarden Euro im Jahr 2021 erhöht. Jeweils mehr als 90 Prozent dieser Summen werden für den Erwerb von bebauten Grundstücken und Eigentumswohnungen ausgegeben, die in der Regel vermietet werden. Allein in den letzten 10 Jahren wurden über 160 Mrd. Euro für Bestandsimmobilien ausgegeben, die zum größten Teil über Mieterträge refinanziert werden müssen. Die steigenden Immobilienpreise stehen für eine gestiegene Ertragserwartung und orientieren sich in der Regel an den hohen Angebotsmieten. Da diese Angebotsmieten aber weit unter den tatsächlichen Mieten liegen, die in langjährigen Bestandsmietverhältnissen gezahlt werden, geht die Rechnung vieler Immobilienkäufe nur auf, wenn es gelingt die Mieterinnen und Mieter zu verdrängen und neuen Mietverträge abzuschließen. Fast alle Geschichten von Hausgemeinschaften, die sich in den letzten Jahren gegen

Mietsteigerungen, Modernisierungspläne und Verdrängungsversuche zur Wehr setzten, begannen mit dem Satz: »Und dann kam der neue Eigentümer...«. Kein Wunder, denn jeder Immobilienkauf dreht an der Spirale wachsender Ertragserwartungen und lässt den Druck steigen, die bereits bezahlte Immobilie auch rentabel zu bewirtschaften. Die Verdrängung der meisten Bestandsmieterinnen ist in den Kaufpreisen praktisch schon mit eingepreist, denn aus den deutlich niedrigeren Bestandsmieten ließen sich die Kaufpreise oft erst nach 40 bis 50 Jahren refinanzieren – so lange wollen die meisten Käufer von Immobilien nicht warten.

Mieten als Ungleichheitsverstärker

Die hohen Mieten von Neuvermietungen führen dazu, dass alle, die nach einer Wohnung suchen – egal ob sie neu in eine Stadt kommen, bei den Eltern ausziehen wollen oder umziehen müssen –, sich auf deutlich höhere Mieten einstellen müssen als die Mieterinnen und Mieter in den Bestandswohnungen. Auch wenn das knappe Angebot für fast alle Einkommensklassen ein Problem darstellt, ist es für Haushalte mit geringem Einkommen fast ausgeschlossen, eine halbwegs bezahlbare Wohnung zu finden. In Berlin ist die Zahl der Wohnungsangebote, die unterhalb der Bemessungsgrenzen liegen, bis zu denen das Jobcenter die Kosten der Unterkunft übernimmt, von fast 65.000 im Jahr 2007 auf gerade einmal 4.000 im Jahr 2021 gesunken.[13] Da zugleich die Zahl der belegungsgebundenen Sozialwohnungen regelmäßig sinkt, verwandeln sich viele Städte in Zonen des sozialen Ausschlusses.

Doch auch in den laufenden Mietverträgen können sich viele Haushalte die Mieten kaum leisten. Untersuchungen – die noch vor der aktuellen Steigerung der Energie- und Heizkosten durchgeführt wurden – zeigen, dass über die Hälfte der Haushalte in Mietwohnungen in deutschen Großstädten mehr als 30 Prozent des Einkommens für die Miete aufbringen müssen oder in zu kleinen Wohnungen wohnen. Mehr als jeder vierte Haushalt zahlt sogar mehr als 40 Prozent des Einkommens für die Miete – und bei fast 12 Prozent betragen die Mietkosten mehr als die Hälfte des Einkommens.[14]

Die stärkere Belastung der Ärmsten liegt auch an der Natur des (freien) Wohnungsmarktes. Denn Vermieter orientieren sich nicht an den Mieten, die für die jeweilige Kaufkraft geeignet sind, sondern an durchschnittlichen Ertragserwartungen. Vor allem für Haushalte mit geringen Einkommen sind jedoch auch durchschnittliche Mietpreise oft zu teuer. So etabliert die zirkuläre Logik von Mietzahlungen und Mieterträgen eine permanente Umverteilungsmaschine von unten nach oben – von Arbeitenden zu Besitzenden. Je geringer das Einkommen, desto größer der Anteil, der für die Miete aufgebracht wird. Mietzahlungen, mit denen das Vermögen und der Gewinn der Wenigen finanziert werden. Bundesweit zahlen etwa 23 Millionen Haushalte pro Jahr ca. 100 Mrd. Euro Miete – denen stehen knapp 4 Millionen Haushalte und 32.000 Unternehmen gegenüber. Nach Abzug der Bewirtschaftungskosten erzielen die privaten Vermieter und Unternehmen einen Gewinn von etwa 50 Mrd. Euro pro

Jahr. Mit 35 Mrd. Euro pro Jahr fließt ein Großteil der Mieterträge an Privatvermieterinnen- und vermieter[15], die nicht unbedingt klein sein müssen - auch wenn es die Bezeichnung suggeriert. Aus einer sozialökonomischen Perspektive werden durch die Mietzahlungen zwischen privaten Haushalten Jahr für Jahr 35 Milliarden Euro dazu genutzt, sich durch Zahlungen von Dritten ein eigenes Vermögen aufzubauen. Die 32.000 Unternehmen mit ihren etwa 3 Millionen Wohnungen erzielen darüber hinaus Erträge in der Höhe von etwa 15 Mrd. Euro pro Jahr.

Lock-In-Effekte

Hohe Neuvermietungsmieten, hohe Mietkostenbelastungen und Umverteilungen von unten nach oben - der Markt ist wahrlich kein Ponyhof der sozialen Gerechtigkeit. Freunde der Marktwirtschaft verweisen oft auf die notwendigen Steuerungsfunktionen des Marktes, der mit seinen Signalen eine effektive Verteilung von Angebot und Nachfrage gewährleistet.

Doch zumindest im Wohnungsbereich geht diese Logik nicht auf. Das hat eine ganze Reihe von Gründen. So ist Boden ein natürliches Monopol. Die Menge ist begrenzt. Die Ausweitung des Angebots geht nur bis zu einem bestimmten Limit. Gerade weil die Lücke zwischen den Bestands- und Neuvermietungsmieten so groß ist, verzichten viele auf einen Umzug, selbst wenn die Wohnung nicht mehr zu den Lebensverhältnissen passt. Junge Familien verbleiben trotz kleiner Kinder in den zu kleinen Wohnungen, während Ältere, deren Kinder längst ausgezogen sind, durch ihren Verbleib die nun viel zu großen Wohnungen blockieren. Grund ist weniger der Egoismus der Älteren, sondern die fehlenden Anreize für einen Umzug in eine kleinere Wohnung. Denn durch die hohen Neuvermietungsmieten ist auch eine deutliche Reduktion der Wohnflächen meist mit höheren Mietkosten verbunden. Die in den Angebotsmieten manifestierten Ertragserwartungen verhindern eine bessere Verteilung der Wohnungen, weil sie die dafür notwendige Mobilität der Mieterinnen und Mieter einschränken. Ganz offensichtlich verschärft der Markt damit die Wohnungsnot. In wohnungswirtschaftlichen Studien spricht man hier von Lock-In-Effekten, weil die Wohnungen mit den langjährigen Mietverträgen zur Falle für Mieter werden. Das ist ein riesiges Problem für die Wohnversorgung, denn zwei Drittel der sozialen Versorgungsprobleme könnten durch eine gerechtere Verteilung gelöst werden. Unter den fiktiven Bedingungen einer Idealversorgung – also wenn alle kleinen Haushalte in kleinen Wohnungen und alle Haushalte mit geringen Einkommen in günstigen Wohnungen leben würden – müssten statt der Hälfte der Haushalte nur noch 18 Prozent der Mieterinnen eine Miete zahlen, die die Leistbarkeitsgrenze überschreitet.

Auch aus klimapolitischer Perspektive wäre eine bessere Verteilung der vorhandenen Wohnungen wünschenswert. So führt vor allem der steigende Wohnflächenverbrauch zu einem steigenden Neubaubedarf, der mit der weiteren Versiegelung und einem erheblichen Ressourcenverbrauch beim Bau von neuen Wohnungen einhergeht. Im Umkehrschluss heißt das: Je effektiver der Bestand an Wohnungen genutzt wird, desto weniger müsste neu gebaut und desto weniger bisher unbebaute

Fläche versiegelt werden. In Berlin gibt es insgesamt etwa 160 Millionen Wohnfläche in ca. 2 Mio. Wohnungen für fast 3,7 Millionen Menschen. Der durchschnittliche Flächenverbrauch pro Person liegt bei 43m^2. Die Reduktion der Wohnflächen pro Person um 1m^2 würde der Fläche von fast 50.000 Wohnungen entsprechen. Die Gesamtwohnfläche der ambitionierten Neubauziele von 200.000 neuen Wohnungen bis zum Jahr 2030 könnte rein rechnerisch auch durch eine Reduktion der individuellen Wohnflächen auf 39m^2 generiert werden – ganz ohne jede Baustelle. Das wären 4m^{2}pro Person und für viele Haushalte in eher großen Wohnungen sicher kein Problem – vorausgesetzt, es findet sich eine passende Wohnung zum möglichst selben Mietpreisniveau.

Ein Aussetzen der üblich gewordenen Neuvermietungszuschläge wäre demnach aus sozialen und klimapolitischen Überlegungen äußerst sinnvoll. Wie viele gesellschaftlich sinnvolle Mechanismen müsste aber ein Verzicht auf Mietsteigerungen gegen private Profitinteressen durchgesetzt werden. Die öffentlichen Diskussionen zur Einführung des Berliner Mietendeckels in den Jahren 2020/21 zeigten exemplarisch, mit welcher Vehemenz die Immobilienlobby das vermeintliche Recht auf die Realisierung von Gewinnen aus der Vermietung von Wohnungen verteidigt.[16]

Grenzen des staatlichen Handelns

Die Folgen der Privatisierung und Finanzialisierung des Wohnungswesens und der Vermarktlichung der Wohnungspolitik haben somit verheerende Folgen für die soziale Wohnversorgung und eine klimagerechte Verteilung des Wohnungsbestandes.

Die üblichen Szenarien der Politik werden nicht ausreichen, um diese Situation grundsätzlich zu verändern. Weder eine Angebotsausweitung zur Entspannung der Märkte noch ein Ausbau der rechtlichen Mieterschutzinstrumente und die Aufstockung der Fördergelder für sozialen Wohnungsbau bieten einen Ansatz für eine dauerhafte Dekommodifizierung – also die Entmarktlichung – des Wohnens.

Das Neubauversprechen begleitet die Wohnungskrisen seit vielen Jahren. Damit wird suggeriert, dass allein die Angebotsausweitung hilft, um die unsichtbare Hand des Marktes dazu zu bringen, die Mieten wieder abzusenken. Diese Versprechen sind in vielerlei Hinsicht falsch: Erste Studien zeigen, dass die Bedingungen angespannter Märkte nicht zu Mietsenkungen führen, sondern Mietpreissteigerungen sogar begünstigen. Eine Untersuchung des Immobilienportals Immowelt aus dem Jahr 2020 betrachtete den Zusammenhang von Mietsteigerungen und Neubauaktivitäten für den Zeitraum zwischen 2009 und 2019 für mehrere Großstädte. Das überraschende Ergebnis: Die Städte mit der stärksten Wohnbautätigkeit wiesen die höchsten Mietpreisniveaus und enorme Mietsteigerungen auf. In München wurden 47 Wohnungen je 1.000 Einwohnerinnen gebaut – und die Mieten stiegen um 64 Prozent. In Frankfurt lag die Wohnbauquote sogar bei 48 je 1.000 Einwohner und die Mietsteigerung bei 48 Prozent. In Hamburg wurde weniger gebaut (36 je 1.000 Einwohner) – dafür stieg die Miete hier nur um 42 Prozent. Berlin – mit über 100 Prozent eindeutige

Spitzenreiterin bei den Mietsteigerungen – lag mit 25 Wohnungen je 1.000 Einwohner im Mittelfeld der Bauaktivitäten.[17] Auch eine Untersuchung der Empira-Gruppe aus der Schweiz kommt in der Auswertung von Daten zu 80 Städten in Deutschland zu dem Ergebnis von »positiven Korrelationen von Baugenehmigungen und Fertigstellungen mit der Mietpreisentwicklung. Ein Anstieg des Neubaus lässt die Mietpreise also im Schnitt nicht sinken. Sie gehen vielmehr nach oben.«[18] Das lässt sich einerseits durch die hohen Preise der Neubauten und den Umstand erklären, dass bei Umzügen in die fertiggestellten Wohnungen die bisherigen Wohnungen durch die Neuvermietungsmieten einen Preisauftrieb erhalten. Andererseits dürfte die Einschätzung der Schweizer Immobilienforscher zutreffen, dass verstärkte Investitionen in Neubauprojekte ein Indikator für eine allgemein hohe Ertragserwartung in der jeweiligen Stadt sind.

Trotz dieser Studien beharren große Teile der Politik und der Immobilienlobby unbeirrt auf ihrer Neubauorientierung von Privaten. Dabei gibt es neben den fehlenden empirischen Belegen auch denklogische Zweifel an der angeblich durch Neubauinvestitionen ausgelösten Mietentspannung. Zum einen wäre es aus der Gesamtperspektive der immobilienwirtschaftlichen Interessen kontraproduktiv, gute Verwertungsbedingungen im Bestand durch eine Überproduktion von Neubauwohnungen aufzulösen – zum anderen besteht die Bereitschaft für riskante Investitionen in Neubauprojekte nur bei in Aussicht stehender Vermarktung zu den avisierten Preisen. Eine Entspannung von Mietwohnungen im Bestand würde jedoch die Neubaunachfrage reduzieren, da Neubaumieten wegen der relativ unflexiblen

Herstellungskosten nicht beliebig gesenkt werden können. Je größer der Abstand zwischen entspannter Altbestandmiete und der teuren Neubaumiete, desto unattraktiver werden Neubauwohnungen für Wohnungssuchende – und desto geringer fällt die Motivation zu weiteren Neubauinvestitionen aus. Kurzum, die Vorstellung einer durch Marktakteure bewusst erzeugten Überproduktion von Wohnungen ignoriert die Rationalität von Investitionsentscheidungen. Ein dritter Dämpfer für die auf den Neubau setzenden Hoffnungen sind die inzwischen veränderten Rahmenbedingungen. Steigende Baukosten und vor allem die steigenden Zinsen haben dazu geführt, dass bisher geplante Neubauvorhaben abgesagt oder zumindest zurückgestellt wurden. Hintergrund sind die enorm gestiegenen Refinanzierungskosten von bis zu 20€/m², die selbst auf Luxussegmente fixierte Bauträger vor Vermarktungsprobleme stellen. Ausgerechnet Vertreter der bau- und immobilienwirtschaftlichen Interessenverbände, die in der Vergangenheit vor allem gegen staatliche Auflagen und Eingriffe polemisierten, fordern nun den Staat zum Handeln auf, um mit Förderprogrammen den Neubau auch in Zukunft zu ermöglichen.[19]

Es ist zudem eher unwahrscheinlich, durch immer strengere Regulierungen einen dauerhaften Schutz von Mieterinnen durchzusetzen. Zum einen müssen gesetzliche Auflagen immer gegen private Interessen durchgesetzt werden und haben ohne den Ausbau von Kontroll- und Sanktionskapazitäten der zuständigen Behörden kaum Chancen auf Erfolg. Zum anderen sind die Träger eben dieser privaten Interessen schnell und flexibel darin, Umgehungsmöglichkeiten zur Durchsetzung ihrer

Ertragserwartungen zu finden. Mit der Einführung der Mietpreisbremse stiegen beispielsweise in kürzester Zeit die Angebote für »möblierte Wohnungen« auf den Portalen sprunghaft an, weil Vermieter darauf setzten, dass es für dieses Segment Ausnahmemöglichkeiten gab und mit Zusatzkosten für die Einrichtungen die Mietpreisbremse umgehen werden konnte. Auch nach der Einführung des Berliner Mietendeckels reagierten viele Vermieterinnen schnell und vereinbarten sogenannte Schattenmieten, die ihnen nachträgliche Mieteinnahmen sicherten und auch die Langfristwirkung des Mietendeckels umgehen sollten. So konnten sofort nach dem Ende des Mietendeckels die zuvor vereinbarten Mieten erhoben werden, ohne lästige Mieterhöhungsverlangen zu stellen. Andere wohlgemeinte Auflagen im Bereich der Wohnraumsicherung und Zweckentfremdung scheitern regelmäßig an der unzureichenden Personalausstattung der zuständigen Ämter.

Auch die Förderung von Sozialwohnungen als zweite Option des staatlichen Handelns ist bisher keine Erfolgsgeschichte. Insgesamt wurden seit der Gründung der BRD in Westdeutschland und nach 1990 im größer gewordenen Deutschland über 4,5 Millionen Mietwohnungen im sozialen Wohnungsbau fertiggestellt. Nur noch knapp 1,1 Millionen Wohnungen davon haben aktuell den Status von Sozialwohnungen mit Mietpreis- und Belegungsbindungen. Das absurde System der bundesdeutschen Förderung generierte nur zeitlich befristet Bindungen, die nach Ablauf der Förderzeiträume von meist 20 bis 30 Jahren auslaufen. Sie weisen deshalb nur den Charakter einer »sozialen Zwischennutzung«[20] auf und entfalten gerade keine dauerhaften

Versorgungspotentiale. Obwohl regelmäßig Fördersummen in Milliardenhöhe für die Förderprogramme ausgegeben werden, schrumpft die Zahl der Sozialwohnungen seit Jahrzehnten, weil weniger Sozialwohnungen neu gebaut werden als aus den Bindungen fallen. In der letzten Dekade wurden vom Bund Fördergelder im Volumen von fast 10 Mrd. Euro bereitgestellt und über 185.000 neue Sozialwohnungen errichtet. Trotzdem ist die Zahl der Belegungs- und Mietpreisbindungen in diesem Zeitraum um über 530.000 Sozialwohnungen gesunken (von 1,6 Mio. im Jahr 2010 auf 1,1 Mio. im Jahr 2020), weil fast 720.000 Sozialbindungen in diesem Zeitraum ausgelaufen sind.[21] Die Programme des sozialen Wohnungsbaus fördern also den auslaufenden Bindungen hinterher – es gelingt mit den Aufwendungen nicht einmal, die Abgänge zu kompensieren.

Hintergrund dieser paradoxen Förderlogik ist die Aufrechterhaltung einer Fiktion von Marktverhältnissen, die seit den 1950er Jahren den Umgang mit den Programmen des sozialen Wohnungsbaus prägt. Selbst in Konstellationen, in denen es ohne staatliche Hilfe keinen Wohnungsbau gegeben hätte, war es den Regierenden in der BRD wichtig, die Förderprogramme als vorübergehende Maßnahmen anzusehen, die nur so lange eingesetzt werden sollten, bis der Markt die Wohnversorgung wieder von selbst sicherstellen kann. Aus diesem Grund wurden die Förderprogramme auch von Beginn an als »eigentümerunabhängig« konzipiert, die grundsätzlich von allen, also auch von privaten und unternehmerischen Wohnungsunternehmen in Anspruch genommen werden konnten. So wurde selbst in den Phasen der Mietpreisbindung ein Gewinn kalkuliert, denn letztendlich zahlte der Staat die Differenz zwischen den Kostenmieten und den festgesetzten Sozialmieten. Der soziale Wohnungsbau ist dann ein Programm der Garantieverzinsung für den Förderzeitraum mit der Option anschließender Zusatzverwertung: ein lohnendes Geschäft für Wohnungsunternehmen statt einer dauerhaften Sicherung der sozialen Wohnversorgung.

Sozialisierung, Vergesellschaftung und öffentliches Investitionsprogramm

Die Überlagerung von Markt- und Staatsversagen bei der Sicherung einer leistbaren Wohnversorgung führt uns zurück zu den systematischen und grundlegenden Widersprüchen des Wohnungswesens unter den Bedingungen einer kapitalistischen Ökonomie. Der Versuch von rechtlichen Regulierungen des Vermietungsgeschäftes ist oft technokratisch und formalisiert die Vertragsverhältnisse zwischen Vermietern und Mieterinnen, ohne jedoch die Grundprinzipien des Marktes und der Gewinnerzielung infrage zu stellen. Ausnahmen wie der Berliner Mietendeckel sind selten und werden nur als temporäre Regelungen konzipiert. Die Förderprogramme des sozialen Wohnungsbaus – und auch die Wohngeldzahlungen – simulieren auf unterschiedlichen Wegen die Marktbedingungen und sorgen für einen staatlich finanzierten Ausgleich von unrentierlichen Kosten – jedoch ohne einen substantiellen Umverteilungseffekt.

Eine progressive Wohnungspolitik hingegen muss auf grundsätzliche Veränderungen pochen und transformative

Strategien vorlegen, die nicht nur unmittelbar die soziale Versorgungslage verbessern, sondern auch dauerhafte Strukturen der Dekommodifizierung etablieren. Im Kern setzen progressive, transformative und sozialistische Wohnungspolitiken darauf, die gesellschaftlichen Herausforderungen des Wohnens in eine öffentliche Verantwortung zu überführen und nicht länger den Kräften des Marktes zu überlassen.

Die konsequenteste Art der öffentlichen Verantwortung nimmt staatliches Handeln durch die Bereitstellung von Leistungen und Infrastrukturen an. So wie es als öffentliche Aufgabe verstanden wird, dass die Kommunen Schulen, Bibliotheken oder auch Sportanlagen und Grün- und Erholungsflächen bereitstellen, bieten auch Liegenschaften im öffentlichen Besitz und öffentliche Wohnungsbestände die Chance, günstige Wohnungen nach eigenen Vorgaben zu errichten und zu vergeben. Im Bereich der Neubauaktivitäten ist die Verfügung von öffentlichen Grundstücken ein passender Schlüssel, um gewünschte Effekte durchzusetzen. Anders als in Förderprogrammen, Sozialbauquoten und städtebaulichen Verträgen kann die soziale Zwecksetzung beim Bau und der Bewirtschaftung von kommunalen Wohnungsbeständen erfolgen – wenn durch die Politik die entsprechenden Vorgaben definiert werden.

Ein Vergleich von Mietentwicklung und Instandhaltungsausgaben in strukturell ähnlichen Beständen zeigt, dass kommunale Wohnungsunternehmen im Gegensatz zu großen Immobilienkonzernen nicht nur günstiger sind und ihre Wohnungen besser pflegen, sondern vor allem zu einem viel größeren Anteil ihre Wiedervermietungen an Haushalte mit geringen Einkommen vergeben.

Strategien der Bereitstellung setzen auf die Etablierung von sozialen Infrastrukturen. Darunter versteht man öffentliche »Einrichtungen, die gewährleisten, dass wichtige Grundbedürfnisse allen Menschen in rechtsverbindlich abgesicherter Weise kostenfrei oder zumindest kostengünstig zur Verfügung stehen.«[22]

Mit dem Gemeindewohnungsbau in Wien, dem System des *Council Housing* in Großbritannien oder dem munizipalen Wohnungsbau in Schweden gibt es historische Vorläufer für die Organisation des Wohnens als soziale Infrastruktur. Trotz Unterschieden in der Organisation basieren alle drei Wohnungsbauprogramme auf staatlichen Finanzierungen und einer vom Marktgeschehen entkoppelten Bewirtschaftung. Die Mietpreise wurden an ihrer Versorgungsaufgabe ausgerichtet und nicht aus ökonomischen Kalkulationen abgeleitet: »Die Gemeinde Wien ging beim Wohnungsbau mehr von sozialen als kommerziellen Grundsätzen aus. Es war unmöglich, die Mietzinse im Sinne der Verzinsung der Bausumme zu erstellen; sie wären für die breite Masse untragbar gewesen. Deshalb verzichtet man von vornherein auf die Hereinbringung der Baukosten, die durch die Wohnbausteuer eine wenigstens teilweise Deckung finden sollten.«[23] Auch im englischen Council-Housing-System übernahmen staatliche Finanzierungen das Risiko der Bewirtschaftung zu den politisch definierten Mieten.[24] Der öffentliche Wohnungsbau in Schweden wurde ebenfalls von Non-Profit-Wohnungsbaugesellschaften errichtet, die den Kommunen unterstellt waren. Die Kosten für den Wohnungsbau wurden im Rahmen des »1 Millionen Wohnungen«-Programms in den 1970er Jahren mit bis zu 100 Prozent der Herstellungskosten aus staatlichen

Krediten finanziert. Diese Finanzierung erfolgte zu Konditionen von dauerhaft festgelegten Garantiezinsen, die eine soziale Miete ermöglichten und in der Regel unter den marktüblichen Zinskonditionen lag.[25]

Die Geschichte des kommunalen Wohnungsbaus in verschiedenen Ländern zeigt, dass eine staatlich finanzierte und öffentlich organisierte Bereitstellung von leistbaren Wohnungen möglich ist, wenn die entsprechenden politischen Voraussetzungen geschaffen werden. In Deutschland wurden als Antwort auf die damalige Krise des sozialen Wohnungsbaus bereits in den 1980er Jahren Vorschläge und Konzepte mit dem Ziel entwickelt, den kommunalen Wohnungsbau als Infrastruktur zu organisieren.[26] Doch die Wohnungspolitik setzte stattdessen auf Liberalisierung und Deregulierung und schwächte mit den Privatisierungen in den 1990er und 2000er Jahren die Kapazitäten für kommunalen Wohnungsbau. Die aktuelle Krise der sozialen Wohnversorgung sollte genutzt werden, frühere Fehler nicht zu wiederholen und die politischen und institutionellen Rahmenbedingungen für einen Umbau der kommunalen Wohnungswirtschaft in eine soziale Infrastruktur des Wohnens zu schaffen.

In den letzten Jahren wurden drei realpolitische Optionen für Wohnen als soziale Infrastruktur entwickelt: Die Sozialisierung von öffentlichen Wohnungsunternehmen, die Vergesellschaftung großer Immobilienkonzerne und öffentliche Investitionsprogramme für einen dauerhaft gebundenen kommunalen Wohnungsbau.

Der Initiative für einen Mietenvolksentscheid hat 2015 in Berlin eine zumindest partielle Sozialisierung der landeseigenen

Wohnungsunternehmen (LWU) auf den Weg gebracht. Mit dem Wohnraumversorgungsgesetz (WoVG) wurde der Vorrang einer sozialen Wohnversorgung für die öffentlichen Wohnungsunternehmen erstmals in der Bundesrepublik gesetzlich festgeschrieben. Sowohl im Gesetz als auch über die Kooperationsvereinbarungen (KoopV) mit den zuständigen Senatsverwaltungen werden die Unternehmen dazu verpflichtet, einen großen Anteil von über 60 Prozent der Wiedervermietungen an Wohnungssuchende mit einem Wohnberechtigungsschein (WBS) zu vergeben. Jede vierte dieser Wohnungen ist sogar für Wohnungssuchende mit besonderen Bedarfen vorbehalten. Auch wenn in der Praxis immer wieder Spannungen zwischen den sozialen Versorgungsaufgaben und den wohnungswirtschaftlichen Zwängen der Unternehmen entstehen, zeigen die Berliner Instrumente, dass eine grundsätzliche soziale Ausrichtung von öffentlichen Wohnungsbaugesellschaften möglich ist. Insbesondere für alle, die sich am Markt nicht selbst versorgen können, bietet die Bereitstellung von entsprechenden Wohnungsangeboten durch die Kommunen die beste Chance auf eine angemessene, leistbare und bedarfsgerechte Wohnung.

Mit dem erfolgreichen Volksentscheid »Deutsche Wohnen & Co Enteignen« mobilisierte ein wohnungspolitischer Vorschlag in Berlin mehr als 1 Millionen Ja-Stimmen (über 59 Prozent der abgegebenen Stimmen), der die Überführung von Wohnungsbeständen großer Immobilienkonzerne zum Zwecke der Vergesellschaftung vorsieht. Auf der Basis von Artikel 15 im Grundgesetz sollen demnach über 240.000 Wohnungen von finanzialisierten Wohnungsunternehmen in Gemeineigentum überführt und in einer öffentlichen Trägerschaft nach gemeinwirtschaftlichen Prinzipien vermietet werden. Im Gegensatz zur Sozialisierung von bereits öffentlichen Beständen hat eine Vergesellschaftung das Potential, den öffentlichen Bestand auf einen Schlag zu vergrößern und hunderttausende Mieterinnen und Mieter von der Angst vor Mietsteigerungen und Verdrängung zu befreien.

Auch der dritte Weg zu einer Ausweitung von dauerhaft sozial gebundenen Wohnungen im öffentlichen Besitz kommt aus Berlin. Hier hat die Berliner Linke 2023 einen Vorschlag für ein öffentliches Investitionsprogramm in ihrem Wohnungsbauprogramm erarbeitet, das im Kern vorsieht, die bisher veranschlagten Fördermittel zu bündeln, aufzustocken und als Eigenkapitalzuschüsse für den Bau von öffentlichen Wohnungen einzusetzen. Der politische Charme des Vorschlags liegt in seinem Potential, den aktuell erfolgversprechendsten Weg zur Erreichung der stadtpolitisch gesetzten Neubauziele zu bieten.

Trotz der zum Teil detailliert ausgearbeiten Konzepte für die Sozialisierung von öffentlichen Wohnungsunternehmen, die Vergesellschaftung großer Bestände und ein öffentliches Investitionsprogramm müssen alle Strategien gegen den Widerstand der Immobilien-Lobby und Teile der Politik durchgesetzt werden. Insbesondere die permanente Verweigerung der SPD, transformative Instrumente auf den Weg zu bringen, zeigt, dass eine soziale Wohnungspolitik auch andere politische Mehrheiten braucht. Die Kampagne zum Enteignungsvolksbegehren zeigte, dass gesellschaftliche Mehrheiten auch mit grundlegenden Forderungen nach einer Vergesellschaftung überzeugt werden können. Die Diskussion darüber, wie solche Mehrheiten dann in politische Durchsetzungskraft übersetzt werden können, steht allerdings noch aus.

Quellen

1 Madden, David und Marcuse, Peter: *In Defense of Housing: The Politics of Crisis,* Verso 2016.

2 Schönig, Barbara und Vollmer, Lisa: »Wohnungsfrage(n) ohne Ende und überall?! Sechs Thesen für eine interdisziplinäre Wohnungsforschung«, in: dies.: *Wohnungsfragen ohne Ende?!: Ressourcen für eine soziale Wohnraumversorgung,* transcript 2020, S.7-33.

3 Frerich, Johannes und Frey, Martin: *Handbuch der Geschichte der Sozialpolitik in Deutschland,* Oldenbourg 1993, S.240.

4 50 Jahre Wohnen in Deutschland. Ergebnisse aus Gebäude- und Wohnungszählungen, -stichproben, Mikrozensus-Ergänzungserhebungen und Bautätigkeitsstatistiken, Statistisches Bundesamt 2000, S. 106f; *Faktenblätter zum deutschen Wohnungsmarkt,* BBSR 2019, S.15.

5 Holm, Andrej und Bernt, Matthias: »Veränderungen der Eigentümerstrukturen auf ostdeutschen Wohnungsmärkten nach 1990«, in: Kowalczuk, Ilko-Sascha; Ebert, Frank; Kulick, Holger (Hrsg.): *(Ost)Deutschlands Weg I, Bundeszentrale für politische Bildung* 2021, S. 509-529.

6 Voigtländer, Michael: »Die Privatisierung öffentlicher Wohnungen«, in: *Wirtschaftsdienst* 2007/11, S.748-753.

7 Held, Tobias: »Verkäufe kommunaler Wohnungsbestände – Ausmaß und aktuelle Entwicklungen«, in: *Informationen zur Raumentwicklung,* Heft 2011/12, S.675-682.

8 Wijburg, Gertjan; Aalbers, Manuel B. und Heeg, Susanne: »The financialisation of rental housing 2.0: Releasing housing into the privatised mainstream of capital accumulation«, in: *Antipode* 50/4, 2018, S. 1098-1119.

9 Zimmermann, Daniel: »Geschäftsmodelle börsennotierter Wohnungskonzerne am Beispiel von Vonovia«, Expertenkommission zum Volksentscheid »Vergesellschaftung großer Wohnungsunternehmen«, Anhörung vom 9. Dezember 2022.

10 Unger, Knut: »Mieterhöhungsmaschinen: Zur Finanzialisierung und Industrialisierung der unternehmerischen Wohnungswirtschaft«, in: *PROKLA. Zeitschrift für Kritische Sozialwissenschaft* 2/2018, S.205-225.

11 Bernt, Matthias und Böhmer, Felix: »Das ging ja nur hier…" – Wohneigentümerstrukturen und Segregation in ostdeutschen Großwohnsiedlungen«, in: *Raumforschung und Raumordnung/ Spatial Research and Planning* 2023.

12 Egner, Björn: »Wohnungspolitik seit 1945«, in: *Bürger & Staat*, 69/2-3, Landeszentrale für Politische Bildung Baden-Württemberg 2019, S. 94-101.

13 Holm, Andrej: Die Lage der sozialen Wohnraumversorgung in Berlin, Stellungnahme als Sachverständiger in der Anhörung der Expertenkommission zum Volksentscheid »Vergesellschaftung großer Wohnungsunternehmen«, 9. Juni 2022.

14 »Die Verfestigung sozialer Wohnversorgungsprobleme. Entwicklung der Wohnverhältnisse und der sozialen Wohnversorgung von 2006 bis 2018 in 77 deutschen Großstädten«, Working Paper 217, Hans-Böckler-Stiftung 2021.

15 Bundesministerium der Finanzen: Datensammlung zur Steuerpolitik 2020/2021; Voigtländer, Michael und Seipelt, Björn: »Perspektiven für private Kleinvermieter«, Gutachten für den Kölner Haus- und Grundbesitzerverein von 1888 und Haus und Grund Düsseldorf und Umgebung, Institut der deutschen Wirtschaft 2017.

16 Siehe ausführlicher dazu: Holm, Andrej: *Objekt der Rendite. Zur Wohnungsfrage und was Engels noch nicht wissen konnte,* Dietz Berlin 2021.

17 Sethmann, Jens: »Bauen allein senkt die Mieten nicht«, in: *MieterMagazin*, 04.11.2020.

18 Ochs, Jutta: »Mehr Neubau heißt nicht sinkende Mietpreise«, in: *IZ-Immobilienzeitung* 20.04.2018.

19 »Neue Förderung für Wohnungsbau muss schnell kommen!«. Pressemitteilung des BFW- Bundesverband Freier Immobilien- und Wohnungsunternehmen am 13.01.2022; »Bezahlbares Bauen und Wohnen in der Krise. Was ist zu tun angesichts der Stornierungswelle im bezahlbaren und sozialen Wohnungsbau?«, Pressekonferenz des GdW am 18. Januar 2023; »Nur höhere Förderung hilft gegen Koblenzer Wohnungsmisere«, Pressemitteilung von Haus & Grund Koblenz am 24.02.2023.

20 Donner, Christian: *Wohnungspolitiken in der Europäischen Union.* Theorie und Praxis, Eigenverlag 2000.

21 »Entwicklung des sozialen Wohnungsbaus«, Antwort der Bundesregierung auf die Kleine Anfrage der Abgeordneten Caren Lay, Dr. Gesine Lötzsch, Klaus Ernst, weiterer Abgeordneter und der Fraktion DIE LINKE. Drucksache 20/1449.

22 AG links-netz: »Sozialpolitik als Bereitstellung einer Sozialen Infrastruktur», in: Hirsch, Joachim; Brüchert, Oliver; Krampe und Eva-Maria (Hrsg.): *Sozialpolitik anders gedacht: Soziale Infrastruktur,* VSA 2013, S. 50-74.

23 Czeike, Felix: *Wirtschafts- und Sozialpolitik der Gemeinde Wien 1919-1934*, Verlag für Jugend und Volk 1959.

24 Maartens, Maartje; Bullock, Nick und Harms, Han: »England«, in: Prigge, Walter und Kaib, Wilfried (Hrsg.): *Sozialer Wohnungsbau im internationalen Vergleich*, Vervuert 1988, S.185-209; Boughton,

John: *Municipal Dreams. The Rise and Fall of Council Housing*, Verso 2018.

25 Hedman, Eva: *A history of the Swedish system of non-profit municipal housing*, Swedish Board of Housing, Building and Planning 2008.

26 Krätke, Stefan: *Kommunalisierter Wohnungsbau als Infrastrukturmaßnahme*, Peter Lang 1981.

Kommt der Kurswechsel?

Von Ines Schwerdtner
und Lukas Scholle

Es ist kein Zufall, dass die Lage in Deutschland so dramatisch ist, wie sie ist. Es ist die Folge der Politik der letzten Jahrzehnte. Jahrzehnte des Neoliberalismus. Jahrzehnte des Klassenkampfs von oben. Aus der Ideologie von *privaten Eigentumsrechten*, *freien Märkten* und *freiem Handel* ergab sich eine Politik der *Privatisierung*, *Deregulierung*, und *Entstaatlichung*. Diese neoliberale Politik erstreckt sich auf praktisch alle Lebensbereiche. Sie ist der Grund dafür, dass die Krisen der vergangenen Jahre so heftig einschlugen und der Staat kaum mehr in der Lage war, ihrer Herr zu werden. Inmitten dieser Krisen fand ein Regierungswechsel statt – von der Großen Koalition zur Ampel. SPD und Grüne kündigten in ihren Wahlprogrammen an, zentrale Elemente des deutschen Neoliberalismus rückabzuwickeln: Hartz IV sollte weichen, die Reichen etwas stärker besteuert und die Schuldenbremse reformiert werden. Doch es kam anders als gedacht. Sie gingen in eine Koalition mit der Partei der Großkonzerne und Superreichen, der FDP.

Scholz macht weiter, wo Merkel aufhörte

Mit der FDP in der Regierung und Christian Lindner als Finanzminister ist die Rückabwicklung des Neoliberalismus praktisch unmöglich. Das war auch allen Beteiligten klar. Vielleicht kam es einigen in SPD und Grünen auch ganz gelegen, denn der neoliberale Geist weht bekanntlich nicht nur in der FDP. Dennoch haben sich SPD, Grüne und FDP als *Fortschrittskoalition* hingestellt. Worin dieser Fortschritt bestehen soll, ist allerdings mehr als fraglich. Die Koalition hatte mit Pandemie, Krieg und Energiekrise einiges zu bewältigen, doch im Endeffekt ist sie zu einer Verwalterin des Neoliberalismus geworden. Kanzler Scholz regiert im Grunde wie seine Vorgängerin Angela Merkel und beharrt auf einem zentristischen Kurs, der Krisen gerade so bewältigt, aber die großen Konfliktfelder nicht anrührt.

In den Koalitionsvertrag der Ampel schafften es die vielversprechenden Punkte der Wahlprogramme von SPD und Grünen schon nicht mehr. Stattdessen wurde dem Neoliberalismus hier und da ein menschlicheres Antlitz verpasst, wie bei der Umbenennung von Hartz IV in Bürgergeld. Die wichtigsten neoliberalen Aspekte bleiben erhalten: So sorgt es auch weiterhin für den Fall ins Bodenlose nach dem Arbeitslosengeld I und ist auch weiterhin mit Sanktionen verbunden. Weder ist das menschenwürdig gegenüber den Arbeitslosen, noch ist das gut für die Arbeitenden. Denn die Löhne – vor allem im Niedriglohnbereich – werden auch durch das Bürgergeld nach unten gezogen. Auch die Mindestlohnerhöhung auf 12 Euro hat viel weniger gebracht als erwartet. Denn ihr Ziel, den Lohn im Niedriglohnsektor anzuheben, hat sie aufgrund der steigenden Preise kaum erfüllt. Bei der Kindergrundsicherung ist der Ausgang noch unklar: Werden hier 2 Millionen Kinder aus der Armut geholt oder gibt es einen Etikettenschwindel wie beim Bürgergeld? Letzteres ist mehr als wahrscheinlich: Denn die neoliberalen Pflöcke im Koalitionsvertrag mit der Einhaltung der unrefomierten Schuldenbremse und die Ablehnung von Steuererhöhungen für Reiche lassen kaum finanzielle Spielräume zu.

Einerseits wurde der Neoliberalismus unter der Ampel also nur minimal abgemildert. Andererseits hielt er zugleich in ganz neuen Bereichen Einzug – bundespolitisch allen voran in der Rentenpolitik mit der Aktienrente. Sie ist ein Dammbruch in der Geschichte des deutschen Sozialstaats. Denn das sogenannte Generationenkapital ist der erste Schritt, die Finanzierung der Rente über den Finanzmarkt abzuwickeln.

Der zweite große Schritt droht auf nächsthöherer Ebene mit der Reform der europäischen Schuldenbremse: Lindner wünscht sich einen noch härteren Sparzwang in Europa. Selbst die Europäische Kommission schlägt vor, die existierenden Regeln etwas aufzuweichen. Denn diese sind in der Realität schon gar nicht mehr umsetzbar, da die Schuldenquote durch die Krisen angestiegen und die Bruttoinlandsprodukte stagnierten. Jetzt die Regeln zum Abbau der Schuldenquote zu verschärfen, wie der deutsche Finanzminister es will, würde ein neoliberales Jahrzehnt der Austerität bedeuten – samt Wirtschafts- und Sozialkrise.

Ein drittes großes neoliberales Projekt der Ampel wurde kurz vor ihrer Umsetzung noch zurückgenommen: Die Gasumlage. Mit ihr sollte die Rettung einiger Energielieferanten wie Uniper umstandslos auf die Menschen abgewälzt werden. Diese Projekte hätten vollkommen der neoliberalen Logik entsprochen. Denn der Staat hätte nicht in das konkrete Wirtschaftsgeschehen eingegriffen, sondern den Weiterbetrieb durch einen neuen Rahmen ermöglicht – kombiniert mit der staatlichen Sparsamkeit auf Kosten der Verbraucher. Die Gasumlage hätte zum Kipppunkt werden und größere Sozialproteste nach sich ziehen können.

Dass sie gekippt wurde, war folgerichtig, zeigt aber auch, dass die Ampel zunächst bereit war, sehendes Auges in die Energiepreiskrise zu rutschen und die Verbraucher zahlen zu lassen.

Neuauflage, Neoliberalismus oder Kurswechsel

Die Ampel betätigt sich also als Verwalterin des Neoliberalismus, der uns gegenwärtigen und künftigen Krisen nur immer mehr ausliefert. Doch was kommt nach der Ampel? Entweder es gibt eine Neuauflage – dann wird der Neoliberalismus ohne große Änderungen weiter verwaltet. Oder die CDU unter Friedrich Merz gewinnt die Bundestagswahl 2025. Merz ist wie Lindner ein zutiefst neoliberaler Politiker. Als Kanzler würde er den Neoliberalismus womöglich nicht nur verwalten, sondern noch forcieren. Eine echte Alternative bringt nur ein politischer Kurswechsel. Aber dieser kommt nicht, solange die Bevölkerung ihn nicht einfordert – nicht nur auf dem Wahlzettel, sondern auch auf der Straße und in den Betrieben. Darüber hinaus braucht es aber auch soziale Macht, die in Gewerkschaften, in zivilgesellschaftlichen Organisationen und in der Kultur im Allgemeinen verankert sein muss. Ohne solchen Rückhalt wird jede politische Kraft unter dem Druck des Bestehenden einknicken.

Selbst mit dem richtigen Programm, fähigen politischen Führungsfiguren und sogar einer enthusiastischen Bewegung im Rücken wird es noch immer kein Leichtes sein, Wahlen zu gewinnen. Das zeigen die Beispiele von Bernie Sanders in den USA und Jeremy Corbyn in Großbritannien oder Jean-Luc Mélenchon in Frankreich. Alle drei hatten eine ähnliche Strategie. Nicht nur politisch, indem sie alle auf die Klassenpolitik setzten – auch strategisch, indem sie über die bestehenden Milieus hinaus auf das Erreichen von Nicht- und Protestwählerinnen und -wähler setzten. Auch in Deutschland wird es nicht reichen, die eigene Wählerbasis auf dem bestehenden jungen urbanen Milieu und dem älteren ostdeutschen Milieu zu verengen. Selbstverständlich sind beide Milieus wichtige Bestandteile einer Politik für die 99% – doch um die Kräfteverhältnisse umzudrehen, braucht es die Nicht- und Protestwähler.

Unser Weg zur Macht

Der lange Weg zur Macht ist der einzige. Dass sich innerhalb einiger Monate, einiger Wochen oder einiger Tage etwas grundlegend verändert, ist unwahrscheinlich – obwohl es selbstredend nötig wäre. Denn je früher es einen Kurswechsel gibt, desto früher kommen Millionen Menschen aus der Armut, desto früher werden einige wenige Superreiche entmachtet und desto früher können wir die Energiewende wirklich angehen. Dafür braucht es jedoch einen langfristigen Machtaufbau. Diesen beschreibt der marxistische Theoretiker Vivek Chibber in seinem richtungsweisenden Essay »Unser Weg zur Macht«[1].

Chibber unterteilt die Organisationsfrage in zwei Aspekte. Erstens: die Struktur. Dort orientiert er sich an dem Vorbild als

Massenpartei. So schreibt er über die Linke: »Will sie sich als wirkliche Kraft organisieren, muss sie das in einer Massenpartei tun, die sich auf Kader stützt und eine zentrale Führung und innere Kohärenz aufweist.« Andere Modelle seien nicht einmal annähernd so politisch wirkungsvoll gewesen. Zweitens: die Basis. Eine linke Partei muss fest in der arbeitenden Klasse verankert und die Parteiführung organisch mit dieser Basis verbunden sein. Das verleiht ihr nicht nur enorme Glaubwürdigkeit, sondern befähigt sie auch dazu, Programme zu entwickeln, die die wirklichen Interessen der Bevölkerungsmehrheit widerspiegeln. Das steht im schroffen Gegensatz zu der heutigen Linken, über die Chibber schreibt: »Im Großen und Ganzen ist sie strukturell von den arbeitenden Menschen getrennt und agiert meistens in kleinen Gruppen innerhalb der Milieus der Mittelschichten – an Universitäten, in NGOs, Studiengruppen und so weiter.«

In der Strategiefrage schlägt Chibber einen gradualistischen Ansatz anstelle eines plötzlichen Bruchs. So solle sich eine »linke Strategie darauf konzentrieren, eine Bewegung aufzubauen, die den Staat unter Druck setzt, Macht in ihm ausbildet, die institutionelle Struktur des Kapitalismus verändert und die strukturelle Macht des Kapitals untergräbt«. Diese Strategie wurde in der marxistischen Debatte unter verschiedenen Begriffen diskutiert – als »nicht-reformistische Reform« (André Gorz) oder auch als »revolutionärer Reformismus« (Ralph Miliband). In seinem Essay »Die Strategie der großen Schritte«[2] fasst der JACOBIN-Redakteur Linus Westheuser zusammen, wir müssten »Reformen nicht technokratisch als das Fixen von Problemen oder als ein ›Etwas Mehr‹ von Rente, Mindestlohn oder Hartz

IV verstehen, sondern als Schachzüge in einem andauernden gesellschaftlichen Konflikt, welche die Bedingungen für die eigene Seite strukturell verbessern sollen«. Genau dieses »Etwas Mehr« ist der Kern der Ampelregierung. Für jene transformativen Reformen, die angesichts der vielen ineinander verwobenen Krisen eigentlich nötig wären, bietet der zentristische Ansatz keine Lösung. Denn er verbleibt im neoliberalen Rahmen. Ehrgeizigere Spielarten der Sozialdemokratie oder des demokratischen Sozialismus bieten dagegen Anhaltspunkte auch für das 21. Jahrhundert. Ihr Machtaufbau von der Basis her und ihr Anspruch, große Reformen anzustrengen, ist für uns heute wegweisend.

Die Frage der Strategie mündet letztlich in die Frage, wie eine zukünftige Wirtschaftsordnung aussehen kann. Dazu schreibt Chibber: »Wir müssen von der Beobachtung ausgehen, dass die Erwartung, eine zentral geplante Wirtschaft könne einfach den Markt ersetzen, keine empirische Grundlage besitzt.« Wir können nicht einfach davon ausgehen, dass mehr Demokratie, wirkliche Arbeiterräten oder die richtigen Computer einfach richten werden, was Planwirtschaften der Vergangenheit nicht lösen konnten. Stattdessen sollten wir ernsthaft in Betracht ziehen, dass ein Postkapitalismus neben wichtigen planwirtschaftlichen Elementen auch zentrale marktwirtschaftliche Elemente haben kann – solange der Markt nicht über das grundlegende Wohlergehen der Menschen entscheidet, wichtige Sektoren demokratisch kontrolliert werden und ökonomische Ungleichheiten weitgehend aufgehoben sind. Auch die Auseinandersetzung damit, wie eine Wirtschaft im Dienste der Menschen funktionieren könnte, ist Teil eines Kurswechsels, der nicht bloß die Negation des

Neoliberalismus sein kann oder die Wiederholung staatssozialistischer Versuche auf einem höheren technischem Niveau.

Der Aufbau einer Massenpartei in der näheren oder die Umsetzung von Wirtschaftsdemokratie in der ferneren Zukunft kann nur gelingen, wenn wir ab sofort Vorarbeiten leisten. Dabei kommt es vor allem auf die Menschen an, die sich bereits heute klassenpolitisch engagieren – ob im Betrieb, auf der Straße im Parlament, in der Universität oder im Internet. All das trägt zur Verbreitung eines klassenpolitischen Verständnis bei. Überzeugt sie also davon, dass eine Wirtschaftsordnung für die Menschen möglich ist und bewegt sie im Bestfall zum eigenen Engagement. In diesem Sinne verstehen wir auch die Kampagne »Genug ist Genug« als einen unserer Beiträge zu diesem Projekt. Konkrete Reformen im Interessen der arbeitenden Bevölkerung. Darauf bauen wir mit diesem Band auf, indem wir das nötige ökonomische Wissen über die verschiedenen gesellschaftlichen Bereiche versammeln, in denen unser politischer Kurswechsel greifen muss. Ohne ein Verständnis des bestehenden Systems kann man keinen fundierten Gegenentwurf zeichnen.

Denn ganz egal, ob kurzfristige Preiskrise oder jahrzehntelanger Neoliberalismus: Genug ist Genug!

Quellen

1 Chibber, Vivek, »Unser Weg zur Macht«, *Jacobin* (1), Mai 2020.

2 Westheuser, Linus, »Die Strategie der großen Schritte«, *Jacobin* (7), Dezember 2021.